粤港澳大湾区交通与物流发展研究成果

主编 / 刘延平

粤港澳大湾区交通发展报告 2023

STUDY ON TRAFFIC IN GUANGDONG-HONG KONG-MACAO GREATER BAY AREA (2023)

李红昌 编著

社会科学文献出版社
SOCIAL SCIENCES ACADEMIC PRESS (CHINA)

粤港澳大湾区交通与物流发展研究成果
编　委　会

前 言

2019年中共中央、国务院正式发布《粤港澳大湾区发展规划纲要》，而后陆续出台多项促进粤港澳大湾区发展的相关政策及规定，粤港澳三地间的关系愈加紧密、相辅相成，得天独厚的区位条件和支持政策促进了该区域经济迅速发展。加快建设交通设施，扎实推进粤港澳大湾区物流高质量发展，是构建粤港澳大湾区新发展格局的重要支撑。党的二十大报告指出，推进新型工业化，加快建设交通强国，建设高效顺畅的流通体系，降低物流成本；推进粤港澳大湾区建设，支持香港、澳门更好地融入国家发展大局，为实现中华民族伟大复兴更好地发挥作用。粤港澳大湾区作为我国经济发展最活跃、对外开放程度最高的区域之一，日益成为我国经济发展的新引擎和新动力。在实施粤港澳大湾区区域发展战略的过程中，从交通网络建设入手，实现大湾区内部的互联互通，推动人口和要素的自由流动，构建现代物流体系和推进区域物流一体化，对培育粤港澳大湾区世界级产业集群、提升区域国际竞争综合实力具有重要的基础性和先导性作用。

广东财经大学坐落于千年商都、海上丝绸之路的东方起源地——广州，是博士学位授予单位，广东乃至华南地区财经政法人才培养高地、现代服务业与社会治理创新发展研究重地，教育部新商科智慧学习工场(2020)（A）项目试点院校（2021年），广东省“冲一流、补短板、强特色”特色高校提升计划建设高校。学校以经济学、管理学、法学为主体，文学、理学、工学、艺术学等多学科协同发展，大力发展新文科、新商科、交叉学科。经过近40年的发展以及全体师生的不懈奋斗，广东财经大学建设成为一所学科特色鲜明、师资力量雄厚、办学效益显著、社会影响力和知名度较高的财经类院校，并在2020年学校党代会确立了建设大湾区一流财经大学的发展新目标。

广东财经大学坚持“求真、致用”的科研理念和“以服务求支持、以贡献求发展”的社会服务理念，贡献广财智慧，发出广财声音。广东财经大学粤港澳大湾区交通与物流发展研究院（以下简称“研究院”）是学校的重点研究机构之一，与北京交通大学经济管理学院合作共建，拥有一支专业化、开放式、高水平的研究团队。研究院从培养人才、服务社会和满足广东区域经济发展的需要出发，旨在建立能够高效与社会对接、有效整合校内外资源的产学研平台，并以国家重大战略及社会需求为导向，培养和建立高水平的研究团队，探索产学研紧密结合的新模式。研究院近年来多次获得国家自然科学基金项目和省部级科研项目立项，在UTD24国际商科顶级期刊上发表论文，获得广东省哲学社会科学优秀成果奖，出版专著多部，并积极与企事业单位合作开展横向项目研究。

研究院组织编撰的《粤港澳大湾区交通发展报告（2023）》《粤港澳大湾区物流发展报告（2023）》即将出版。《粤港澳大湾区交通发展报告（2023）》由研究院首席交通研究专家李红昌教授编著，报告立足于粤港澳大湾区的社会经济文化发展现状、粤港澳大湾区城市群的发展特点，从城市交通、可持续交通、交通区位、交通规划、交通一体化等理论出发，归纳和梳理国内外湾区及城市群的交通发展经验，以期应用于粤港澳大湾区交通发展中。围绕粤港澳大湾区的交通现状和发展目标，结合粤港澳大湾区在交通发展战略与规划方面的相关文件及信息，有针对性地提出有利于粤港澳大湾区交通发展的政策建议。

《粤港澳大湾区物流发展报告（2023）》由研究院中青年骨干研究人员合作完成，各章作者依次为韦琦、洪宪培、严筱、张钟允、周旻、张大卡、朱文文、王士媇、郭佳、纪静娜、徐小雅、张杰、吕盛祥，韦琦和张杰负责统稿。报告将大湾区协同发展作为研究背景，从港口物流、城市配送、物流与供应链金融、跨境物流、快递、绿色物流及智慧物流等方面，对粤港澳大湾区物流各领域的发展情况进行了全面梳理，并基于制造业、电商、医药、商贸及农产品的角度对行业物流进行了分析，从推动大湾区物流发展的角度提出相应的观点，对粤港澳大湾区物流发展的理论研究和实践建设均具有重要价值。

《粤港澳大湾区交通发展报告（2023）》和《粤港澳大湾区物流发展报告（2023）》的撰写和出版，是研究院努力推进大湾区交通物流事业发展、服务广东地方经济建设的一次重要尝试，在此特别感谢中国物流与采购联合会、广东省物流与供应链学会、广东省现代物流研究院等机构和组织所给予的帮助与支持。此外，特别感谢社会科学文献出版社对两书出版的全力协助。由于时间仓促、水平有限，其中有许多不足之处在所难免，敬请各位专家、读者批评指正。

广东财经大学粤港澳大湾区交通与物流发展研究院院长

2023 年 2 月 8 日于广州

目 录

基础综合

理论与案例

规划与政策

基础综合

第一章　绪论

本章主要介绍推动粤港澳大湾区区域交通一体化的研究背景，以及将粤港澳大湾区作为研究对象的目的及意义。在明确城市群、湾区、粤港澳大湾区、区域交通一体化等概念的基础上，对本研究各个章节的主要内容进行梳理，构建包括工作基础、研究内容及政策支持三部分的研究框架。

一　研究背景

粤港澳大湾区包括广东省中环绕珠江口分布的广州市、深圳市、珠海市、佛山市、惠州市、东莞市、中山市、江门市和肇庆市等珠三角 9 座城市，以及香港和澳门 2 个特别行政区，总面积达 5.65 万平方公里，是我国开放程度最高、经济活力最强的区域之一。2015 年，粤港澳大湾区首次出现在官方文件《推动共建丝绸之路经济带和 21 世纪海上丝绸之路的愿景与行动》中；2017 年，《政府工作报告》中提到“研究制定粤港澳大湾区城市群发展规划”，这也标志着粤港澳大湾区作为国家的发展战略之一被纳入了顶层设计；2019 年，《粤港澳大湾区发展规划纲要》的正式颁布，也给大湾区的发展指明了方向。①

交通基础设施是区域一体化发展的重要条件。对于粤港澳大湾区而言，在短期内经济制度、社会制度差异不可能消除，以及行政管理上的区隔和不对等难以调和的情况下，从交通网络建设入手，通过实现内部的互联互通，推动人口和要素的自由流动，进而产生消除制度及行政管理障碍的强大内生

① 中共中央、国务院：《粤港澳大湾区发展规划纲要》，http：//www.gov.cn/gongbao/content/2019/content_ 5370836.htm，2019 年 2 月 18 日。

动力，是促进其一体化发展的有效选择。

共建粤港澳大湾区一体化交通体系，既是粤港澳区域经济社会发展的内在需要，也是国家区域发展战略的重要构成与动力支撑点，承载着辐射带动泛珠三角区域合作发展的战略功能；同时，也是国家借助港澳国际窗口构建开放型经济新体制的重要探索；此外，还是构建港澳经济长远发展动力，成功实践“一国两制”、达致港澳长远繁荣稳定和凝聚港澳向心力的重要措施。

粤港澳大湾区城市群交通建设，不仅要结合大湾区自身的持续发展，还应该结合国家发展战略功能，瞄准国际一流水平，在对标世界顶级湾区、打造世界级城市群交通体系的同时，力求在助力国家战略功能实现、探索解决港澳深层次发展问题上有新突破。

二　研究对象

粤港澳大湾区城市群作为我国经济发展最活跃、对外开放程度最高的区域之一，日益成为我国经济发展的新引擎和新动力。在实施粤港澳大湾区区域发展战略的过程中，构建粤港澳大湾区一体化交通体系，对促进粤港澳大湾区综合发展、提升区域国际竞争综合实力具有重要的基础性和先导性作用。

本研究以粤港澳大湾区为立足点，基于粤港澳大湾区城市群发展和交通发展现状，从城市交通、可持续交通、交通区位、交通规划、交通一体化等理论出发，借鉴国内外湾区及城市群的交通发展经验。围绕粤港澳大湾区发展现状和目标，有针对性地提出有利于粤港澳大湾区交通发展的合理化政策建议。

三　概念界定

（一）城市群

本研究认为城市群是在某一经济区域空间内，以一个或多个大都市区为核心，伴随全球化、城市化与工业化而来的大都市区的集聚与扩散，核心大都市区与其周围区位优势相近、地理位置相邻的较小等级的城镇，以交通网络、生产网络、信息网络、技术网络、文化网络等为纽带，通过不同层次、不同结构和不同功能的大中小城市的分工与合作，形成的以核心大都市区为龙头，大都市区之间、城乡之间具有紧密联系、区域协同发展并且具有网络化发展特征的城乡一体化区域。大都市区是城市群的基本组成单元，紧密的城际联系与城乡联系是城市群的核心特征。①

城市群是区域城市化发展到高级阶段的一种空间组织形式，是一个动态化、网络化的复杂系统。本研究认为城市群具有以下几个核心特征。

①具有强大的核心大都市区作为增长极。一个或几个经济实力较强、在全国乃至全球具有较强影响力的大都市区，发挥增长极的作用，带动城市群内次级大都市区以及非大都市区的发展，形成合理的分工合作，提升城市群的竞争力，共同促进城市群的经济发展。

②紧密的城际联系与城乡联系。城市群内部各大都市区之间、大都市区与非大都市区之间、大都市区内部都有着密切的社会、经济联系，形成合理的社会、经济职能分工，具有较强的一体化倾向，具体表现为人流、物流、信息流、资金流等各种经济要素间的关联。

③集聚与扩散的动态性，包括大都市区的集聚与扩散、城市群的集聚与扩散。随着全球化与信息化的推进，城市群的空间与内容会相应发生变化。

④具有发达的交通运输和信息传播网络。发达的基础设施网络与通信网络是城市群各要素集聚与扩散的通道。

城市群是区域协同发展和经济与生态协调发展的空间载体。城市群中的每一个城市通过生产、交流、学习、流通方面的协同和合作，形成域内板块之间的内在联系和区域一体化的运行机制。改革开放以来，中国经济总量快速增长有赖于区域经济增长极的带动。目前，中国城市群的主体地位已经形成。2021 年 3 月发布的《中华人民共和国国民经济和社会发展第十四个五

① 毕秀晶：《长三角城市群空间演化研究》，华东师范大学博士学位论文，2014。

年规划和 2035 年远景目标纲要》多次提到城市群建设，提出推动城市群发展，优化京津冀、长三角、珠三角、成渝、长江中游五大城市群，着力构建城市群空间组织新格局。本研究以粤港澳城市群为研究对象分析区域合作潜力具有重要现实意义。

（二）湾区

湾区是指由一个海湾或相连的若干个海湾、港湾、邻近岛屿共同组成的区域。湾区是滨海城市特有的一种城市空间，是海岸带的重要组成部分，有着丰富的海洋、生物、环境资源和独特的地理、生态、人文、经济价值。在国际上，“湾区”一词多用于描述围绕沿海口岸分布的众多海港和城镇所构成的港口群和城镇群，而衍生的经济效应则被称为“湾区经济”。湾区经济具有开放的经济结构、高效的资源配置能力、强大的集聚外溢功能、发达的国际交往网络，具有世界一流城市的显著特征。根据湾区所包围海面的大小，可以将湾区空间划分为四种尺度。①

①小尺度的湾区空间：指陆地所包围海面面积较小，一般小于 5 平方公里，最大不超过 10 平方公里。

②中等尺度的湾区空间：湾区海面面积宽度适中，海湾两岸有水路和陆路两种交通，通常是城市的一部分，或隶属于某个行政区，如胶州湾、大连湾、英吉利湾等。

③大尺度的湾区空间：湾区海面面积较大，这类湾区通常周围有多个城市一起构成一个城市群或者经济圈，如渤海湾、东京湾、旧金山湾等。

④超大尺度的湾区空间：区域内可能包含很多小型和中型的海湾，如孟加拉湾、墨西哥湾等都是面积超过 100 万平方公里的超大尺度海湾，这类湾区通常包括很多国家。

我国提出湾区概念，源于粤港合作。20 世纪末，时任香港科技大学校长吴家玮教授最早提出“香港湾区”（亦称“深港湾区”）的概念。之后

① 刘艳霞：《国内外湾区经济发展研究与启示》，《城市观察》2014 年第 3 期。

我国又相继提出建设“港珠澳湾区”、“珠三角湾区”及“珠江口湾区”等。随着全球一体化发展不断深入，资源在全球范围内互动与分配，在海陆空等渠道中，海洋经济成为主流，并逐步形成以湾区为核心的经济集群中心。中国为与世界经济的发展接轨，加快建设属于自己的新型世界级经济湾区。2010 年 4 月以来，经国务院批准，山东、浙江、广东和福建、天津先后被确定为全国海洋经济发展试点地区。

（三）粤港澳大湾区

粤港澳大湾区的概念在官方文件中正式出现，最早是 2015 年 3 月国家发改委、外交部、商务部联合发布的《推动共建丝绸之路经济带和 21 世纪海上丝绸之路的愿景与行动》，文件首次明确提出“深化与港澳台合作，打造粤港澳大湾区”。2016 年 3 月，国家“十三五”规划再次提出“携手港澳共同打造粤港澳大湾区，建设世界级城市群”。2017 年 3 月，粤港澳大湾区首次被写入国务院政府工作报告，李克强总理在《政府工作报告》中提出要“研究制定粤港澳大湾区城市群发展规划”。粤港澳大湾区正式被提升为国家战略层面概念。2017 年 7 月，在习近平主席的见证下，粤港澳共同签署《深化粤港澳合作　推进大湾区建设框架协议》，由此进一步推动了粤港澳大湾区的合作发展。但是以上文件都没有对粤港澳大湾区的概念进行明确的界定。

目前，学术界对于粤港澳大湾区的范围界定并没有达成一致意见。大部分人认为仍是和“大珠三角”范围一致，即由广州、佛山、肇庆、深圳、东莞、惠州、珠海、中山、江门 9 市和香港、澳门 2 个特别行政区形成的城市群；也有人认为其由香港、澳门、珠海、中山、广州、东莞、深圳全境及其所辖海岛和海域组成。有的人则将粤港澳大湾区分为 3 个层次：核心层、协同层和辐射层。“核心层”即临近珠江口岸线的滨海地带；“协同层”即广东省沿海地市及港澳 2 个特别行政区；“辐射层”泛指珠三角区域。

本研究所指的粤港澳大湾区范围和“大珠三角”范围重合，即由珠江口两岸的珠三角 9 座城市——广州、深圳、珠海、东莞、佛山、中山、惠州、江门、肇庆，以及香港和澳门2个特别行政区组成，是“9+2”的城市群组合。粤港澳大湾区占地总面积5.65万平方公里，湾区内人口6765万；截至2016年，粤港澳大湾区经济总量约1.4万亿美元，是我国对外开放水平最高、最具经济活力的城市群之一。①

（四）区域交通一体化

通常所说的“一体化交通”是“一体化”和“交通”的组合，“一体化交通”又称综合交通运输，是指在社会化的运输过程中，各种运输方式在一定区域内按照各自的技术经济特征和比较优势，共同构建形成的布局完善、分工合理、衔接顺畅、技术先进、服务高效的，能够更好满足现代化经济社会发展需要和资源节约、环境友好要求的有机整体。

“区域交通一体化”是指一定范围内彼此相邻的没有行政隶属关系的若干行政个体，为了满足共同的经济和社会发展需求，打破行政区划界限，建立跨地区的协调机构，通过一定的协商运作机制，制定和实施一体化的政策和措施，实现区域交通协调发展的过程。通过统筹协调区域交通基础设施和交通运输的规划、建设、运行、组织、管理等工作，使得区域内的交通资源优化配置、交通设施无缝对接、交通建设步调一致、交通运输协同合作、交通管理政策统一，从而实现整个区域交通运输系统的最优化，促进交通现代化和交通事业的可持续发展，支撑和引导整个区域社会经济的大发展（见图1-1）。

“区域交通一体化”是指在区域经济和社会发展总体目标的引领下，突破行政界限、部门界限，最合理地统一规划、利用和管理区域内的所有交通资源，最好地满足区域内的各种交通需求，实现区域内综合交通运输系统的整体协调发展。而“一体化交通”主要考虑不同运输方式之间的协调和均衡发展，是指在某一地区或某一节点的各种运输方式通过

① 张廉英：《粤港澳大湾区环境治理中的政府合作研究》，中共广东省委党校硕士学位论文，2018。

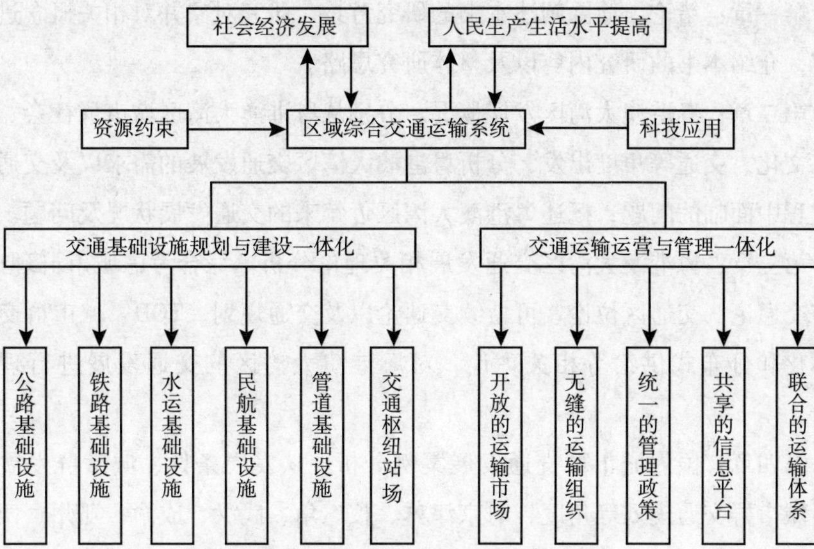

图 1-1 区域交通一体化框架

合理分工和优势互补实现“集成整合”、“无缝换乘”和“连续运输”的目的。

区域交通一体化内容涵盖基础设施布局规划和建设、运输市场、交通管理等多个领域。在基础设施布局规划方面，重点是做好设施的布局衔接、功能协调；在建设方面，针对建设时序、技术标准、衔接点等实现跨市、跨方式的统一协调，促进政府间、专业间合作是关键所在；在运输市场方面，构建有利于分工合作、信息共享、无障碍的市场环境是重要内容；在管理方面，协调地方之间的利益，从合作共赢的角度为交通运输规划、建设、运营创造有利的政策、制度环境。①

四 研究内容

本书共八章，各章主要内容安排如下。

① 邓焕彬：《珠三角区域一体化下交通协调发展研究》，清华大学博士学位论文，2012。

第一章：绪论。简要阐述本书的研究背景、研究对象并对相关概念进行界定，介绍本书的研究内容以及整体研究思路。

第二章：粤港澳大湾区发展概况。分别从粤港澳大湾区城市群社会、经济、文化、交通等角度出发，分析粤港澳大湾区交通发展的需求以及交通发展过程中面临的问题，概述粤港澳大湾区近年来的交通发展状况及问题。

第三章：粤港澳大湾区交通发展相关理论分析。综合考虑城市群理论、城市交通论、交通区位论、可持续交通论以及交通规划、TOD、城市群交通一体化和分布式供给等相关理论，对粤港澳大湾区的交通发展进行理论分析。

第四章：国内城市群交通发展案例分析。从发展条件、城市群发展历程、城市群交通规划等角度，对京津冀、长三角、武汉、成渝、郑州、西安及其他城市群交通发展状况进行分析，总结国内各城市群的特点，以便为粤港澳大湾区城市群交通发展提供借鉴。

第五章：国外城市群交通发展案例分析。从发展条件、城市群发展历程、城市群交通系统等角度，对纽约、旧金山、东京湾区、伦敦及首尔的轨道交通和机场群、港口等交通条件进行分析，并结合粤港澳大湾区交通发展现状分析可借鉴经验。

第六章：粤港澳大湾区交通发展方式与成效。综合考虑铁路与高速铁路、公路、水运、民航、海运等多种交通方式，分析粤港澳大湾区综合交通发展情况。

第七章：粤港澳大湾区交通发展战略与规划。从广东 9 市、香港、澳门协同发展的角度，分析跨区交通发展战略与规划问题。

第八章：粤港澳大湾区交通发展政策。结合粤港澳大湾区拥有的优势，提出促进大湾区交通发展的切实有效的措施和建议。

五　研究思路

本书的研究框架主要分为工作基础、研究内容及政策支持三个部分

（见图 1-2）。首先在工作基础部分，分析粤港澳大湾区社会、经济、文化发展现状，总结粤港澳大湾区城市群的发展特点，再将粤港澳大湾区交通发展现状与交通发展相关理论相结合，作为本次研究的基础；在研究内容部分，通过分析国内外多个城市群的发展现状，总结可借鉴的经验，并应用于粤港澳大湾区的发展方式与成效中；在政策支持部分，主要探索粤港澳大湾区在交通发展战略与规划方面，政府发布的相关文件及信息，并整理粤港澳大湾区交通发展的配套政策。

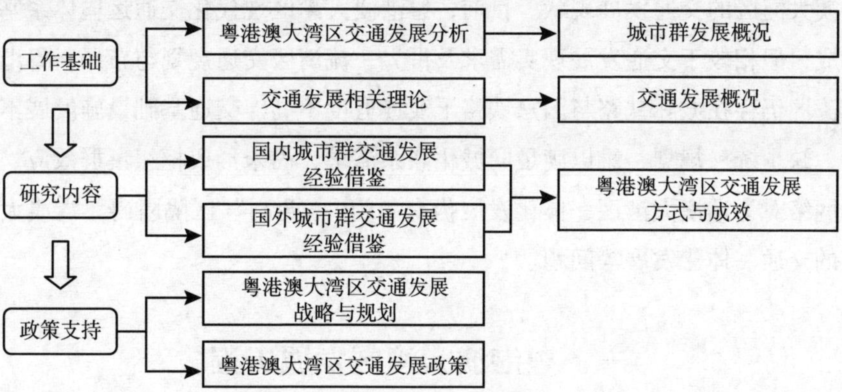

图 1-2　研究总体框架

第二章　粤港澳大湾区发展概况

本章通过梳理粤港澳大湾区的发展历程，对粤港澳大湾区社会、经济、文化状况进行分析，并分别从轨道交通、公路、水运、民航的角度，分析粤港澳大湾区的交通发展现状。目前，粤港澳大湾区现代化交通运输体系基本形成，但相较于交通发展现实需求及世界一流湾区交通规划与布局，粤港澳大湾区仍存在城际铁路与国家铁路干线连通度不高、交通基础设施发展不均衡、缺少统一规划、难以满足同城化联系需求、尚未形成枢纽集群效应、交通网络对粤港澳大湾区一体化发展仍有制约、“两制”区隔阻碍粤港澳大湾区的交通一体化发展等问题。

一　粤港澳大湾区发展历程

2019 年 2 月 18 日，中共中央、国务院联合印发了《粤港澳大湾区发展规划纲要》。这份纲领性文件全篇超过 27000 字，共计 11 章，对粤港澳大湾区发展做了全面规划，包括建设国际科技创新中心、加快基础设施互联互通、构建具有国际竞争力的现代产业体系、推进生态文明建设、建设宜居宜业宜游的优质生活圈、紧密合作共同参与“一带一路”建设、共建粤港澳合作发展平台等。这篇统领性的纲要，是国家重点发展粤港澳大湾区的行动指南。粤港澳大湾区发展历程如表 2-1 所示。

表 2-1　粤港澳大湾区发展历程

年份	发文单位	文件名称	重点内容
2008	国家发改委	《珠江三角洲地区改革发展规划纲要(2008—2020 年)》	提出推进粤港澳合作打造亚太地域最具活力的城市群

续表

年份	发文单位	文件名称	重点内容
2010	粤港政府	《粤港合作框架协议》	环珠江口宜居湾区建设
2015	国家发改委、外交部、商务部	《推动共建丝绸之路经济带和21世纪海上丝绸之路的愿景与行动》	深化与港澳台合作,打造粤港澳大湾区
2017	国务院	《政府工作报告》	研究制定粤港澳大湾区城市群发展规划、发挥港澳独特优势
2017	—	《深化粤港澳合作　推进大湾区建设框架协议》	研究制定粤港澳大湾区城市群发展规划,发挥港澳独特优势
2019	中共中央、国务院	《粤港澳大湾区发展规划纲要》	指导粤港澳大湾区合作发展,规划近期至2022年,远期展望到2035年

二　粤港澳大湾区社会发展状况

（一）粤港澳大湾区社会基本情况

随着产业转型及价值链逐步完善，大湾区逐渐成为高新企业的聚集地、科技创新人才的聚集地。香港，作为国际金融中心，能够为整个大湾区的金融资本撬动产业大战提供直接支持，促进科技与金融融合集聚。粤港澳大湾区占国土面积不足1%，区内人口数量不足国内总数的5%，GDP却占全国的13%。[①] 2019年粤港澳大湾区各市常住人口数见图2-1。

粤港澳大湾区内地9市以汉族为主，汉族人口比重超过98.2%，少数民族人口比重不到1.8%。主要的少数民族有壮族、回族、满族、瑶族、苗族、黎族、畲族等。珠江三角洲的少数民族多分布在城市。香港居民中，中国籍占总人口的97.5%，大部分原籍广东，其次为菲律宾、美国、英国、印度、泰国、澳大利亚、日本、马来西亚和葡萄牙籍。澳门居民以中国籍为主，约占总人口的97%，葡萄牙籍（包括在澳门的土生葡人）及其他外籍

① 资料来源：政府统计局。

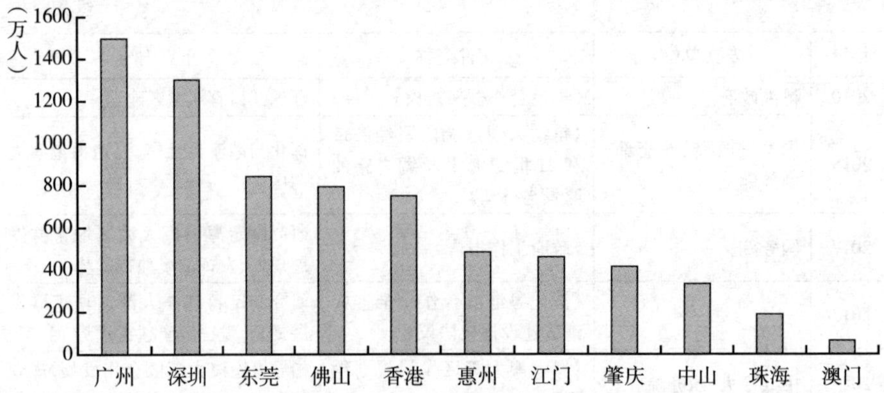

图 2-1　2019 年粤港澳大湾区各市常住人口数

占 3%，主要为印度尼西亚、菲律宾和越南籍。

从 2019 年粤港澳大湾区各地区税收来看，广州、香港、深圳三地遥遥领先，2019 年粤港澳大湾区实现税收约 16945 亿元，三地占整个湾区税收收入约 64%（见图 2-2）。

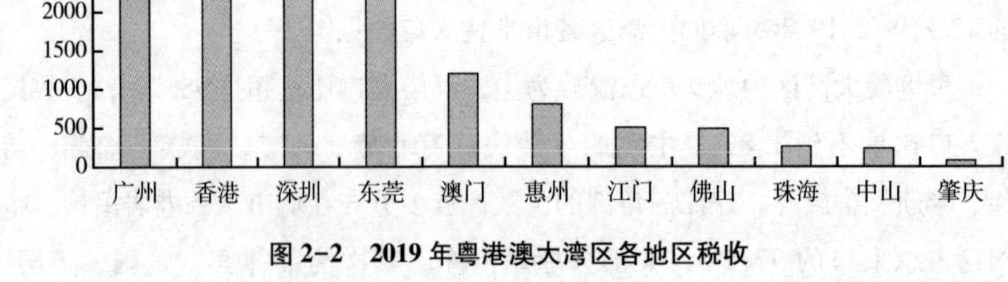

图 2-2　2019 年粤港澳大湾区各地区税收

（二）粤港澳大湾区城市化发展概况

粤港澳大湾区城市发展呈现很大的时序差异，具有多层次和多样化发展特征。城市化作为城市发展的重要尺度，对衡量城市发展水平、比较城市综合实力具有举足轻重的意义。

1. 珠三角城市化过程

改革开放以来，珠三角地区的深圳和珠海等地区借助政策优势先行一步，在利用外资总额和发展速度等方面领先于其他城市。珠三角区域主要承接了香港的转移产业，在“前店后厂”的发展模式下，形成了以“三来一补”和贴牌生产等为主要形式的出口加工产业。就业岗位不断增多，吸引了很多外来人口流入，城镇人口迅速增加，城市规模和布局也发生了变化，珠三角城市化迅速推进。21 世纪以来，珠三角城市化迅猛发展，发展速度远高于广东省城市化平均速度。城市人口规模不断扩大，城市空间不断外延，广州和深圳两大城市人口更是剧增。总体而言，珠三角地区无论是经济实力还是城市化水平，均高于省内其他地区，也居于全国前列。

2. 港澳城市化过程

港澳城市化发展比较早，香港曾是英国的殖民地，早在 19 世纪中期就开始开发，20 世纪初形成城市发展雏形；澳门曾是葡萄牙殖民地，澳门半岛是葡萄牙最早登陆的地区，也是开发最早的地区。

香港包括香港岛、九龙半岛和新界（含离岛）三大区，是国际金融中心、贸易中心和航运中心。开埠以来，香港主要通过填海造地和山地利用两种方式扩展城市用地，1841~1904 年经过三次城市用地扩张，逐步由一个边陲农渔资源型村落转型发展为军事及商业港口市镇，形成了近代城市雏形。20 世纪初，香港仍然以农业为主，1911 年，70%的新界人口以务农为主业。后来，随着越来越多的内地资本家、工人移居香港，香港逐渐向轻工业发展变化，城市人口逐渐增多，推动城市边界不断向外蔓延。

随着城市化的发展，从事第一产业的人数减少。1980 年 9 月，226.87 万总就业人口中，只有 1.35%从事农业、渔业、采矿及采石业，而制造业从业人口则占到 41.7%。同时，城市人口密度不断增大，城市发展区域逐渐从维多利亚港两岸扩展到新界，新界人口剧增，从 1961 年的 45.64 万增加到 1981 年的 130 万，占全港人口的 26%，越来越多的人居住在新市镇。

1999 年，全港约有 670 万人，其中 329 万人居住在新市镇，香港已由一个单一的都市发展成为一个由多个城镇组成的城市体系。所以，香港城市化发展大大早于内地，其发展也推动了珠三角经济发展进程。特别是改革开放以来，香港成为投资珠三角等区域的资金来源地，向内地输出技术、资本和文化等，带动了内地经济的发展。

澳门主要由澳门半岛、氹仔岛、路环岛以及路凼填海区组成，与珠海市紧密相连，东隔珠江口与香港相望。随着澳门经济社会的发展，其对地域空间的需求与日俱增。特殊的区位条件、人口增长和社会经济发展需要，以及丰富的浅海和滩涂资源，使得近 100 多年来澳门不断采用填海造地工程来进行土地扩张。可以说，填海造地工程不断拓展澳门城市区域，推动了澳门城市发展。澳门经济以博彩业、休闲旅游为主要产业，英文媒体将澳门建构为全球娱乐博彩集团汇聚的枢纽和全球资本投资的目的地，中文媒体更侧重将澳门建构为普通市民日常居住其中、享受风味美食和休闲娱乐的生活之所。作为世界休闲旅游城市，澳门是连接内地与葡语系国家的载体，推动了中国与葡语国家的经贸合作。

三　粤港澳大湾区经济发展概况

粤港澳大湾区，简称大湾区，包括香港特别行政区、澳门特别行政区和广东省广州市、深圳市、珠海市、佛山市、惠州市、东莞市、中山市、江门市、肇庆市（以下简称珠三角 9 市），是我国开放程度最高、经济发展活力最强的区域之一，在国家发展大局中具有重要战略地位。大湾区是继美国纽约湾区、旧金山湾区和日本东京湾区之后世界第四大湾区，面积达 5.65 万平方公里，人口约 6765 万，2020 年 GDP 突破 11.5 万亿元，GDP 规模超过了俄罗斯，与韩国持平，成为全中国经济最活跃的地区。

2017 年，李克强总理在《政府工作报告》中提出，要研究制定粤港澳大湾区城市群发展规划。2019 年，《粤港澳大湾区发展规划纲要》正式颁布，这标志着粤港澳大湾区城市群的规划建设已经被列入国家发展战略中。

粤港澳大湾区各城市之间的协调发展，不应该局限于城市的聚集式发展，可以朝着内部结构更加多样化的形式发展。根据旧金山湾区和东京湾区的建设经验，可以发现在湾区中的城市以及港口需明确定位，并采取合适的发展策略协调分工，从而避免恶性竞争重复建设的情况，有效发挥各自的经济实力和潜力。《粤港澳大湾区发展规划纲要》中已明确了大湾区中的 4 个中心城市分别是香港、澳门、广州和深圳。这 4 座中心城市通过利用湾区内的铁路公路等高速交通网络与港口群和机场群构建区域经济轴带，进而辐射带动周边的中小城市，构建科学的湾区发展布局。而这其中，港深合作、珠澳合作以及广佛同城被视为具有带领作用的增长极。①

（一）粤港澳大湾区经济发展速度

2019 年粤港澳大湾区各地区生产总值如图 2–3 所示。经济规模可以按照 GDP 分为三级：第一级城市 GDP 均超过 20000 亿元，包括香港、深圳、广州 3 个国际一线城市；第二级城市 GDP 均超过 8000 亿元，包括佛山和东莞；第三级城市 GDP 处于 2000 亿~4200 亿元，共 6 个城市。

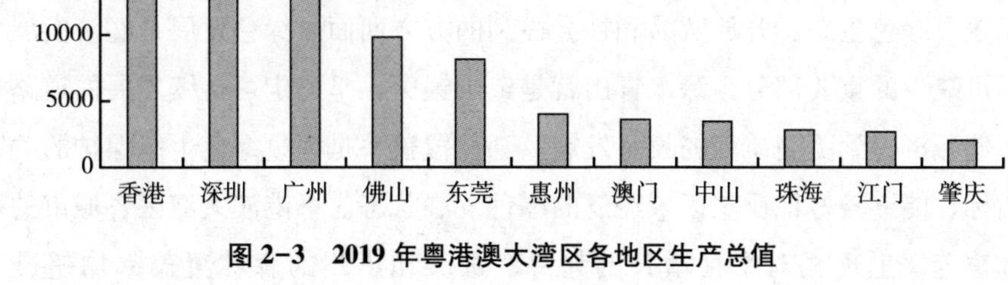

图 2–3　2019 年粤港澳大湾区各地区生产总值

① 梁维：《粤港澳大湾区港口群与区域经济增长的关系研究》，广东外语外贸大学硕士学位论文，2019。

在 2010~2019 年的 10 年中，粤港澳大湾区的经济发展态势整体较好，人均 GDP 逐年上升。在 11 个城市中，香港和澳门的人均 GDP 处于领先地位，2010 年，香港的人均 GDP 为 24. 03 万元，澳门的人均 GDP 为 25. 64 万元；2019 年，香港的人均 GDP 为 34. 81 万元，而澳门的人均 GDP 为 61. 76 万元。由此可知，香港和澳门的经济在近 10 年一直保持良好发展的态势，经济稳步提升，遥遥领先。而广东省的江门和肇庆两个城市人均 GDP 较低，2010 年，江门的人均 GDP 为 3. 07 万元，而肇庆的人均 GDP 为 2. 01 万元；2019 年，江门和肇庆的人均 GDP 分别为 5. 90 万元和 5. 40 万元，由此可知，江门和肇庆两地的经济也在稳步发展中，但是相比于香港和澳门两地，经济发展水平较低，未来发展空间较大。

由 2019 年粤港澳大湾区各城市 GDP 增长率变化情况可以看出，11 个城市的 GDP 增长率都为正数，说明该城市群的经济发展处于不断扩张的状态。2019 年，增长率最高的城市为澳门，为 9. 7%，GDP 增长率最低的城市是肇庆，为 5. 2%，而 2019 年各城市的 GDP 增长率相比前几年都呈现较低水平，均在 5%~15%浮动。由此，根据 GDP 增长率的变化可以看出，该城市群的经济发展逐渐由前几年注重发展速度向注重发展质量转变。

（二）粤港澳大湾区经济发展质量

经济的发展不仅表现在数量和规模上，更反映在经济质量上，经济质量涵盖了绿色生态、开放贸易和社会福利的方方面面。绿色发展是经济发展中不可缺少的重要部分，绿水青山就是金山银山，坚持走可持续发展的道路才能使经济得到更高质量的长足发展。森林覆盖率是衡量绿色生态保护的关键指标，能够较好地反映区域经济的绿色发展状态。粤港澳大湾区各城市的森林覆盖率呈现相对平稳增长的趋势，肇庆和惠州的森林覆盖率均超过了 60%，东莞、江门、广州和深圳等地也均在 30%以上，可以看出粤港澳大湾区各城市之间森林覆盖率存在较大差距，且经济发展程度相对较高的城市有着相对偏低的森林覆盖率。目前，粤港澳大湾区各城市的能源消耗率呈现逐渐下降趋势，广州珠海、佛山和江门等地下降幅度较大，这也说明粤港澳大湾区整体绿色发展情况较好。

（三）粤港澳大湾区产业结构状况

近年来，我国经济快速发展，粤港澳大湾区城市群作为经济发展的“领头羊”也不例外。[①] 经济快速发展的过程中，粤港澳大湾区的产业结构也在不断变化，城市群产业结构的变化不仅使得粤港澳三地经济实现了高质量发展，更在一定程度上完善了城市功能，具体如表 2-2 所示。

表 2-2　2019 年粤港澳大湾区产业发展状况

单位：%

城市	GDP 占比			各产业从业人员比例		
	第一产业	第二产业	第三产业	第一产业	第二产业	第三产业
广州	1.0	27.3	71.7	7.2	33.2	59.5
深圳	0.1	41.4	58.5	0.2	44.4	55.4
珠海	1.8	48.1	50.1	5.5	48.8	45.7
惠州	4.3	43.0	52.7	16.6	49.7	33.5
江门	7.0	49.3	43.7	32.2	36.6	28.1
肇庆	15.5	36.6	47.9	48.2	25.8	26.0
东莞	0.3	48.3	51.4	12.4	26.1	61.4
中山	4.5	63.3	32.1	1.7	49.0	49.2
佛山	1.4	57.7	40.9	0.0	70.7	29.2
香港	0	7.8	92.2	—	—	—
澳门	0	5.1	94.9	—	—	—

资料来源：《中国统计年鉴 2020》。

从粤港澳大湾区 11 个城市经济发展速度的情况可知，粤港澳大湾区城市群的发展速度较快，经济发展水平较高。但是从表 2-2 可以分析得出，不同城市之间的发展还存在较大差距，多数城市产业结构已经实现了“第

① 张海琪：《粤港澳大湾区城市群资源环境承载力评价研究》，燕山大学硕士学位论文，2021。

三产业>第二产业>第一产业”的模式，走上了经济高质量发展道路。但是，江门、中山、佛山等城市的产业结构比例还不合理，呈现“第二产业>第三产业>第一产业”的发展格局，其中，中山第二产业占比为63.3%，远高于第三产业的32.1%，佛山第二产业占比为57.7%也高于第三产业的40.9%。由此可知，江门、中山、佛山等城市的经济发展水平相比广州、深圳、香港、澳门等地还存在较大的差距，不利于粤港澳大湾区城市群的整体发展，城市群总体发展水平还不够理想，有较大的提升空间。

综观粤港澳大湾区，高端制造基础扎实，经济支柱产业电子信息集群优势明显；城市产业梯度分明，具有协同升级的基础；创新以企业应用为导向，企业创新动能强；人才吸引力节节高升，人才链接通道逐步畅通。其发展特点如下。

①电子产业集群优势凸显，内部工业互补。从各城市的优势产业来看，珠江东岸（以深圳、东莞、惠州为代表）高新技术制造业占比高，且保持高速增长，珠江西岸（佛山、中山、珠海、江门）占比和增速均低。

②创新以企业应用为导向，企业创新动能强。从研发主体来看，广深多是企业驱动型创新，深圳工业企业自主创新投入占比接近九成，广州企业类研发投入占比64%。

③人才吸引力节节高升，人才链接通道逐步畅通。从人才吸引力来看，近年来粤港澳大湾区的人口流入形成新一轮高峰，流入人口以高素质人群为主，部分农民工回流、国内的高精尖人才加速流入。

现阶段，大湾区产业有三大组团：第一组团，珠江东岸，以深莞领头，深圳产业“腾笼换鸟”，土地资源有限、产业大幅外溢，辐射东莞、惠州，莞惠产业同步升级；第二组团，广佛肇，汽车、房地产及上下游产业链实力较强，近年来广佛传统产业受到打击，走向转型升级之路，肇庆主要承接广佛产业转移；第三组团，珠中江，支柱产业分散，中山受益于东西岸交通链接利好，新区或率先发展，珠海具备发展旅游产业集群优势。

与国外著名的三大湾区，纽约湾区、旧金山湾区、东京湾区相比较，粤港澳大湾区的经济发展还存在较大的差距。第一，粤港澳大湾区11个城市的产业结构还有待进一步调整与完善，还未实现以第三产业为主导、第二产业和第一产业为辅的发展模式。第二，从整体来看，粤港澳大湾区城市群的发展存在分层的现象，集聚效应有待加强。第三，一个发展比较成熟的城市群应该是制造业、服务业、金融业三者协同发展的都市圈，而粤港澳大湾区城市群中部分城市的产业结构还有待优化。

（四）粤港澳大湾区对外贸易状况

进出口额反映了一个地区对外贸易的总规模。在货物进出口总额方面，香港进出口总额在粤港澳大湾区主要城市中占据绝对优势。2020 年，香港的进出口总额约为排名第 2 的深圳市的 2.5 倍。深圳市的出口额在珠三角城市群内最高，但是 2013 年后的近几年出口额呈现不断减少的状态。东莞进出口总额排名第 3，为 1921 亿美元，广州排名第 4，进出口总额为 1376.1 亿美元。

（五）粤港澳大湾区创新科技状况

2018 年，粤港澳大湾区谋划科技创新发展战略，强化科技创新协同机制，推动国际科技创新中心建设，聚焦技术攻关、基础研究、人才集聚、要素联通、创新创业、国际合作等行动举措，推动三地加快构建协同创新共同体。

大湾区在 5G、人工智能等领域具有领先优势，5G 基站和专利数量、国家级工业互联网跨行业领域平台数量等均居全国第一。中国信息通信研究院数据显示，2021 年华为、中兴、OPPO 的 5G 有效全球专利族数分别占全球总量的 14%、8.3%和 4.5%，分列全球第 1、第 5 和第 9，大湾区成为全球 5G 发展高地。

截至 2022 年 2 月，粤港澳大湾区有散裂中子源、空间环境地面模拟装置深圳拓展设施、空间引力波探测地面模拟装置、脑模拟与脑解析设施、合成生物研究设施等国家级大科学装置，综合性国家科学中心获批建设。粤港澳大湾区已布局国家实验室 2 个（全国共 9 个），国家重点实验室 50 个

（其中广东省 30 个、香港 16 个、澳门 4 个），广东省实验室 10 个。科技产业创新平台方面，累计获国家批复建设国家级创新中心 3 个、国家工程研究中心（工程实验室）22 个、国家地方联合工程研究中心 45 个。国家高新技术企业方面，大湾区拥有 5. 61 万家国家高新技术企业，超过排名第 2 的江苏近 2 万家。

当前，创新已经成为经济增长最重要的驱动力之一。在创新投入和创新产出方面，本研究主要分析 R&D 经费投入强度和国内外三种专利授权量。

深圳市 2020 年 R&D 经费投入 1161. 9 亿元，占 GDP 比重为 4. 8%，国内外三种专利授权量为 140200 件，研发投入和专利授权量均位居第一，具有较好的科技创新能力。广州、东莞和佛山的国内外三种专利授权量分别为 89826 件、65985 件、51013 件，在 11 个城市中位居前列，其他地区国内外三种专利授权量均低于 50000 件，澳门地区最少，仅有 125 件。珠海市 2020 年 R&D 经费投入 92. 15 亿元，占 GDP 比重为 3. 16%，R&D 经费投入强度仅次于深圳。2020 年香港、澳门 R&D 经费投入占 GDP 比重分别为 0. 86%、0. 20%，创新投入强度不高。

创新驱动是新时代背景下推动经济高质量发展的重大战略，粤港澳大湾区拥有巨大的科技潜力，但区域之间创新能力还存在较大差距。根据世界经济发展规律，通常认为研究与发展经费占 GDP 比重小于 1%，表明该地区创新能力不足；在 1%~2%，表明该地区在创新方面有所作为；大于 2%，表明该地区创新能力比较强。粤港澳大湾区研究与发展经费占 GDP 比重除香港、澳门、肇庆和中山外，均超过 2%，说明粤港澳大湾区总体研发投入强度处在较高水平，但仍存在区域间发展不平衡的情况。21 世纪经济研究院与阿里研究院发布的《2020 粤港澳数字大湾区融合创新发展报告》显示，2018 年，粤港澳大湾区国内外三种专利授权量为 43. 2 万件，其中发明专利数量为 25. 80 万件，超过其他三大湾区发明专利总和（23. 31 万件）。

综上所述，通过对粤港澳大湾区经济水平、产业结构、对外贸易、创新科技发展现状的分析，本研究发现粤港澳大湾区各城市的发展存在较大差异。香港和澳门作为中国特别行政区，经济发展水平高，人均 GDP 领先于珠三角地区，但是科技创新能力比较薄弱，2020 年研发投入强度和国内外三种专利授权量不如珠三角地区。珠三角地区 9 个城市的产业结构、对外贸易和科技创新发展现状与各地区的经济发展水平具有较大关联，各城市经济发展存在较大差距、不够协调，因此研究如何在粤港澳大湾区战略背景下实现新时代高质量发展，具有重大现实意义。

四　粤港澳大湾区文化发展概况

粤港澳大湾区由湾区本土文化和部分外来文化组成。其中湾区本土文化包括中华传统文化、南粤地域文化、城市现代文化，外来文化主要指西方文化。在多种文化的交织碰撞中，湾区形成兼容并蓄的文化特点。

（一）粤港澳大湾区本土文化的特点

追溯历史文化源头，粤港澳大湾区与中华民族传统文化具有相同的文化底蕴。在大湾区的不同城市里，我们的确可以寻找到一些相似的生活方式，还有相似的方言、相似的民间信仰，这些构成了一种近似于文化共同体的基础。粤港澳三地有着相同的历史基因，三地文化同宗同源、互联相通。以岭南文化中的广府文化、客家文化、香山文化、侨乡文化等粤文化为湾区共同的文化底色。

湾区本土文化还包括地域文化和城市文化，城市文化是后期形成的，主要体现在城市居民行为举止和观念上，与社会形态和城市经济发展有关。形态文化指的是城市的面貌和特征，比如城市的地理位置、规划布局、建筑风格等；经济文化指的是城市的经济实力、资源优势、产业结构等；社会文化指的是人口分布、社会关系、社会治安等；精神文化指的是学术教养、居民素质、文艺等。

大湾区的城市分布主要是沿海、沿江、沿河，地理位置优越且交通便捷，自然成为商品贸易流通的要地，铸就湾区各城丰富的商业文化。大湾区的现代城市文化代表是以商业经济为重的文化。香港经济和社会发展较快，因此被称为“亚洲四小龙”之一，该地区具有较高的生活水平和经济水平，是全球最富裕的地区之一，香港的开放性和包容性极强，城市实力也较强。香港的现代城市文化是以商业经济为重的文化，同时还具有国外街头文化的特色。在长期的发展中，澳门则形成了独具特色的博彩文化。深圳是我国对外贸易中心、国际交通枢纽、科技创新中心、金融中心，同时深圳也是我国制度创新、改革开放的示范特区，身负重任。深圳的现代城市文化特点为创新、商业、产业。广州是广东省会城市，在城市化进程中广州的包容性最强，主要体现在经济和文化方面。珠海面临大海，是新型花园城市，也是我国旅游胜地，城市的整体景观令人赏心悦目，珠海被称为幸福和浪漫之城。珠海的现代城市文化特点是幸福程度高、生态环境好、适合安居乐业、旅游胜地。佛山是我国先进制造业基地、广东省制造中心，独特的佛山模式使得佛山制造产品远销海外。佛山被称为文明城市、美食者天堂、品牌之都等，其现代城市文化特征是制造、智造。东莞是广东省主要城市之一，也是外贸口岸，见证了我国经济发展的历史。东莞还是全国篮球城市，其现代城市文化的特点是产业经济、篮球文化。中山市的经济总量排名靠前，与顺德、南海、东莞并称“广东四小虎”。

从湾区几个城市的现代发展来看，粤港澳大湾区现代城市文化以高速发展的商业经济文化为主导，以创意智造为目标，以幸福宜居为常态，以篮球、博彩为部分特色。现代城市文化以动态的形式存在，它不是一成不变的，随着时代的前进，城市的发展也会带来新的城市文化。粤港澳文化的相同之处彰显三地共同的文化底色，共同的文化底色是粤港澳沟通互联的桥梁和纽带，亦是湾区各城团结一心、携手共进的精神支柱。

（二）粤港澳大湾区外来文化的特点

从特殊的历史角度来看，香港与澳门两地有丰富的外来文化与本土文化相交融的特征。早期的香港文化代表是南越文化，但在清代初期大量的客家人到香港定居，香港文化与客家文化和其他文化交融。鸦片战争以后，在英国殖民统治下，西方文化在香港快速传播发展。另外，大批珠三角广府人迁居香港，带来的广府文化覆盖香港大部分地区，加上英国当时没有在香港采取同化的文化政策，中西文化得以并存、碰撞和交融，形成了现在的香港文化。

澳门曾为葡萄牙殖民地，澳门从一个小渔村发展成为国际贸易自由港，大量闽粤的商人和内地的居民蜂拥而至，经商和传教的英法德意等西方居民，以及越南、日本、马来西亚、印度等东方居民也从五洲四海汇集于此，多种文化在此交流，最终形成了澳门具有深厚内涵的中华文化和以葡萄牙文化为特质的西方文化共存的独特文化。澳门的宗教信仰没有限制，大多数澳门人是基督教徒，还相信妈祖会保佑人们的安全。基督教文化代表是大三巴牌坊，妈祖文化代表是妈祖庙。

五　粤港澳大湾区交通发展概况

（一）轨道交通

除了香港、澳门之外，珠三角地区的 9 个城市均有轨道交通相连。从 2009 年底武广高铁开通以来，粤港澳大湾区先后建成了广深高铁（2011 年）、广珠城轨（2012 年）、厦深高铁惠深段（2013 年）、南广和贵广高铁的广佛肇段（2014 年）、广佛肇城际铁路（2016 年），以及可以运行动车组的原有京九线惠深段和广九线广深段，把珠三角地区的 9 个城市串联在一起，形成了一个轨道交通网络。

粤港澳地区的铁路营运里程在 2010~2019 年呈现增加的趋势（见图 2-4），特别是 2012~2014 年，铁路营运里程增长最快，主要原因是我国掌握了铁路的核心技术，铁路的制造成本降低以及安全性能大大提升。此时，我国国内多数夕阳产业出现了产能过剩的现象，例如钢铁、玻璃等行业，国内对钢铁、玻璃的需求已经远远小于市场的供给能力，因此需要积极开拓国外市场。同时，我国在 2013 年提出了“一带一路”倡议，还相应地提出了五通——“政策沟通，设施联通，贸易畅通，资金融通，民心相通”，我国为实现五通大力发展铁路等基础设施。例如，建设滨州铁路干线，总长度930公里，滨绥线以及广州南沙港开出的国际货运铁路列车路线，东莞至义乌的铁路干线、京九线、京广线等。这都为“一带一路”建设提供了重要的基础保障，也是我国开拓国际市场的重要前提条件。虽然从整体上看，粤港澳地区的铁路营运里程不断上升，但从全国视角来看，粤港澳地区的铁路发展仍然有较大的提升空间，2019年其铁路营运里程占全国铁路营运里程不到3.5%，而铁路是受天气等其他因素影响较小的长途运输方式之一，单位运输费用较低，对货物具有较高的保护性，因此对于国际货运的发展具有重要的作用。

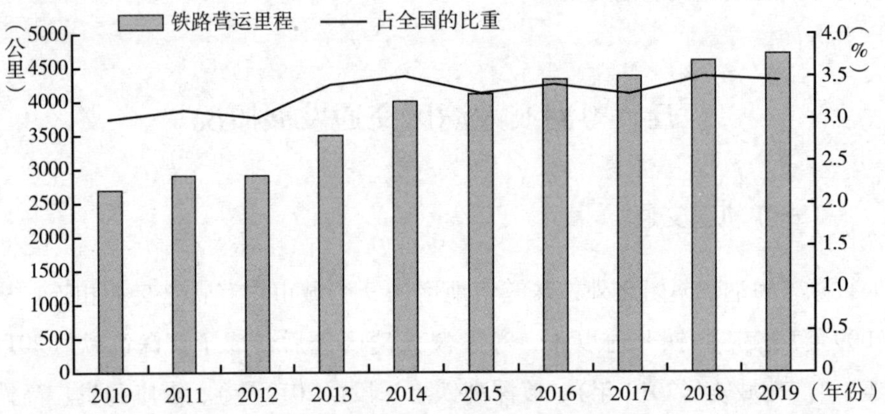

图2-4 2010~2019年粤港澳地区铁路营运里程

截至2017年，大湾区内部广东9市已全部开通高速铁路，广东省内基本形成以广州、深圳为交通枢纽，辐射粤东西北的交通网络格局。改革开放40多年来，大湾区高速铁路开通从起步阶段到发展阶段，高铁建设得到飞跃式发展。广深准高速铁路是我国第一条准高速铁路，旅客列车速度为160~200公里/小时，广州省内部城市铁路建设由线路扩张向整合优化方向转变，在1997~2007年11年间共经历六次大提速，时间点分别是1997年4月、1998年10月、2000年10月、2001年10月、2004年4月、2007年4月，列车经提速后行车时间缩短，服务得到进一步优化，安全性得到提高，对铁路货物运输和客运都产生了深远的影响。

2009 年 12 月，国内第一条时速达 350 公里的武广高铁全线开通，拉开了广东高铁时代的序幕，也标志着中国高铁进入新时代，广东省进入 3 小时生活圈。2011 年广深港高铁开通，2012 年广珠城际铁路开通，打开了珠江西岸铁路交通运行的格局，使公路运输不再一枝独秀，珠江三角洲地区 1 小时交通经济圈初步形成，对后续加快粤港澳地区的广州、珠海、中山、佛山、江门与澳门交通一体化进程有着关键的作用。2013 年厦深铁路开通，自此贯通整个东南沿海的快速铁路正式运行，作为“八纵八横”的重要“一纵”，厦深高铁的开通运行改变了沿海地区以往运输水平较低的状况，使地区内运输管理体系得到完善，加快了沿海地区可持续发展的步伐，促进了香港同内地的长三角地区、海峡西岸等地的贸易往来，更好地发挥了经济辐射功能。将厦门、汕头、深圳等经济高速发展地区联系起来，串联起珠江三角洲和海峡西岸，逐步构成东南沿海经济圈，对区域经济的协调发展产生了不可替代的作用与影响。2014 年贵广高铁和南广高铁同期开通，贵广高铁作为首条直连珠三角和西部地区的高铁线路，大大缩短了广州至贵州贵阳的行车时间，在压缩时空距离的同时加强了粤桂黔三地在人力、物流、资金转移和信息交换方面的联系，开辟出一条省际政治经济文化交流的高速通道；南广高铁的开通同样建立起连接我国西南与华南地区的快捷通道，促进了广西融入珠三角的经济合作。2018 年 7 月，作为粤西首条高铁线路——深湛高铁正式投入运营，使珠三角地区和粤西之间只能依靠低速的普通铁路维持联系的状况得以改善，开启了阳江、茂名、湛江三市高速铁路的新篇章（见表 2-3）。

表 2-3　粤港澳大湾区城市高速铁路网络站点布局

名称	开通时间	经过广东省内的大湾区及其周边城市	主要站点
武广高铁	2009 年 12 月	韶关、清远、广州	乐昌东站、韶关站、英德西站、清远站、广州北站、广州南站、虎门站、深圳北站

续表

名称	开通时间	经过广东省内的大湾区及其周边城市	主要站点
广深港高铁	2011 年 12 月	广州、深圳	广州南站、庆盛站、虎门站、光明城站、深圳北站、福田站
厦深高铁	2013 年 12 月	潮州、汕头、惠州、深圳	饶平站、潮汕站、潮州站、普宁站、葵潭站、陆丰站、汕尾站、鲘门站、惠东站、惠州南站、深圳坪山站、深圳北站
贵广高铁	2014 年 12 月	肇庆、佛山、广州	怀集站、广宁站、三水南站、佛山西站、广州南站
南广高铁	2014 年 12 月	肇庆、佛山、广州	郁南站、南江口站、云浮东站、肇庆东站、三水南站、佛山西站、广州南站

（二）公路

从粤港澳地区的公路里程数据分析可知，2010~2019 年，粤港澳地区的公路里程不断增加，2012~2014 年粤港澳地区公路里程的增长率较高（见图 2-5），这说明我国在提出“一带一路”倡议之前，就已经大力发展国内的交通基础设施，包括铁路干线的建设、水运航道的建设以及各城市之间的公路建设，为“一带一路”中的设施联通打下基础。交通的发展是城市经济发展的基础，城市周围的交通网络密集，那么城市的发展速度也就相应加快，位于地区中心的城市，其交通网络的密度会远远大于周围其他城市。粤港澳地区逐年增加的公路里程说明粤港澳地区的公路交通网络逐步完善，从粤港澳地区的高速公路里程来看，其高速公路里程也不断增加，这可能与粤港澳大湾区的建设有关。从整体来看，粤港澳地区的公路交通网络发展趋势良好。

珠三角地区的高速公路网络进一步发展，通车里程从 2009 年底的 2501 公里增长到 2016 年底的 3897 公里，各城市之间形成了多路径连通的高速公路网络。其中，珠三角环线高速（G94）串联起大湾区全部 11 个城市，广珠西线高速、广澳高速、广佛肇高速等主要线路连通大湾区西侧城市（广

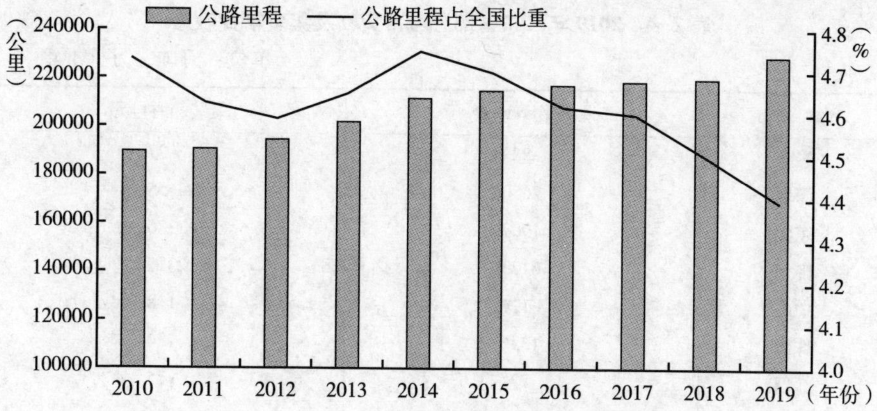

图 2-5　2010~2019 年粤港澳地区公路里程

州、佛山、肇庆、中山、江门、珠海、澳门），广惠高速、广深沿江高速、广深高速、惠盐高速等主要线路连通大湾区东侧城市（广州、东莞、惠州、深圳、香港），莞佛高速是使大湾区东西两侧陆路相通的位置最南、距离最短的通道。①

（三）水运

广东省拥有珠江三角洲长达 1039 公里的海岸线，以及广州这个全国商贸中心，因此广东成为我国一个对外贸易和海运大省。根据《广东统计年鉴》，2019 年广东省内有 5 个港口达到亿吨级别的货物吞吐量，分别是广州、深圳、湛江、东莞和珠海，而这其中有 4 个属于粤港澳大湾区城市群范围，并且仅这 4 个港口的年货物吞吐量就已经超过 10 亿吨（见表 2-4）。目前广东沿海已基本形成以广州港和深圳港为核心的国际集装箱枢纽港，同时东莞港、珠海港、惠州港等周边港口作为支撑性港口及内河港口的错位发展格局。加上香港港口在内，2019 年大湾区港口群集装箱吞吐量超过 8000 万标准箱，是世界上航海运输业务最繁忙的区域之一。

① 覃成林、柴庆元：《交通网络建设与粤港澳大湾区一体化发展》，《中国软科学》2018 年第 7 期。

表 2-4　2019 年广东省部分城市货物及集装箱吞吐量

单位：万吨，万标准箱

港口城市	货物吞吐量	集装箱吞吐量
惠州	8834	27
深圳	26506	2655
东莞	19070	380
广州	61239	2317
中山	1272	138
珠海	13367	184
江门	7717	75
广东总计	175788	6044

其中香港港是中国天然良港以及远东航运的枢纽中心。地处珠江口外东侧，香港岛和九龙半岛之间，既是珠三角入口，又处于经济增长迅猛的亚洲太平洋周边的中心，地理位置十分优越，使得香港港成为国际贸易中一个重要的国际货物转运港，也是全球供应链上的主要枢纽港，承接亚太地区与欧洲的货物往来。2005 年之前，香港曾居世界港口集装箱吞吐量首位 10 多年，虽然 2005 年被新加坡超越后，香港的排名持续下滑，2018 年排名第 7，但作为大湾区中的国际化都市，香港港的地位依然不容小觑。香港港主要分为 3 个港区，分别是维多利亚港、葵青货柜码头和香港内河码头。

澳门有 3 个主要的港口，分别是内港、外港和九澳港。内港，是澳门半岛西面与对岸珠海市湾仔之间一条水道上的港口码头，由于该水道宽度和深度有限，因此其承担的是内河航运的码头功能。外港，即香港人称为港澳码头的地方，位于澳门半岛东面，因为澳门半岛东面是澳门的中心地带，同时这个位置拥有较宽的航道，是澳门的出海口，适合高速客轮的通行，因此是澳门往来香港和深圳的客运码头。九澳港位于澳门路环岛西南方向的九澳湾，面向南海，具有发展深水码头停靠集装箱货轮的天然条件，因此又被称为九澳货柜码头。

从粤港澳地区的水运航道里程分析可知（见图 2-6），2012 年以来粤港澳地区的水运航道里程基本维持在 12100 公里，其中 2014 年增长幅度最大，总体上保持着平稳的态势。水运航道建设受自然环境因素的影响，同时水运航道建设在一定程度上影响当地流域的生态环境，这也是粤港澳地区水运航道里程保持平稳态势的原因。虽然 2014~2019 年粤港澳地区水运航道里程占全国比重呈现下降趋势，但是从全国范围来看，粤港澳地区的水运航道里程占比较大，接近 10%，这说明粤港澳地区有着天然的水运航道建设优势，结合粤港澳地区各主要港口的发展情况可知，粤港澳地区中广州港、深圳港的规模在我国乃至世界都比较大，万吨级的泊位数量较多，是能够容纳大型船只进行装卸作业的现代化港口，且广州港、深圳港的自动化程度高，提高了港口的装卸效率。同时，各港口的地理位置恰好形成互补状况，广州港、深圳港位于珠三角地区，汕头港位于粤东地区，湛江港则位于粤西地区，外加香港港，形成一个辐射全国乃至世界的水运网络。

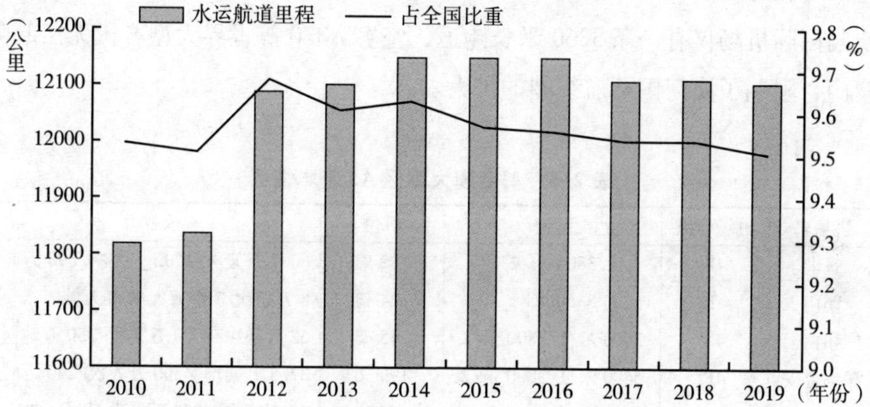

图 2-6　2010~2019 年粤港澳地区水运航道里程

（四）民航

粤港澳大湾区人流、物流、信息流、产业流高度密集，在方圆 200 多公里的范围内，有广州白云国际机场、深圳宝安国际机场、珠海金湾机场、香港国际机场、澳门国际机场、惠州平潭机场、佛山沙堤机场等，因惠州和佛山机场属于军民两用机场，航空界将前五大机场称为珠三角“A5”，五大机场自建成之日起竞争格局便已形成。[①]

2019 年 11 月 15 日，据 2019 年粤港澳大湾区五大机场高层联席会议消息，粤港澳大湾区五大机场正加快提升基础设施保障能力。其中，广州白云国际机场加快推进三号航站楼和第四、第五跑道建设；香港国际机场正积极推进第三跑道系统建设；深圳宝安国际机场正在全面推进卫星厅、第三跑道等新一轮扩建工程；澳门国际机场正在积极联合各方推动编制填海建设方案及项目环评工作；珠海金湾机场正在积极推进航站楼改扩建工程。

粤港澳大湾区五大机场空间布局较为合理，基本可实现"1 小时经济圈"，拥有香港、广州白云、深圳宝安三个大型国际机场，辐射范围较广，拥有广阔的内陆腹地。五大机场（见表 2-5）中除珠海金湾机场外，其他四大机场均趋于或已经饱和，甚至远超当时设计标准，超负荷运转。珠海金湾机场拥有 4000 米长跑道，可以满足所有国际机型起降，但无国际航线。澳门国际机场仅有一条 3360 米长跑道，空客 A380 等世界大型客机无法起降澳门，限制了澳门国际航线圈的扩大。

表 2-5　粤港澳大湾区 A5 基本情况

机场名	机场等级	跑道	机位	承载力
香港	4F	3800 米/2	182 架	60.7 万架次/1.02 亿人次/890 万吨
澳门	4E	3360 米/1	24 架	8 万架次/780 万人次/8 万吨
广州白云	4F	3600 米/1、3800 米/2	245 架	62 万架次/8000 万人次/250 万吨
深圳宝安	4F	3400 米/1、3800 米/2	199 架	37.5 万架次/4500 万人次/240 万吨
珠海金湾	4E	4000 米/1	26 架	10 万架次/1200 万人次/10 万吨

从 2019 年五大机场发展数据（见表 2-6）可看出，五大机场 2019 年共输送约 2.13 亿人次旅客和 830 万吨货物，飞机起降超过 140 万架次，远远超过长三角、京津冀机场群，甚至超过美国纽约湾区（1.39 亿人次旅客、248.4 万吨货物）。

① 陈朋亲、郑天祥：《粤港澳大湾区机场群协同发展研究——基于供给侧结构性改革分析视角》，《港澳研究》2019 年第 3 期。

表 2-6 2019 年粤港澳大湾区 A5 发展情况

机场名	航线范围	旅客吞吐量（万人次）	货邮吞吐量（万吨）	起降航班（万架次）
香港	220 条(含 50 个内地航点)国际航线基本覆盖几大洲	7470	510	42.78
澳门	国内外共 56 条航线,国际航线仅可抵达东亚、东南亚部分城市	826.14	4.15	6.57
广州白云	200 多条,国际航线可抵达几大洲	6972.04	189.05	47.73
深圳宝安	188 条(国内航线 154 条、港澳台 4 条、国际航线 30 条),国际航线主要为国际知名旅游城市	4934.9	121.9	35.6
珠海金湾	国内航线 127 条,无国际航线	1122.1	4.64	8.11

五大机场客货吞吐量分别占总量的 35.0%和 61.5%（香港）、32.7%和 22.8%（广州）、23.1%和 14.7%（深圳）、3.9%和 0.5%（澳门）、5.3%和 0.6%（珠海），呈现三分天下之格局，香港国际机场继续领跑大湾区，广州白云国际机场发展劲头足，旅客吞吐量直逼香港，香港优势已不及当年（如 2005 年，香港旅客和货物吞吐量占总量的 47.5%和 72.3%）。

2008 年国家民航局提出“民航强国”战略，五大机场纷纷改扩建，追求“国际化”“枢纽机场”等。2009 年《珠江三角洲地区改革发展规划纲要》出台，五大机场召开第一次联席会议，签署合作备忘录，明晰各大机场定位。经历国家“十二五”“十三五”规划后，广州、深圳已跃居“国际枢纽”序列，五大机场还开展了多项改扩建计划。2019 年 2 月，《粤港澳大湾区发展规划纲要》明确指出五大机场定位及支持计划，新一轮机场改扩建再启程。

六 粤港澳大湾区交通发展需求

粤港澳大湾区正处于由服务经济向创新经济跃迁的关键期，人口、创新资源等多种要素高密度集聚，使得大湾区交通联系呈现总量规模快速增长、需求特征网络化分布、关键走廊内多元需求高强度叠加等发展特征。[①]

（一）区域协同国家战略要求世界级枢纽集群予以支撑

双循环新发展格局下，世界级城市群成为承载国家高质量发展的基本空间单元，国际性综合交通枢纽集群成为强化世界级城市群辐射带动作用的基本交通组织模式。2021 年，中共中央、国务院印发的《国家综合立体交通网规划纲要》，首次明确“国际性综合交通枢纽集群”的功能层级，提出将城市群作为国家发展的战略性基本单元；要求建设面向世界的京津冀、长三角、粤港澳大湾区、成渝地区双城经济圈四大国际性综合交通枢纽集群；面向大湾区内部，要求形成以广州、深圳、香港为核心，联动珠海、澳门等城市的大湾区枢纽集群。

（二）粤港澳大湾区成为各类要素高度集聚的战略高地

粤港澳大湾区作为国家重点谋篇布局的世界级城市群，具备经济体量大、人口密度高、创新资源集聚等发展特征。世界级城市群基于全球化与城镇化两大核心动力形成，其历史使命是服务经济社会发展大局。目前，大湾区已发展成为中国经济、人口、创新资源等要素高度集聚的战略高地。经济方面，粤港澳大湾区 2020 年人均 GDP 达到 2.08 万美元，在中国三大重点城市群中处于首位，成为中国经济最发达的区域。人口方面，大湾区人口高密度集聚效应不断加强，2020 年粤港澳大湾区常住人口达到 8610 万人，接近东京、旧金山、纽约三大世界级湾区人口之和，成为全球人口密度最高的城市群。创新资源方面，粤港澳大湾区拥有世界上最齐全的数字经济产业集群和产业链体系，在专利合作条约（Patent Cooperation Treaty，PCT）专利密度排名中自 2010 年开始连续多年稳居全球第 2，已经

① 邵源、黄启翔、易陈钰、罗韧：《粤港澳大湾区综合立体交通网战略构思》，《城市交通》2022 年第 2 期。

实现由世界工厂向全球创新高地的角色转型，初步构建了“全球创新理念汇聚—大湾区创新应用与转化—腹地市场规模化组装生产”的全球产业链组织模式。

（三）大湾区初步建成系统完备、体量巨大的综合交通系统

粤港澳大湾区资源禀赋优越，对外综合交通格局初步形成，具备发展世界级湾区的交通基础。综观世界发达湾区，都大致经历港口经济、工业经济、服务经济、创新经济 4 个发展阶段，粤港澳大湾区正处于由服务经济向创新经济跃迁的阶段。顺应大湾区港口经济、工业经济、服务经济发展要求，大湾区内各城市积极推动，构建了依托港口和机场的国际客货运联系网络，以高速公路和干线铁路为主导的客货运联系网络，拥有香港、深圳、广州三大港口以及香港、广州、深圳、澳门、珠海五大机场组成的世界级枢纽集群，高速铁路里程与密度均居全球首位，高速公路密度达 8.16 百公里/公里^2，高于东京、巴黎、伦敦。

（四）双循环新发展格局下，大湾区交通联系结构与需求快速升级

双循环新发展格局要求畅通创新要素流通网络，大湾区应积极发挥交通“先行官”作用，构建畅通双循环的战略枢纽。

双循环新发展格局要求以人民为核心，将满足国内需求作为经济发展的基本出发点和落脚点，要求拉动内需、推动消费升级。为此，客货运输呈现新需求和新特征。

①中国主要城市群之间的联系日益紧密。产业链国产化进程加速，长三角、京津冀、粤港澳大湾区等城市群间产业分工合作将进一步深化，跨区域跨产业商务往来将更加频繁，预计到 2035 年，粤港澳大湾区铁路对外旅客发送量将达到 3.7 亿人次，是 2020 年的 3 倍，同时对时效性也提出更高要求。

②核心城市与腹地之间的联系日益紧密。以深圳为代表的外向型城市，与泛珠三角乃至北部湾、滇中、海西、中原、成渝等城市群的核心城市之间

联系将进一步加强，预计到2025年，深圳铁路发送旅客量将超过1.2亿人次，年均增长10%。

（五）多元出行需求在大湾区内关键走廊高强度叠加集聚

大湾区内部多样化出行需求特征凸显，亟须推动客货运交通运输服务向多样化升级。随着产业格局的重构，产业链布局将进一步突破行政边界的约束。以华为、大疆为代表的企业在都市圈甚至城市群范围内重新布局研发、设计、生产、制造、销售和服务功能。由此，在城市群空间范围内，尤其是在一些重要廊道上将会叠加通勤、商务、物流等多种需求。以粤港澳大湾区内的科技创新走廊为例，目前，走廊承载着城市群对外长距离联系及区域内跨市交换等多种功能，走廊内既有的广深港客专和广深铁路四线，作为国家对外运输的干线铁路，其承担的区域交换量分别达到61%和39%。预计至2035年，大湾区城际出行需求将趋于城市化、网络化，大湾区日均机动化出行量达到1.8亿人次，其中日均轨道交通出行量达4600万人次，科技创新走廊、沿海走廊等关键走廊的交通需求将翻倍增长。

七　粤港澳大湾区交通发展面临的问题

（一）城际铁路与国家铁路干线连通度不高

城际铁路运营成效初显，对促进区域联系发挥了重要作用。广深线（广深铁路）于1998年完成准高速电气化，目前已实现“公交化”运营，平均旅客发送量超过23万人次/天，年客运收入最高达到近80亿元。地铁广佛线于2000年建成首通段，2018年底全线通车，以跨市地铁的形式承担城际通勤交通，跨市交换量达12.9万人次/天。广珠城际于2011年开通运营，平均旅客发送量接近10万人次/天，其中，中山往广州的客流量占较大比例（70%）。

城际铁路仍存在技术标准低、时耗长、端点布局不合理等问题。现状、在建及既有规划的城际铁路速度均在200公里/小时及以下（广佛线为地铁制式80公里/小时、广深城际铁路160公里/小时、广珠城际铁路200公里/小时），总体技术标准偏低。广佛肇城际铁路全长约110公里，但旅行时间超过60分钟（最长为90分钟），出行时耗过长，不具备竞争力（如果通过贵广、南广铁路，广州至肇庆旅行时间可以控制在40分钟以内）。部分城际列车止于城市外围车站，如广珠城际尽端站为广州南站，距离城市中心区较远，接驳时间较长，难以满足城际客流高时效性的要求。此外，根据2018年7月的运行图，广珠城际铁路开行跨线客车仅19对，包括贵广7对、南广4对、武广5对、广深港3对。广佛肇、莞惠城际铁路与国铁干线尚无跨线客车，连通度不足，换乘成本增加。

（二）交通基础设施发展不均衡，缺乏相应的统筹规划

交通基础设施是基础设施的重要组成部分，也是影响跨区域交通的重要因素之一。[①] 虽然近年来粤港澳地区不断加快交通基础设施建设，如港珠澳大桥的开通、深中通道的建设、虎门二桥的通车等，但从整体来看，交通基础设施建设仍然存在发展不均衡、无法与城市定位相匹配的问题。如珠三角中心城市的高速公路网络密集，但是粤西与粤东地区的高速公路网络稀疏，且等级普遍较低，公路密度也普遍偏低，对比其他城市的高速公路数量，粤东地区的城市高速公路数量偏少。大型机场也普遍分布在珠三角中心地区，如广州、深圳，粤北、粤西、粤东地区仅有几个城市建有机场，并且机场的规模普遍较小。

目前粤港澳大湾区对内缺乏高速直达通道，因此难以改变强中心、弱腹地局面。这是粤港澳大湾区及其辐射带动的泛珠三角地区乃至更广阔腹地面临的主要发展挑战。以广东省在泛珠三角地区的经济占比为例，该比例由2010年的不足20%上升至2020年的34%，中心集聚性不断加剧，尚未实现

① 陈志豪：《粤港澳地区城市综合物流网络的优化与构建》，广东工业大学硕士学位论文，2021。

带动泛珠三角地区协同发展的战略目标。交通战略通道缺失是导致该局面的重要原因。目前，粤港澳大湾区与长三角、京津冀等城市群的铁路联系均超过10小时，难以实现与其他城市群之间的协同发展。①

粤港澳大湾区承载了辐射带动泛珠三角乃至更广阔地区协同发展的战略使命，要求着眼于完善大湾区乃至泛珠三角地区其他省区的交通网络，深化区域合作，促进区域要素流动和产业转移，形成梯度发展、分工合理、优势互补的产业协作体系。粤港澳大湾区核心引擎城市亟须发挥综合交通多方式组合优势，打破跨边界、跨方式、跨主体约束，沿交通干线构建经济发展带，大力拓展经济腹地，实现更大范围内的协同发展，面向广阔的国土空间携手打开粤港澳大湾区对外战略通道，助力大湾区改变强中心、弱腹地的局面。

（三）区域内部缺乏统一规划，城市定位模糊

粤港澳地区由于城市的行政区域划分，各个城市在开展物流基础设施建设以及物流规划时，仅仅考虑自身所在地区的发展，而未考虑到邻近城市的产业结构、发展规划等，因此出现资源重复建设的问题。特别是在港口建设方面，虽然粤港澳地区各个城市基本拥有自己的港口，但是各个城市的港口出现同质化竞争的现象，极大地降低了资源的利用效率。由于各城市的物流发展缺乏统一规划，城市物流在定位方面出现较大的模糊性，如东莞、佛山距离深圳、广州较近，应充分利用广深的溢出效应，发展成为广深的物流辅助枢纽。但各城市间定位的模糊导致粤港澳地区缺少重要物流节点，无法发挥香港、广州、深圳三大城市的优势，带动整个地区物流与经济的发展。

（四）尚未围绕核心引擎城市构建一体化交通网络，难以满足同城化联系需求

粤港澳大湾区核心引擎城市呈现区域交通城市化、城市交通区域化

① 方创琳、姚士谋、刘盛和等：《2020中国城市群发展报告》，科学出版社，2011。

的发展特征，深圳、广州等城市亟须进一步增强都市圈交通基础设施连接性、贯通性，高质量打造“1小时通勤圈”。随着城市空间的不断拓展、沿轴带的演化，进一步“拉伸”生产生活功能与职住空间布局，大量在罗湖、福田、南山三大核心区上班的人口居住在外围城区甚至临深片区。高端生产性服务业在强中心聚集，普通生产性服务业、生活服务业在区域各级次中心就近发展，各城镇节点之间的横向交通联系将大幅增长。以毗邻深莞惠地区为例，2020年三地日均跨市出行量为160万人次，其中通勤出行量超过20万人次。华为、比亚迪等创新企业由初期在深圳市域内职住平衡转向在都市圈内多个城市间实现职住平衡，成为推动跨市通勤出行的主导因素。以华为松山湖终端总部为例，该总部1.9万人通勤人口中，约50%为深莞跨界通勤者。另外，既有跨市联系中80%的出行发生在边界街镇间，距离不足5公里，对照东京、伦敦等一流都市圈日均超过百万人次的长距离通勤需求，未来深圳都市圈联系需求仍存在大幅提升空间。①

粤港澳大湾区内生产、生活性货运交通与旅游、商务、通勤性客运交通等多元出行需求叠加，区域出行特征已经由低频次、长距离、低时间价值向高频次、中短距离、高时间价值转变。以铁路客运出行特征为例，粤港澳大湾区铁路平均运距由2010年接近400公里降至2020年不足300公里。

对标国际湾区经验，目前粤港澳大湾区供给层面仍延续以公路为主导的传统模式，全社会客运、货运结构中公路占比仍然分别超过70%和60%，难以契合“快进快出”发展诉求。粤港澳大湾区轨道交通设施短板明显，人均轨道交通里程0.46公里/万人，仅约为纽约湾区的1/8、旧金山湾区的1/5；轨道交通线网密度5.65百公里/公里^2，约为东京湾区、纽约湾区、旧金山湾区的1/2、1/7和3/5（见表2-7）。②

---

① 魏丽华：《我国三大城市群内部经济联系对比研究》，《经济纵横》2018年第1期。

② 景国胜、黄荣新、徐士伟等：《粤港澳大湾区轨道交通体系发展的思考》，《城市交通》2019年第3期。

表 2-7　世界四大湾区轨道交通规模与结构对比

<table>
<tr><th colspan="3">项目</th><th>东京湾区</th><th>纽约湾区</th><th>旧金山湾区</th><th>粤港澳大湾区</th></tr>
<tr><td rowspan="6">线网规模（公里）</td><td colspan="2">总量</td><td>3904</td><td>8937</td><td>1702</td><td>3193</td></tr>
<tr><td rowspan="2">干线铁路</td><td>高速铁路</td><td>228</td><td>0</td><td>0</td><td>1019</td></tr>
<tr><td>普速铁路</td><td>0</td><td>0</td><td>0</td><td>792</td></tr>
<tr><td colspan="2">城际铁路</td><td>1550</td><td>3248</td><td>511</td><td>368</td></tr>
<tr><td colspan="2">市域（郊）铁路</td><td>1758</td><td>5309</td><td>883</td><td>36</td></tr>
<tr><td colspan="2">城市轨道交通（地铁）</td><td>368</td><td>380</td><td>308</td><td>978</td></tr>
<tr><td rowspan="6">线网密度（百公里/公里^2）</td><td colspan="2">总量</td><td>10. 58</td><td>41. 57</td><td>9. 51</td><td>5. 65</td></tr>
<tr><td rowspan="2">干线铁路</td><td>高速铁路</td><td>0. 62</td><td>0</td><td>0</td><td>1. 8</td></tr>
<tr><td>普速铁路</td><td>0</td><td>0</td><td>0</td><td>1. 4</td></tr>
<tr><td colspan="2">城际铁路</td><td>4. 2</td><td>15. 11</td><td>2. 85</td><td>0. 65</td></tr>
<tr><td colspan="2">市域（郊）铁路</td><td>4. 76</td><td>24. 69</td><td>4. 93</td><td>0. 06</td></tr>
<tr><td colspan="2">城市轨道交通（地铁）</td><td>1</td><td>1. 77</td><td>1. 72</td><td>1. 73</td></tr>
<tr><td rowspan="6">人均里程（公里/万人）</td><td colspan="2">总量</td><td>0. 56</td><td>3. 82</td><td>2. 24</td><td>0. 46</td></tr>
<tr><td rowspan="2">干线铁路</td><td>高速铁路</td><td>0. 03</td><td>0</td><td>0</td><td>0. 15</td></tr>
<tr><td>普速铁路</td><td>0</td><td>0</td><td>0</td><td>0. 11</td></tr>
<tr><td colspan="2">城际铁路</td><td>0. 22</td><td>1. 39</td><td>0. 67</td><td>0. 05</td></tr>
<tr><td colspan="2">市域（郊）铁路</td><td>0. 25</td><td>2. 27</td><td>1. 15</td><td>0. 01</td></tr>
<tr><td colspan="2">城市轨道交通（地铁）</td><td>0. 05</td><td>0. 16</td><td>0. 41</td><td>0. 14</td></tr>
</table>

轨道交通体系方面，世界三大湾区均构建了层级合理、分工明确、衔接高效的轨道交通系统。与湾区发展相适应，纽约湾区、旧金山湾区重点辐射范围约 100 公里，其中核心区范围主要通过大运量的地铁、中低运量的轻轨和有轨电车系统开展服务，50~100 公里范围采用市域（郊）铁路、通勤铁路等快速轨道交通系统，超过 100 公里则利用城际铁路开展服务。东京湾区拥有多种轨道交通系统，包括地铁、私人铁路、JR、新干线高速铁路，分圈层提供轨道交通服务，对外辐射日本大部分城市。以广州、深圳、香港、澳门为核心的粤港澳大湾区轨道交通体系由高速铁路、普速铁路、城际铁路、市域（效）铁路、地铁组成，分别占比 31. 9%、24. 8%、11. 5%、1. 1%、30. 6%，市域（郊）铁路发展相对滞后，轨道交通体系构成不合理。

（五）海空枢纽对外辐射能级不足，尚未形成枢纽集群效应

粤港澳大湾区已初步形成完整的综合交通枢纽体系，但大湾区战略性枢纽的全球辐射带动能级不足，且枢纽集群效应尚未充分发挥，难以高效落实国家战略要求、支撑面向国内国际资源要素便捷流通的需要。

枢纽的对外辐射能级层面，大湾区海空枢纽面临设施通过能力强、全球竞争力弱的发展困局，以港口领域为例，2020 年深圳港集装箱吞吐量全球排名第 4，但波罗的海国际航运发展指数排名仅为第 18 位；广州港集装箱吞吐量全球排名第 5，但波罗的海国际航运发展指数排名仅为第 13 位，在全球竞争力方面略显不足。

传统的单一枢纽服务单一城市的发展模式下，枢纽间缺乏有效的协同发展模式，使得枢纽集群效应仍未发挥。粤港澳大湾区的国际通航城市数较其他世界级机场（群）有较大差距（见图 2-7），空中资源紧缺是大湾区航空发展面临的瓶颈；由于缺乏枢纽之间的协同规划，各枢纽在航线网络布局方面存在同质化竞争现象，尚有较大的提升空间。

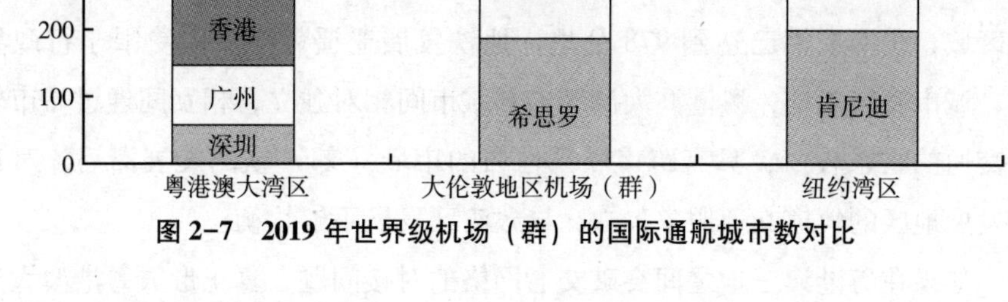

图 2-7　2019 年世界级机场（群）的国际通航城市数对比

（六）交通网络对粤港澳大湾区一体化发展的制约

在粤港澳大湾区，目前已经形成包括铁路、公路、水运和航空在内的综

合交通网络。但是，由于南北走向的珠江入海口把粤港澳大湾区“分割”为东西两岸，受此影响，目前大湾区的轨道交通网络和高速公路网络在总体上以广州为“顶点”呈倒“V”形状。广州是粤港澳大湾区陆路交通网络的枢纽，往来珠江东西两岸的人流、物流基本上都要经广州。位于广州南沙区境内的虎门大桥成为粤港澳大湾区东西两侧最近的公路运输通道，其通行能力早已不能满足交通发展需求。总的来看，在粤港澳大湾区内，珠江东西两岸缺乏多通道的陆路快速直接交通联系已经成为一体化发展的主要障碍。两岸之间的交通联系不便、时间成本和费用高，一直是阻碍东西两岸城市开展分工合作、实现优势互补的重大问题。同时，香港和澳门没有直接接入珠三角广东地区的轨道交通网络。迄今为止，粤港澳大湾区的陆路快速交通网络仍然没有形成一个有机整体，而是粤港澳三者之间相互独立的交通体系。

（七）“两制”区隔阻碍粤港澳大湾区的交通一体化发展

在粤港澳三地之间存在“两制”的区隔，导致一体化发展存在诸多制度性障碍，而交通网络上的“分割”又在此基础上增加了一体化发展的难度。

国际一流湾区的地铁基本服务于核心城市中心区，如东京地铁、轻轨线网主要服务于东京市区 5~10 公里范围，规模为 357 公里。旧金山地铁、轻轨主要服务于旧金山湾区核心 10~15 公里范围，线网总长 308 公里。纽约湾区地铁主要服务于纽约市区 20 公里范围以内，规模为 380 公里（铺轨里程为 1370 公里）。粤港澳大湾区地铁分布于广州、深圳、香港、澳门、东莞等区域，线网规模已达到 978 公里，地铁发展遥遥领先。但受限于行政管辖、城市发展规划，粤港澳大湾区内部城市间相对独立，相互间通过城市轨道交通的联系较少，具有跨市联系性质的市域（郊）铁路发展滞后，对连绵发展地区的轨道交通服务欠缺，导致湾区发展不够均衡。

如果在粤港澳三地之间突破交通网络的对接问题，真正形成粤港澳大湾区的快速交通网络，那么，由此带来的人口和要素在粤港澳三地之间的网络化流动必将产生冲破“两制”障碍的强大动力，从而推动粤港澳大湾区一体化发展。

理论与案例

第三章　粤港澳大湾区交通发展相关理论分析

交通是基础性、支撑性、战略性、先导性的产业，城市交通是体现城市竞争力的重要因素，高质量的城市交通发展可以有力助推和引领城市经济社会全面发展。粤港澳大湾区内人、货的移动都依靠强大的交通体系支撑，便捷的交通网络会极大推动湾区协同发展。本章结合国内外学者的现有研究成果，梳理城市群理论、城市交通论、交通区位论、可持续交通论、交通规划理论、TOD 理论以及城市群交通一体化理论、分布式供给理论等的演进过程，明确其理论思想、发展特点，并结合我国国家层面的助推举措，对粤港澳大湾区交通发展相关理论进行分析，为全面建成宜居宜业宜游的国际一流湾区、实现大湾区交通一体化协同发展奠定理论基础。

一　城市群理论

（一）国外早期研究

城市群理论作为区域经济发展理论的重要组成部分，随着国内外实践的不断推进，其内涵体系日渐丰富。19 世纪末，西方学者开始探索城市过度扩张带来的问题，并注意到扩张所形成的新型空间组织形式。最早对城市群展开研究的是英国学者霍华德（Howard）。为解决大城市过度膨胀带来的问题，他在著作《明日的田园城市》中，主张将城市周边地域的城镇纳入城市规划范围，把城市和乡村的改造作为一个统一的问题来处理，并提出城镇集群（town cluster）的概念[①]，设计了由若干个城镇围绕中心城市构成的城镇集群。

世界城市群理论的早期研究可以划分为两个阶段，各有一些代表性理论和经典作品。第一阶段（1915~1950 年）是对世界城市群理论的探索阶段，以格迪斯（Geddes）的《进化中的城市》等为代表。1915 年英国苏格兰社会学家、近代西方人本主义城市规划思想家格迪斯通过对英国城市的研究，出版了《进化中的城市》一书。他运用区域综合规划的方法，基于对城市发展进化的分析，提出了当时城市的演化形态：一方面城郊的疏散已经造成城市在更大范围的扩展，另一方面某些地方性要素如煤矿、铁路、公路、运河在空间上交织形成的节点，使工业的集聚程度和经济规模进一步扩大，也使城市发展明显地集中在这些地区。格迪斯称这类地区为集合城（conurbations）或城市群（urban agglomerations）。[②] 随后，20 世纪著名的有机规划大师刘易斯·芒福德（Lewis Mumford）认为 20 世纪的城市组织形式将不同于 19 世纪中心化的城市模式，而是发展成一个横跨巨大空间的城市区域（urban region）。芒福德对于城市区域的发展持批判态度，并在《城市发展史》中指出这种城市聚集现象是畸形的。在这一发展阶段，沙里宁（Saarinen）的有机疏散理论是城市群理论的重要组成部分之一。他于 1943 年出版《城市：它的发展衰败与未来》，提出了有机疏散理论，综合了疏散发展和集中发展两种模式。他认为城市群的发展应该由无序的集中转向有序的疏散，主张集中与疏散兼顾，城市作为一个有机整体存在一个缓慢的发展协调过程。[③] 德国地理学者克里斯泰勒（Christaller）认为区域内的城市构成一个城市体系，他提出的中心地理论是城市群研究的基础理论之一。他认为某区域内的各个城市（镇）围绕中心城市形成一个层级性城市系统，共同完成城市的服务功能；在这个系统内有两个突出的特点，一是城市之间的依

---

① 〔英〕埃比尼泽·霍华德：《明日的田园城市》，金经元译，商务印书馆，2010。

② Geddes P., *Cities in Evolution: An Introduction to the Town-planning Movement and the Study of Cities*, London: Williams and Norgate, 1915.

③ Eliel Saarinen, *The City Its Growth Its Future*, Reinhold Publishing Corp., 1943.

赖关系单向存在，其他城市（镇）依赖于中心城市，反向的依存关系则不存在，二是区域内城市间只有纵向的层级关系，同等规模和功能的城市间横向关系不存在；总体来说，这是一个中心城市主导区域发展的体系。①

第二阶段（1951～2000 年）是对世界城市群理论研究的深化阶段。1957 年，法国地理学家戈特曼（Gottmann）在分析美国东北部都市区连绵化现象时提出了大城市带（megalopolis）的概念，使城市群研究对世界产生深远影响。戈特曼认为大都市带是在特定地区出现的沿着特定轴线发展的巨大的多中心城市网络，城市之间通过人口、交通、信息、资金等各种流动产生强烈的相互作用，预示着人类聚居和经济活动领域一个新时代的来临。同时，戈特曼还为大都市带设定了两个定量的下限指标，即人口规模 2500 万、人口密度为 250 人/公里^2。② 继戈特曼之后，约翰·伦尼·肖特（John Rennie Shorts）出版了《流动的城市》，被称为“1961 年戈特曼同一题名出版物之后，首次综合全面的大都市带分析”，为研究者提供了美国东北部海岸大都市带最新的数据和分析。这个研究肯定了戈特曼作品的影响力，认为“大都市带”是战后大都市发展的主要方向和趋势，同时其研究的方法和着眼点也很有价值。肖特将大都市地区的增长比喻为流动的水，并以此命名他的作品，对人口增长与流动、环境和资源的消耗以及经济重构等影响大都市带发展趋势的因素都做了分析。如他发现这一大都市带的人口在美国总人口中所占比例下降了 3.6 个百分点，但其绝对数量的总人口数增加近 1700 万人，将对环境产生极大的影响；大都市带的郊区化比例远高于全国平均水平，区域内的各中心城市深受困扰。约翰·弗里德曼（John Friedmann）的边缘理论试图解释一个区域如何由互不关联、孤立发展演变成彼此联系、发展不平衡，又由极不平衡发展变为相互关联的平衡发展的区域系统。他认为，一个经济系统的空间结构是由中心区和边缘区相互依存所构成的，中心区是在地域空间上产生和吸引创新变化的社会组织一级系统；而边缘区则是

① Christaller, W., *Die Zentralen Orte in Suddeutschland*, Jena: Fischer, 1933.

② Gottmann J., "Megalopolis or the Urbanization of The Northeastern Seaboard", *Economic Geography*, 1957, (3).

依存于中心区，并由中心区决定其发展途径的社会组织次级系统。中心区与边缘区之间相互吸引、对流和扩散。在这一阶段，英国地理学家贝里（Berry）进一步发展了克里斯泰勒的城市系统以及中心地理论，贝里基于系统理论运用数理统计学的方法将人口分布特征用于城市（镇）服务等级的评价和研究中，为后续城市系统领域的研究提供了新的方法和视角。[①] 法国经济学家佩鲁（Perroux）提出了“增长极理论”，认为国家发展和经济增长通常是在一个或者几个“增长极”率先形成后，逐渐转移到周边地区或领域；指出发展空间中“增长中心”对于经济全面发展的重要带动作用，对城市群研究而言是一大理论贡献。[②]

（二）国外当代研究

2000年后，世界城市群理论的研究日渐丰富，其研究领域、视角和方法更加多样化。当代世界城市群理论研究的第一种形态以美国学者罗伯特·朗（Robert Lang）为代表。他是21世纪以来世界城市群理论研究的代表人物之一，其提出了“新型跨都市地理模式”的概念，推进了城市群理论研究先驱戈特曼的许多想法。这类研究是美国大都市带和城市群研究的先行之作，具有较强的理论性，同时也借鉴了欧洲研究的经验。2005年，罗伯特·朗与戴威尔·唐（Dhavale Dawn）在美国林肯土地学院的资助下研究并发表了《超越大都市带：探索美国的新“大都市带”地理》，从美国大都市带理论的演变出发进行梳理；给出了数十条界定，描绘出美国10个由大都市带组成的网络化城市群，这些城市群人口已经超过1000万或将在2040年后达到这个数字。[③] 2007年，罗伯特与奈尔森（Nelson）合作研究并发表了

① Brian J. L., Berry, “Cities as Systems Within Systems of Cities”, *Papers of the Regional Science Association*, 1964, 13 (1).

② F. Perroux, “Note Sur La Notion De Pole De Croissance”, *Economic Appliquee*, 1955 (7).

③ Lang, Robert, Dawn, Dhavale, “Beyond Megalopolis: Exploring America's New Megapolitan Geography”, Metropolitan Institute Census Report Series, Census Report 05: 01, July. Alexandria: Virginia Polytechnic Institute and State University, 2005.

《大都市带区域的崛起》一文。[①] 此外，罗伯特·朗长期从事都市和区域研究，对城市发展的现象观察入微并且有很高的敏锐度，提出了美国城市群发展中的阳光地带和寒冷地带问题，以及人口增长点移动的问题。他还指出在城市区域不断扩张的背景下应该如何合理规划城市空间。

当代世界城市群理论研究第二种形态的代表是英国学者彼得·霍尔（Peter Hall）等，他们在理论和案例研究的基础上进一步通过实证和定量方法推进世界城市群理论的发展。随着人口的膨胀和城市化进程的不断加快，世界各国纷纷聚焦城市群的发展，世界经济的三个基本阵地美国、欧洲和亚洲也都相应地制定了超大城市区域发展的战略框架。英国学者彼得·霍尔等的研究是欧洲城市群区域研究的代表，在理论研究领域具有很大影响力，也是后续研究的基础和参考。2006 年，英国学者彼得·霍尔等出版《多中心大都市：欧洲超大城市区域的经验》一书，首先指出目前世界城市的发展出现了一种多中心城市区域的模式，可以是以某个大城市为中心，也可以是多个城市组成的网络，但其共同的特点在于其是一个多中心的区域；其次，分析了区域中网络活动的参与者及网络结构，并且具体研究了目前欧洲的 8 个多中心区域及其地域文化和政策；最后，在规划和政策方面提出了建议。[②] 该著作是欧洲城市和区域研究的经典之作，总结了欧洲西北部城市和区域发展模式，认为在这一区域出现了这样一种趋势：随着城市群的发展逐渐形成由信息流连接在一起的全球城市区域。这一类研究的关键问题包括两点：第一，通过多中心城市区域的组织和结构来探寻其互动的联系机制。城市群就其本身来讲是一种群体和组织行为，多个城市或者多个城市中心如何联系、互补以及分工是一个关键问题，这对探究城市群发展的合理结构和空间布局很重要。第二，这类研究通常是构建网络化的发展模型，同时借鉴经济网络、经济地理等理论来进行研究。城市群研究相对其他成熟学科来讲是一个比较新的领域，鉴于其群体、动态和跨学科的特点，目前还没有相对成

---

① Lang, R., Nelson, A., "The Rise of the Megapolitans", *Planning*, 2007, 73 (1).

② Peter Hall, Kathy Pain, *The Polycentric Metropolis: Learning from Mega City Regions in Europe*, London: Earthscan, 2006.

熟的研究方法，需要借鉴多学科的思路和技术来丰富城市群研究。

当代世界城市群理论研究的第三种形态以美国区域规划学会主席罗伯特·亚罗（Robert Yaro）为代表，其研究重点在于城市群发展的政策和战略。2004 年，美国区域规划学会主席罗伯特·亚罗带领宾夕法尼亚大学课题组等发表《美国空间发展展望》报告。该项研究围绕“城市群网络”和“超级城市”理论，阐述了当前美国空间发展的背景和趋势，指出当下美国有 8 个“超级城市”区域，并且提出了美国未来空间发展的目标和战略，主张采用欧洲式的综合性规划以提高竞争力。① 该报告是目前美国空间发展的基础性文献之一，具有很强的政策导向性，由美国区域规划学会、林肯土地研究院和宾夕法尼亚大学的师生合作完成。报告中提出的超级城市群概念在之后的几年中逐渐演化为多中心城市群区域，与世界区域发展的趋势融合在一起。2005 年，美国区域规划学会和林肯土地研究院进一步对这个问题进行了研究并发布后续报告，这项研究的关键问题包括：第一，研究提出美国城市群战略规划的交通导向。21 世纪初期由于人口膨胀等因素，基础设施的承载力几近极限，美国人口在 2050 年预计将增长至 4.3 亿，增长约 40%，对社会生活的各项基础设施建设提出了巨大的挑战。第二，在发展概念和理论方面，经历了从“超级城市”到“新大都市带”再到“城市群区域”的演变。研究认为“超级城市”的特点主要还是核心都市区对周边的辐射影响力，而“新大都市带”和“城市群区域”则出现了多个城市核心的网络化发展趋势；尽管在城市群区域内部仍然存在辐射和带动的力量，但是鉴于其空间规模的进一步扩展，发展模式出现了根本性转变，这是一个概念逐渐清晰的过程，每一个阶段的概念都反映出城市群理论在某个层面的特点。目前，该类型研究主要由“美国 2050”国家委员会进行后续的跟进和统筹。2006 年，美国区域规划学会牵头成立了“美国 2050”国家委员会，成员包括政策制定者、商业领导者、区域规划者等。委员会的主要议题是

① *Toward an American Spatial Development Perspective*, Policy Roundtable Report, Cambridge, MA: Lincoln Institute of Land Policy, the Regional Plan Association and University of Pennsylvania, 2004.

“未来竞争力、可持续发展和生活质量”，这一框架将帮助美国应对国家在21世纪的发展中所面临的挑战，引导在交通流动性、环境和经济发展方面的综合性投资，包括通过建造世界级的多模式交通系统来提高增长的容量和能力、保护大型的环境（或者绿色基础设施）体系、强化大都市区域和城市中心，并且通过将经济发展机会扩展到被遗弃地区来减轻当地的贫困状况。

当代世界城市群研究的第四种形态以美国学者戴瓦尔（Dewar）等为代表，其于2007年发表《美国城市群区域规划》，重点在于探讨城市群的规划方法和框架，是一个基于具体规划方案的总结性研究。在美国当代城市群研究中，继界定与特点、政策研究之后，该研究探讨了城市群如何规划。2004~2007年，美国的东北部海岸城市群、五大湖城市群、南加州城市群以及中部新兴城市群纷纷制定了自身的发展战略和规划，戴瓦尔等在这些规划文献和实践的基础之上做了梳理工作，探讨了合理的规划方式以及具体的应用技术。戴瓦尔的研究首先对美国当代城市群的发展进行界定，梳理了之前城市群发展的相关成果，分别从区域经济、空间增长、交通设施、环境保护、社会不平等问题和提高政府管治水平六个方面分析了各个城市群的发展规划，具体的考察问题包括建立可持续发展的学习型社区、提升区域形象和旅游产业、在强势和弱势城市之间形成协作机制、保护文化景观、强调注入式发展和精益增长、提高居住选择的多样性、提高城市基础设施服务水平、强化高铁建设和货运服务设施建设、采取减缓交通拥堵的技术、鼓励建设更多低收入居民住房、开展高收入岗位培训工作以及在相关领域的机构之间建立协同机制，说明了在城市群地理范围内进行规划的必要性和重要性之后，探讨了恰当的规划方法和数据收集方式，以及规划的适用性条件。[①] 该研究中科学规划的意识明显增强，不再是从前笼统的政策和战略话语，为美国城市群规划的规范性和合理性奠定了基础。

---

① Dewar, M., Epstein, D., “Planning for Megaregions in the United States”, *Journal of Planning Literature*, 2007, (22).

（三）国内研究

中国对城市群理论的认识与实践也经历了一个不断发展、调整和深化的过程。宋家泰最早明确并使用“城市群”这一概念，他认为城市—区域是城市发展及与之有紧密联系的周围地区之间的一种特定的地域结构体系。按照客观实际，我国城市—区域主要有两种类型：①对应行政区域的城市经济区域；②非行政区的城市经济区域，其中多中心的城市区域称为“城市群”，即在一个特定地区内，除其中一个作为行政—经济中心外，还存在具有同等经济实力或水平的几个非行政性的经济中心。[①]

20 世纪 80 年代，宁越敏首次以“巨大城市带”的译名将大都市带理论引入国内，国内学者开始关注这一城市发展现象。宁越敏、于洪俊等人率先将戈特曼的研究引入国内，他们把 megalopolis 翻译为“巨大城市带”，围绕这一核心进行了详细的研究：至少居住 2500 万城市人口，以现代城市的方式生活。这些地区的城市职能相对完善，城市用地比例越来越高，城市与城市间的农田分界带日渐模糊，城市地域相互蔓延，甚至连成一片。[②] 周一星则认为，megalopolis 是都市区的连绵，而不是城市建城区的连绵[③]，他提出了都市连绵区（metropolitan interlocking region）的概念，总结了大都市带形成的五个条件：①区域内有比较密集的城市；②有相当多的大城市形成各自的都市区，核心城市与外围的县有着密切的社会经济联系；③有联系方便的交通走廊把这些核心城市连接起来，使都市区之间也有着密切的社会经济联系；④必须有相当大的总规模，戈特曼坚持以 2500 万人为下限；⑤是国家的核心区域，具有国际交往枢纽的功能。[④]

在此基础上，较早对城市群进行系统研究的是以姚士谋为代表的城市地

---

① 宋家泰：《城市—区域与城市区域调查研究——城市发展的区域经济基础调查研究》，《地理学报》1980 年第 4 期。

② 于洪俊、宁越敏：《城市地理概论》，安徽科学技术出版社，1983。

③ 周一星：《城市地理学》，商务印书馆，2003。

④ 周一星：《中国都市区和都市连绵区研究》，载《城市地理求索：周一星自选集》，商务印书馆，2010。

理学家。他们认为城市群（urban agglomeration）指在特定地域范围内具有相当数量的不同性质、类型和规模的城市，依托一定的自然环境条件，以一个或者两个超大或特大都市作为地区经济的核心，借助现代化的交通工具和综合运输网的通达性，以及高度发达的信息网络，发生与发展城市个体之间的内在联系，共同构成一个相对完整的城市集合体。[①] 然而，许学强等认为这一概念没有界定指标，缺乏空间尺度的内涵，而且英译名 urban agglomeration 实际上是指大都市区内的城镇集聚体。[②]

（四）国家层面

我国城市群的形成与发展带有较强的政府主导性，在一定意义上，城市群是中央和地方宏观调控政策、区域发展政策共同作用下的成果。受认识与发展现实等因素制约，国家层面对城市群的认识与实践经历了一个不断深化的过程。[③]

最初是在“六五”规划（1981~1985 年）中，国家提出了区域协作和经济区政策，揭开了中国城市群建设的序幕。“六五”规划要求，按照经济区域组织商品流通，提出了“编制部分地区国土开发整治规划”，并要求“在总结经验的基础上，有计划有步骤地开展地区经济技术协作”。同时，我国于 1980 年、1984 年和 1985 年先后批准设立了四大经济特区、14 个沿海开放港口城市和长三角、珠三角、闽东南等三大沿海经济开放区。实践证明，上述政策为后来这些地区城市群的形成与发展奠定了坚实基础。

1982 年，在党的十二大报告中，基于当时的经济社会发展形势，并没有提及城市发展，只是提到以“全国一盘棋”的思想，集中资金进行重点建设和继续改善人民生活。

“七五”规划（1986~1990 年）提出了中央和地方分级管理、以地方为

① 姚士谋、陈振光、朱英明等：《中国城市群》，中国科学技术大学出版社，2006。

② 许学强、周一星、宁越敏：《城市地理学》，高等教育出版社，1997。

③ 魏丽华：《城市群理论与实践演进史梳理——兼论京津冀城市群发展研究述评》，《湖北社会科学》2016 年第 7 期。

主的地区协作原则和三级经济区网络，勾画了中国城市群建设的雏形图。其中，“三级经济区网络”的提出为许多地区规划建设以省会城市为核心的城市群提供了最早的政策依据，进一步促进了城市群的产生和发展。在此期间，中国先后于 1988 年和 1990 年分别实施了扩大以山东半岛、辽东半岛、环渤海地区为代表的沿海经济开放区范围，增设海南省为经济特区，在粤闽两省设立范围更大的改革开放试验区，开放开发浦东等战略，推动了黄河三角洲、珠江三角洲、长江三角洲和海峡西岸城市群的快速成长。

1987 年党的十三大报告提出，继续巩固和发展已初步形成的“经济特区—沿海开放城市—沿海经济开发区—内地”这样一个逐步推进的开放格局，并要求“横向经济联合，必须充分发挥城市的作用，把城市首先是大中城市建设成为多功能的、现代化的经济中心”。

“八五”规划（1991~1995 年）提出，开展多领域、多层次、多形式的横向联合与协作，加强城乡建设的统筹规划，并提出了“四沿”（沿海、沿边、沿江、沿主要铁路线和内陆省会城市）的开放发展格局。城市群的外溢效应和辐射范围推动其从空间格局的拓展向产业布局、基础设施建设、市场一体化和城乡统筹等实质性领域深化，给城市群建设增加了一体化内容。

1992 年党的十四大报告提出，加速广东、福建、海南、环渤海湾地区开放和开发。同时，提出“各地都要从国家整体利益出发，树立全局观念，不应追求自成体系，竭力避免不合理的重复建设和重复引进。积极促进合理交换和联合协作，形成地区之间互惠互利的经济循环新格局”。

“九五”规划（1996~2000 年）中，基于巨大的区域发展差距，以密切东、中、西部地区经济联系，缩小发展差距为立足点，提出以“两个大局”为代表的区域经济协调发展战略和以“三个正确”为代表的全国经济合理布局的具体部署，推动中西部地区城市群的形成和发育。

1997 年党的十五大报告提出要“逐步缩小地区发展差距。各地要从实际出发，发展各具特色的经济，加快老工业基地的改造，发挥中心城市的作用，进一步引导形成跨地区的经济区域和重点产业带”。

“十五”规划（2001~2005 年）首次提出实施城镇化战略，要“循序渐进，走符合我国国情、大中小城市和小城镇协调发展的多样化城镇化道路，逐步形成合理的城镇体系”。在整个“十五”规划中，提到“城镇化”多达17次。无论是在国民经济和社会发展的主要目标、推进西部大开发、加快中部地区发展，还是促进城乡共同进步、创新实施机制、保障实现规划目标方面，都给予了城镇化非常重要的战略地位。这指明了中国城市群建设的基本方向。并且，在“十五”规划中还特别提出要“有重点地发展小城镇，积极发展中小城市，完善区域性中心城市功能，发挥大城市的辐射带动作用，引导城镇密集区有序发展”，认为“发展小城镇是推进我国城镇化的重要途径”。对小城镇建设的关注，首次出现在中央层面的报告里。

2002 年党的十六大报告进一步指出“要逐步提高城镇化水平，坚持大中小城市和小城镇协调发展，走中国特色的城镇化道路。积极推进西部大开发，促进区域经济协调发展。加强东、中、西部经济交流和合作，实现优势互补和共同发展，形成若干各具特色的经济区和经济带”。

“十一五”规划（2006~2010 年）中，首次明确采用了“城市群”的提法，并将其作为推进城镇化的主体形态。同时，按照各地不同的发展条件，立足于形成合理的城镇化空间格局这一目标，进行了分门别类的战略部署，奠定了我国城市群建设的空间格局基础。受 2008 年国际金融危机影响，2009 年，中央密集出台了《珠江三角洲地区改革发展规划纲要（2008—2020 年）》《关于支持福建省加快建设海峡西岸经济区的若干意见》等 10 余项规划，这些规划遍布全国大江南北、长城内外，各个区域板块以“百花齐放、百舸争流”的态势，对我国东、中、西部城市群的快速发展发挥了重要作用。

2007 年党的十七大报告指出，走中国特色城镇化道路，以增强综合承载能力为重点、以特大城市为依托，形成辐射作用大的城市群，培育新的经济增长极。并要求“遵循市场经济规律，突破行政区划界限，形成若干带动力强、联系紧密的经济圈和经济带”。这为未来 5 年我国城市群发展、国土开发空间格局优化提供了方向指引，意味着城乡统筹、协调联动的城市群发展机制基本形成。

“十二五”规划（2011~2015年），提出“以大城市为依托，以中小城市为重点，逐步形成辐射作用大的城市群，促进大中小城市和小城镇协调发展”的城市群发展格局。其中，需要注意的是，“十二五”规划中用“以大城市为依托”替代了十七大报告中的“以特大城市为依托”，表明我国城市群发展空间格局战略思想的深刻转变。

2012年党的十八大报告指出，要“坚持走中国特色新型工业化、信息化、城镇化、农业现代化道路，推动信息化和工业化深度融合、工业化和城镇化良性互动、城镇化和农业现代化相互协调，促进工业化、信息化、城镇化、农业现代化同步发展”，“继续实施区域发展总体战略，科学规划城市群规模和布局，增强中小城市和小城镇产业发展、公共服务、吸纳就业、人口集聚功能”。这进一步细化了我国城市群发展的方向和主要任务，推动了后期城市群的快速发展。

随后，2014年发布的《国家新型城镇化规划（2014—2020年）》提出，将城市群作为推进新型城镇化的主体形态，优化提升东部地区城市群，培育发展中西部地区城市群，建立城市群发展协调机制，推动大中小城市和小城镇协调发展。2016年，国家“十三五”规划纲要则提出，优化提升东部地区城市群，建设京津冀、长三角、珠三角世界级城市群，提升山东半岛、海峡西岸城市群开放竞争水平，培育中西部地区城市群，形成更多支撑区域发展的增长极。

（五）理论内涵、类型及发育条件

1. 内涵

在全球化和信息化时代，互联网、通信技术和现代交通工具迅猛发展，经济活动在全球范围经由生产网络和价值链发生空间重构，城市间的要素流动更加频繁、功能联系不断强化，城市网络化发展趋势明显。在本地尺度上，由于生产要素的大量集聚，城市功能地域持续扩张，不断突破城市自身边界，与周围地区发生紧密的要素关联和经济联系，新的城市空间形态出现。在此背景下，被用来描述大型城市地域景观的“城市群”概念应运而生。同时，从空间构造上看，不同于单一城市体系，城市群本质上是由城市景观突破自身空间边界形成的跨越都市区尺度的网络化功能地域系统，是两个以上城市系统组成的巨型城市系统，兼具形态连续性和功能内聚力，是城市网络集聚化发展所形成的庞大的、蔓延的城市地域景观，也是全球化与本地化显著交互作用的大型经济单元，更是当今时代城市与区域分工协作的一种尺度修复。

城市群在空间上呈现区域性集聚特征和大区域连续的分散化发展特征。[①] 在城市区域内，生产要素连续、密集地集聚在中心城市附近的大区域范围内，经历快速的经济发展和经济结构转化，经济发展、城市化水平远高于周边地区；城市区域空间集聚体内，各个主要城市地域单元之间的原农村地域密集地混杂分布着制造业、农业等，使其具有半城半乡的特征，空间上呈现分散化的发展特征。[②]

从发展机制上，城市群是由城市发展突破行政边界、连同周边其他城市集聚融合而形成的更大尺度的城市经济单元。因此，空间形态和功能联系是城市群的两个重要维度，也是认识城市群空间内涵的基本视角。在形态维度上，城市群往往是在物理景观上彼此邻近、关联，经过聚合而形成的单一的、更大尺度的城市经济单元，城市群内各主体具有相对的空间连续性、关联性和紧凑性，而不是在空间上处于彼此分离的状态。在功能维度上，城市群是由多个城市系统发生功能整合而形成的具有紧密的社会经济文化联系的功能地域系统，是具有明显内部凝聚力的地理空间，城市网络发育是城市群的基本特征，而不是孤立的、缺乏联系的分散分布。因此，对于城市群的考察，需要分别从空间形态和功能联系两个视角出发，尤其需要关注自然景观背后的关系地理。

作为全球化背景下新的城市空间组织形态，城市群通常是全球或国家范围内经济发展水平最高、人口密度最大、创新活动最为活跃的区域。同样，

---

① 陈伟、修春亮：《新时期城市群理论内涵的再认知》，《地理科学进展》2021 年第 5 期。

② 郑艳婷：《中国城市群的空间模式——分散性区域集聚的理论背景、形成机理及最新进展》，《地理科学进展》2020 年第 2 期。

城市群是全球对接本地的中间通道，向上对接全球、向下连接本地，是全球化与本地化显著交互作用的大型经济单元。一方面，城市群是国家尺度上对接全球经济的门户枢纽，城市群的首位城市或主要城市向上对接全球其他门户枢纽城市，成为全球经济中重要的节点城市，参与“流空间”中各种“流”的指挥、控制和协调等，促进区域内城市加快融入全球生产网络和价值链分工；另一方面，城市群同样是本地尺度上的城市与区域分工协作的经济单元，作为“流空间”中的中间通道和节点区域，城市群承担着将各种“流”固定在本地的功能，从而扩大本地经济规模和提升区域竞争力。

在当今时代，互联网、通信技术和现代交通工具的发展，极大地推动了区域经济变革，越来越多的城市参与到全球范围内的要素流动中，城市网络在“流空间”中不断深化，由行政区划主导的等级空间逐渐向关系网络化的功能空间转变。作为全球化、信息化背景下产生的新型空间组织方式，城市群成为当前城市与区域参与全球经济分工协作新的地域单元。作为全球和区域经济的新引擎，城市群已经成为经济活动中显著的空间表现形式，是当今时代城市与区域分工协作的尺度重组和空间修复。具体而言，传统的单一城市体系功能地域系统的空间生产，已经无法满足当前全球范围内资本循环和积累的需要，由多个城市系统组合而成的更大尺度的城市地域景观逐步崛起，在全球经济中扮演着越来越重要的角色，成为全球资本循环和积累的新的尺度空间。从这点看，毫无疑问，城市群已经成为全球资本积累和新的经济空间组织的一种尺度修复。

2. 类型

城市群在中心城市的辐射带动下，优化了区域生产要素的配置，促进了生产力的发展，其主要类型可以从影响范围、空间形态、中心城市的数量三个方面进行划分。

（1）按影响范围划分[①]

城市群按照影响范围可划分为世界级、国家级、区域性城市群。

① 高燕：《城市群城际交通系统发展评价研究》，长安大学硕士学位论文，2009。

世界级城市群：城市群的经济发展水平普遍很高，中心城市的基础设施、服务设施现代化管理水平较高。城市群内部经济、贸易、文化、交通和信息等各要素的流通是跨国的，如日本太平洋沿岸城市群。我国正在崛起的长三角城市群也逐步迈入世界级城市群的范围。

国家级城市群：相比于世界级城市群，国家级城市群的辐射范围仅限于国内。城市群内部经济发展水平和居民物质生活水平较高，城市间的人员、资源以及信息等要素流动频繁。如珠三角城市群，其 GDP 排名位于中国城市群前列，是中国经济发展的重要拉动力。

区域性城市群：城市群的辐射影响范围只局限于某一区域，不能对国家经济产生明显的影响。如关中平原城市群是西部地区唯一的高新技术产业开发集群，引领和支撑着西北地区的发展。

（2）按空间形态划分①

城市群按空间形态可分为散状城市群、带状城市群以及圈状城市群。

散状城市群：核心城市首位度不高，外围城市经济发展水平较高且分布较为均匀。

带状城市群：城市群内城市之间经由一条或多条发达的综合运输走廊联系，典型代表是日本太平洋沿岸城市群。

圈状城市群：存在一个或若干个大型城市作为城市群的核心，外围分布有一定数量、规模的中小型城市，两者共同构成了城市群。

（3）按中心城市的数量划分②

城市群按中心城市的数量可分为单中心、双核心和多中心城市群三类。

单中心城市群：指仅有一个中心城市，非中心城市的发展水平与中心城市相比差距较大。此类城市群通过强化其中心城市的发展地位，利用其强大的辐射能力带动整个城市群的发展，如我国的关中平原城市群。

---

① 周琬琦：《城市群城际出行网络特征及影响因素分析》，长安大学硕士学位论文，2021。

② 何韶瑶、马燕玲、夏博：《长株潭城市群交通规划整合研究》，《城市规划》2009 年第 7 期。

双核心城市群：指城市群内存在两个辐射能力强、经济发展水平高的中心城市，如我国的成渝城市群。

多中心城市群：指存在一个首位度非常高的中心城市，整个城市群城镇化水平很高，出现了以次中心城市为核心的子城市群，城市网络结构发展较为完善，如我国的长三角城市群。

3. 发育条件

城市群发育的基本条件主要包括良好的资源环境综合承载能力、大都市区与多个城市系统、地理空间上的邻近性与紧凑性、发达和完善的基础设施网络、深入协调的功能分工与经济联系以及相对一致的社会网络和文化认同。

城市群是城市在地理空间上集聚形成的大型城市地域景观，是城市由单体城市向区域化发展的空间表现，是人口、产业、资源等要素高密度集聚的城市功能地域。由于人口密度、经济活动、建设密度、开放强度等因素，城市群地域空间必然面临着功能冲突和人地矛盾。因而，城市群的形成发育，必然建立在良好的资源环境综合承载能力基础上，合适甚至是完善的生态环境基础是必要的前提条件。考虑到中国国土空间的强烈异质性，城市群的形成发育有其内在的地域选择过程，并不是所有地域都会发育出城市群这种空间现象，尤其是在一些资源环境本底相对脆弱的地区。因此，一个区域整体的资源环境综合承载能力能够满足城市集聚发展的需要，是城市群形成和发育的基础性条件。

城市群概念形成的初衷就是用来表示大尺度的城市连绵景观或城市密集地域，是区域经济的核心地区。但由于概念的模糊性，城市群一直缺乏科学界定以及公认的标准，导致现有城市群研究中出现大量“同物异构”现象，这在很大程度上降低了现有研究的科学性与价值。从地理背景出发，相较于城市区域、都市圈和全球城市区域等单一城市体系（由一个或多个城市组成），城市群则是包含了两个以上相互联系的城市系统，这是城市群区别于其他相关概念的主要判别标准之一。作为功能地域系统，都市区是表征城市功能所触及的实际地域范围，也是城市经济发展的基本载体。因此，都市区的发育是城市群形成的前提条件，城市群的界定也应以大都市区为基本构成单元，以区域中心城市为核心，同时拓展空间尺度，考虑在地理空间上相邻的、具有紧密社会经济联系的其他功能地域单元。

城市群是具有显著功能内聚力的实体地域系统，城市间的空间关联性与紧凑性是城市群空间组织结构的基本特征，也是城市群形成发育的基础条件。在城市群地域系统内部，城市在地域空间上的分布应当具有明显的邻近性以及相对的紧凑性，而不应是“漫无边际”的松散分布。在地理空间上表现出的具有形态学意义的关联性和紧凑性，能够有效克服地理距离带来的“空间阻滞”，保证各类“要素流”能够在城市群地域系统内部自由、快速和低成本流动，从而增强城市群系统内在功能性黏结力，更好地发挥城市群地域经济和社会发展的功能。

在城市群内，多个城市体系之间实现功能整合，各类生产要素能够以较低成本自由流动，在空间上和功能上均表现出网络化发展态势，而发达、完善的交通、通信等基础设施网络是实现城市群内城市网络发展成熟的必要条件。在当前信息化、网络化的时代，“时空距离”被大大压缩，而基础设施网络是区域间人流、物流、信息流等要素流动的基本载体，发达完善的基础设施网络能有效地将区域内各城市串联、交织成网络，进一步提升区域间要素流动的速度、强度和广度等，从而更好地发挥城市在网络空间中对各类资源要素等的优化配置作用。

城市群是由单一城市体系跨越行政边界形成的多个城市体系联合协作的巨型经济单元，是驱动全球、国家、区域尺度上城市与区域经济发展的核心引擎，而深入协调的功能分工与经济联系是城市群地域体系最为重要的本质特征之一。尤其在当前全球化、信息化时代，城市竞争力已经不再单纯受限于城市本身的物理属性，例如地理区位、人口规模、经济规模、硬件设施等，而是更多取决于单体城市在城市网络中的角色和地位，即城市在“流空间”中所具有的支配、传递、流通与固定不同类型“流”和“生产网络”的能力。随着城市群内城市网络化发展，生产要素集聚与扩散的流动水平、交流频次和密集程度等均不断提升，基于不同主体的生产网络不断叠加并强化以不同等级城市为网络节点的功能分工和经济联系体系，城市网络得到不断夯实，城市群内部联系度与凝聚力不断提高，区域发展弹性与韧性进一步增强，从而推动区域功能整合与一体化的发展进程。

作为功能地域系统，城市群是具有内聚力的实体地域和网络空间，而相对一致的社会网络和文化认同是城市群内功能内聚力的重要表现形式。从时间维度上看，城市群的形成过程是一种大型的城市经济集聚过程，由于多种力量的综合作用，不同行为主体从不同地域单元被联系、“捆绑”到这样具有内在一致性的城市经济版图。因此，在城市群地域系统内部，必然存在相似的历史基础、传统习俗、地域文化等社会属性，各行为主体之间具有密切的社会网络和相似的文化认同，从而在整体上表现出区别于其他地域系统的、相对一致的地域认同感。

人口、经济活动得以在长三角和珠三角等超大城市群呈现独特的连绵扩散现象，是交通通信技术发展和经济全球化、新自由主义思潮指导下的全球经济秩序以及中国改革开放的宏观背景、中心城市的协调作用，以及当地优异的工业基础、营商氛围、政策环境等诸多要素综合作用的结果。粤港澳大湾区已基本形成以战略性新兴产业为主导、以先进制造业与服务业为主体的产业发展体系，但仍面临产业同质化现象；地处海陆交界区域，自然环境复杂、开发强度大，面临着较为突出的生态问题；内部公共服务分布不均衡和优质公共服务资源相对匮乏的现象仍然明显；基本形成了以公路运输与轨道运输为主的综合立体交通网络，拥有世界最大的机场群与发达的水运、航空交通体系。此外，粤港澳大湾区大数据中心建设、5G 通信布局、IPv6 网络与高速光网建设使得大湾区信息空间联系更为紧密，但“互联互通”仍有完善空间，交通资源、交通基础设施在城市间、珠江东西两岸间分布不均衡，仍需加快跨珠江廊道建设。①

---

① 杨尧、赵耀龙、王彬：《“一联三生”体系下粤港澳大湾区智慧城市群的构建》，《地球信息科学学报》2022 年第 6 期。

二　城市交通论

（一）城市交通的本质

交通对生产要素的流动、城镇体系的发展产生先导性影响，通过城市交通规划和建设，可以引导甚至改变城市产业布局、促进城镇化水平提升进而影响城市经济社会发展全局。城市交通是体现城市竞争力的重要因素，高质量的城市交通可以有力助推和引领城市经济社会全面发展。①

城市交通具有复杂性、多样性的特点。交通道路的公共基础设施、客运和货运的交通运输以及城市交通管理控制三个方面组成了庞大的城市交通系统，作为城市发展、社会经济系统中的一员，兼具综合化和立体化的特点。第一个部分交通道路基础设施，包括城市中常见的城市道路、轨道和路障等；第二个部分城市客货运输系统，包括公共交通运输中的公交车、城市辅助交通工具出租汽车、城市轨道交通等公共客运系统，还包括自行车、摩托车、私人汽车等个体客运系统，以及城市内部的货物运输系统；第三个部分交通控制系统，包括道路上的交通提示标志、交通信号系统、交通管理和控制系统等。城市化的快速推进，改变了城市生活的方式，这与城市交通系统的性质和质量有关。在城市综合交通中，各种交通类型相互补充又相互独立，地上交通形式和地下交通形式以及轨道交通形式和水路交通形式构成了综合性的交通方式。从地域关系来划分，城市综合交通可分为城市联系外部的交通网络和城市之间的交通网络两大部分，城市与外部联系的交通网络和城市之间的交通网络是紧密相关的。城市的对外交通网络常指城市之间的交通纽带，同时还包括城市全部区域范围内城区与周围城镇和乡村间的交通联系，其常见的主要形式有航空、铁路、公路、水运等。②

---

① 李喆、乔英俊：《新形势下我国城市交通发展战略思考》，《中国交通信息化》2021 年第 12 期。

② 李貌：《昆明市城市交通管理研究》，云南大学硕士学位论文，2013。

改革开放以来，我国城镇化快速发展。在城镇化的趋势下，城市人口出行需求和出行距离不断增长，城市机动化水平也不断提高。综观世界城镇化发展历程，城市矛盾凸显和“城市病”集中爆发往往发生在城镇化的快速发展期，即城镇化率达到50%的时期，第七次全国人口普查显示，我国城镇化率为63.89%，多数城市已经出现交通拥堵、交通事故频发、环境污染等一系列“城市病”。而城市交通的本质是服务人的需求、组织城市高效可持续运行、促进城市可持续发展，进而带动都市圈、城市群的区域协同发展。[①] 人口总量增长、城镇化进程加速、人们生活方式转变，对城市交通也提出了新的需求，同时随着智能化、新能源技术不断突破，智能制造、智能建造迅速发展，交通新模式、新业态涌现以及环境能源约束趋紧，城市交通也面临着顺应时代发展不断转型升级的新变革。建设交通强国的战略决策明确提出努力打造高效便捷、安全舒适、经济可靠、绿色低碳的城市交通系统。

（二）城市交通面临变革

1.城市交通需求不断增长和升级

有学者预测，我国人口总量呈现先增长后降低的发展趋势，总体人口规模在2030年左右达到峰值14.5亿人后开始负增长，不断增长的人口将导致总出行需求增加[②]；我国的城市化和现代化发展已经取得阶段性成就，但仍然落后于发达国家，还有很大的提升空间，城镇化进程加快，也意味着城市交通需求将呈现刚性增长态势；伴随互联网、共享等新经济模式的发展，生产和生活方式发生重大转变，商务出行、居民旅游等需求激增，网络购物、电商爆发式增长，货物运输的城市末端配送量也不断增长。

人民生活品质不断提升，对出行品质、安全、便捷、高效提出了更高要求，随着经济活动不断增加，交通需求由简单完成出行向高品质出行转变。

---

① 汪光焘等：《未来城市交通预判2035年愿景》，中国建筑工业出版社，2020。

② 赵鹏军、吕迪、胡昊宇等：《适应人口发展的现代化综合交通运输体系研究》，《地理学报》2020年第12期。

我国城市发展模式正在由增量发展转向两个方向分化发展，对外向都市圈和城市群发展，对内则是存量发展甚至减量发展。一方面，城市群及都市圈的发展，要求各层次交通融合衔接，满足区域一体化发展需求；另一方面，城镇化发展中“以人为本”的战略思想，鼓励宜居健康生活，逐渐形成“窄马路、密路网”的城市道路布局理念，要求交通运输向集约化发展。人性化城市交通论提出将“人”摆在城市交通建设的第一位，充分体现以人为本的指导思想。人性化的城市交通，旨在让老百姓在满足日常出行要求的前提下，花费最少的金钱和时间，同时还应追求在出行过程中的安全性和舒适性。通过在城市交通规划、交通设施设计、城市交通宣传教育和城市交通管理等各个阶段不断突出体现“以人为本”的理念，以实现最终目的。

2. 城市交通技术不断进步和发展

智能化技术突飞猛进。未来城市道路交通将以交通大数据综合平台为基础，结合智能网联汽车与无人驾驶技术，建设信息感知共享、动态科学决策、实时精准服务、精细智能管理、高效便捷运输、主动安全防控、智能网联协同的新一代智能交通系统，这成为未来交通发展的新趋势。

新能源技术不断进步。能源技术是目前科技创新最活跃和最主要的领域之一，在氢能、油气、乙醇、甲醇、核能等方面都可能出现颠覆性新技术。人类历史上历次能源革命都给交通运输带来跨时代的进步，在多元化能源领域及可再生能源储能技术快速发展的多重趋势推动下，交通领域将从内燃机向电力或燃料电池方向转变，新能源交通工具将大量替代燃油交通工具。

新型制造技术不断发展。在制造业产业转型升级的大背景下，交通运载装备相关新技术进步显著，设计与制造技术不断创新，交通运载装备和设施的研发、生产、应用周期大幅缩短，管理效率不断提高，极大地推动了交通产业的快速发展。

新型建造技术不断融合。新型建造技术与交通运输相融合，升级改造高速公路服务区，智能化场站、智能停车系统、慢行交通系统、自驾营地、邮轮码头、通用机场等组成了适应新产业发展需要的服务性设施网。“交通新基建”的迅速发展为城市交通基础设施升级改造带来了新的机遇。

3. 城市交通新模式、新业态不断涌现

近几年，移动互联网、智能手机、共享经济在交通领域的应用，催生了城市交通出行的新模式和新业态，基于无线通信、传感探测等的车车、车路、人车信息交互和协同配合，掀起了车路协同智能交通、共享汽车、共享单车、出行即服务（MaaS）、合乘（HOV）技术、定制公交、智慧车列系统、地下智能物流系统、电子不停车收费系统（ETC）等智慧交通的发展热潮，为城市交通出行、运输提供了新的发展模式。

4. 能源环境对城市交通约束趋紧

随着经济快速增长，我国能源消耗已经跃居世界第一，且仍呈上升趋势，能源形势依然严峻。2020 年，我国提出“碳达峰碳中和”目标，交通运输是温室气体排放的重点领域，交通领域碳排放占我国总排放量的比例约为 11%。在实现“双碳”目标的过程中，城市交通运输绿色低碳转型既是要求也是挑战。

三　交通区位论

（一）早期的交通区位思想[①]

考罗是德国交通地理学的主要创始人，他在 19 世纪中叶提出的交通区位思想包括四个内容：①交通与聚落具有密不可分的关系，交通发展与人口的集中及聚落的形成相互促进、相互补充。②理想的交通线路布局应该使两点间的连接线路最短，但交通线路受自然的制约较大，交通密集的地域自然障碍少，而且呈曲线状而非直线状分布。因此，交通布局一般选择交通适应性大的地方。③交通在三种力量的促动下形成：一是防御需求，形成政治性交通；二是利益驱动，形成商业性交通；三是群聚行为，形成纯社会性交通。④交通区位形态可由几何图形表示。

① 丁琪琳、荣朝和：《交通区位思想评价及交通区位论的新进展》，《综合运输》2006 年第 5 期。

高兹将韦伯工业区位论中的分析方法和理论结构移植到海港区位的研究之中，他认为海港是重要的交通节点之一，在港湾位置、连接的收发货地和陆上运输方式都给定的条件下，最佳的海港区位能使经海港运输的商品平均费用最小。“将海港区位因子归纳为运输指向、劳动力指向、资本指向和海港的聚集效应四类，分别对应运输费用最小、劳动费用最小、港口建设投资最小和聚集效应最佳的海港位置。”其从成本因素上分析了海港交通区位的布局。

廖什的交通线路区位思想的灵感来自物理学采用光学折射定律研究能量耗散最小的成果，他在《经济区位论》中也利用光的折射定律研究了交通线路区位（见图 3-1）。当 XY 两地点均在陆地且被山地阻隔时的交通线路选择，其中线路①取直线穿山而过，即使技术许可建设费用也太高；线路③完全绕山而行，运行里程和运输时间都很长，因而运输成本高，一般只在经济发展初期使用；线路②选择建设合适的山路或隧道，比线路①节省建设费用，相比线路③可缩短绕行距离，节约运行时间，廖什的分析依据是运输费用最省、建设费用最省。

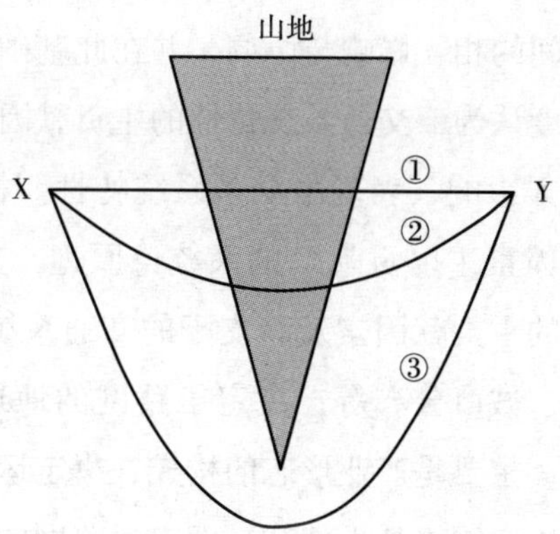

图 3-1 有山地障碍时的最优线路区位

郝德尔认为交通供给者追求的是最大利润，除运输消耗、建设费用之外，运输量是影响利润的重要因素，最佳线路区位应能使与运输量相关的收入减去与线路长度相关的资本投入费用、运营费用后的差额达到最大。所以在均质的平原上，当两点连线两侧还有其他节点时，两点间交通线路就会拐折到其他节点，从而变成折线，目的是吸引更多的交通量以增加收入。

泰非和高捷分析了不同经济发展时期的交通网结构，他们认为交通网的结构从发展的角度看分为脊柱型、三角型和网格型三种，并利用图论方法确定了三种不同便利程度的交通网的伽马系数范围。脊柱型的连接度最小或者说便利性最差，任何两节点间都能流动，但通路仅有一条，伽马系数为1/3~1/2；三角型网络连接性最好，类似于整个图形交通网络，伽马系数在2/3~1；网格型网络的便利程度介于两者之间，伽马系数在1/2~2/3。

克里斯泰勒及邦奇的研究结论大体相同，即最佳的交通网的区位结构类似树枝状结构，是由从地域中心城市出发的若干主要干线连接次级线路形成的只有按照交通需求量的大小，把交通线路和交通节点分成等级进行设计和布局，才能实现高效运营的交通网络系统。

我国学者管楚度2000年在《交通区位论及其应用》一书中，利用经济学原理和系统论方法剖析了交通系统各层次的主要特性及其支配变量、交通系统与其运行环境之间的相互影响与协调，并在此基础上归纳总结了交通区位的一般规律。管楚度认为，交通系统特性的主贡献因素是一种经济地理系统，其行为受众多因素影响，表现出众多系统特性。根据“任何一种特性主要由一种支配性的因素主要贡献”的系统论原理，交通区位论从众多因素中分离出交通现象的主贡献因素及其支配的交通系统特性：①地理因素，主要是指山文、水文、城市分布等，决定了路网的地理联系特性或网络格局；②社会经济因素，主要是产业形态的构成，决定运输方式的构成和线路等级；③科技因素，决定网络技术特征，即交通路网的效率和质量。

荣朝和、丁琪琳等人在《交通规划的综合框架与方法》一书中将交通区位论中两个层次的定义用更简单的文字归纳为“交通区位是交通资源与交通行为的聚集地”，并界定了交通资源的内涵与外延，分析了交通区位与交通行为及交通资源的关系。由图3-2可见，交通区位聚集产生人与货物空间位移的交通行为和交通资源，而作为交通活动实现条件和手段的交通资源又分为可移动交通资源和固定交通资源两类。其中可移动交通资源主要指移动载运工具及相关人力物力（包括能源）配备，而固定交通资源又包括由地理环境所决定的自然交通条件（包括土地、空域、港址、桥位、航道、山口等）和人为建设所形成的交通设施（如线路、场站及枢纽设施等）及管理控制系统两部分。地理环境所决定的自然交通条件也叫作自然交通资源，而能够承载交通服务或有效完成交通活动的相关交通系统包括移动载运工具等则是人工交通资源。从交通区位角度看，交通规划要在资源、环境等约束条件下，通过技术、财力及制度等手段，实现交通资源在时间、空间和物性三方面的优化整合，以相对节约的方式满足社会经济在人与货物空间位移方面的需求。关于交通区位与交通资源关系的分析，更有利于建立交通区位理论与交通规划的理性解释与分析框架。

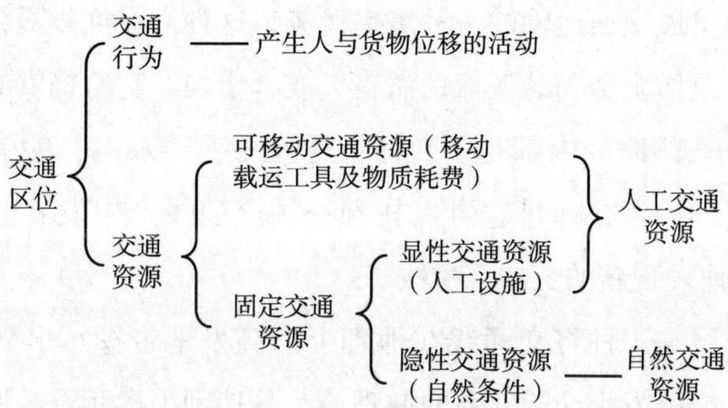

图 3-2 交通区位与交通行为、交通资源的关系

黄志刚在荣朝和关于交通区位界定的基础上，提出了“交通区位性能”的概念，黄志刚认为作为一组相互关联的概念，交通区位不是一成不变的，在一定条件下会有所改变。从本质上看，交通区位改变反映的是交通区位线或交通区位点实际所能实现的“相对成本优势”程度的变化，可以理解为交通区位的性能发生了变化。因此，在这里可以把“交通区位性能”简单地定义为“固定交通资源所具有的相对成本优势的实现程度”。

（二）交通区位理论概述

区位是指人类的活动区域，区位理论的核心概念是区位，区位是一种地理经济现象。任何交通基础设施都是地理空间上的设施，因此有关交通基础设施建设中的问题，应该是地理经济学学科中的问题。空间经济学中研究交通类问题的主要部分是交通区位理论，交通区位理论的核心是区位的概念，指交通现象在地理上的大概率发生场所，是地理因素赋予交通特殊优势的人类活动区域的总称。①

交通运输同样占有场所，也在一定的区域内具备一定的潜在优势，它在地理空间上的分布特征既有别于农业区位，也有别于其他工业区位。农业区位产生的地理分布特征是面态的，工业地理区位分布是集聚点态的，而交通的地理分布则是线网态的，因此交通区位突出线网特征。交通区位线是地理因素赋予某地发展交通运输的一种潜在优势，这种潜在优势不会因社会经济发展的必然性及历史选择的偶然性而丧失或者增加。它所提供的信息内容在数千年甚至更长的时间内都是不变的，这种几乎“永恒”的信息，对交通规划具有重要的价值，通过它可以找到一种交通线产生发展的方法，也能“无中生有”地发现新的交通区位线。

交通区位线是一种将交通线在地理上的高发地带标示出来的一条原理线，即一条大概率发生交通联系的原理线，是地理因素赋予某地发展交通运输的一种潜在优势，这种潜在优势不会因经济社会发展的必然性及历史选择的偶然性而减少或增加。交通区位线通常包括交通区位径线、射线、环线及特殊区位线等四种形式。交通区位径线分为交通区位纵线和交通区位横线，其主要功能是促进区域内部各主要地区之间生产要素聚集的流通线；交通区位射线是以交通的输送特性为线索展开的；交通区位环线包括城市区位环线、城群区位环线、域境区位环线、环水域区位环线等；特殊区位线包括最

① https：//baike. baidu. com/item/%E4%BA%A4%E9%80%9A%E5%8C%BA%E4%BD%8D/5042904？fr=aladdin.

短路区位线、城市带区位线、某种产业区位线、功能区位线、对外联系区位线、地形区位线、边界区位线等。交通区位线并不一定是现实中存在的公路、铁路等实体交通干线，但随着经济的发展，交通区位线最终都将变成公路、铁路等交通实体线。交通区位是交通线的“资源”所在，建设包括铁路、公路、桥梁、隧道等在内的交通线，必须首先确定交通区位线，在对交通区位分析、研究透彻的基础上，进一步对该地区进行交通网络布局规划，需要分析与交通区位有关的各种影响因素，因时、因地、因势决定交通线建设的类型、先后次序、线路等级。①

（三）交通区位基本概念

从观察角度来看，交通区位是交通现象在地理上的高发（或大概率的）场所，因为是场所，所以交通中有路、站等地理位置上的固定设施才存在区位问题，而对于交通中的车等活动设施而言是不存在区位问题的。交通区位线、交通区位站（或枢纽）等都是交通区位中的问题。

从操作角度来看，为达到某种经济目标，将交通区位线或站等项目设置在能达到目标的一定范围内的地理位置，这个位置就是交通区位。显然为达到某种经济目标，将车设置在能到达目标范围的问题，已不属于交通区位的范畴。

因此，在分析交通区位时必须强调交通在地理上持久的高发性和达到某种经济目标的有效性，任何脱离上述两点内容的交通区位论都将偏离范型区位论的基本要求。

（四）交通区位因素

交通区位具有空间经济学属性，交通区位的变动有其驱动因素与驱动力，并不是偶然发生的，交通运输方式演进、交通基础设施布局、国家核心区与门户城市的变动以及邻近地区的发展格局都是诱发交通区位变动的因

① 滕宇蛟、薛广成：《基于交通区位理论的东非铁路网规划研究》，《铁道运输与经济》2019年第9期。

素。首先，交通方式存在由简单到复杂、由低级到高级的演进过程，在不同阶段其演进状况必然对交通区位产生扰动，而交通方式演进本身是科技进步的产物，因此，交通区位的演变呈现鲜明的科技进步驱动力。其次，交通基础设施的布局直接影响区域的交通条件，进而影响交通区位状况。最后，国家核心区与门户城市的变动直接影响区域宏观区位状况，而邻近地区发展格局的变动，尤其是邻近中心城市的崛起与衰落则可能引发区域相对位置及空间关系的改变，二者在一定程度上影响着交通区位的演变趋势，并呈现空间结构驱动力在交通区位演变中的极大作用。

交通区位是凸显相应经济区位状况的先决条件，也是影响区域发展的关键因素，交通区位的每一次改变都有可能引发区域发展的变动，与人口、资源、环境、国家战略和区域政策、产业结构、发展基础、信息化水平、科技创新能力、市场化和全球化程度等诸多因素的动态变化共同驱动区域发展总体态势的演进。交通区位的演变对区域发展的驱动作用表现在多种区域发展特征上，对外交通的通畅程度和成本不仅直接影响本地产品的规模化生产与外销，还同样影响对区外产品的进口与内销，以及过境商品的转运状况。同时，在交通区位演变的不同阶段，节点城镇的数量、发展质量与空间分布状况均处于变化之中。近代之后，交通区位的变动对工业企业的分布特征也产生了一定的影响。此外，由于交通线路区位的变动，区域的内外可达性状况也有所改变，进而对区域的空间联系格局造成直接影响，并改变了区域与外部的空间对接与竞争状况，以及中心城市的辐射能力。①

四　可持续交通论

（一）交通可持续发展概念

快速城市化及经济增长带动了城市交通运输的飞速发展，同时也引发大

① 文玉钊、陆玉麒、刘玮辰等：《江西省交通区位演变与区域发展效应》，《地理研究》2016年第3期。

气和噪声污染、能源和土地紧张、交通拥堵等一系列城市问题，公路交通是大多数严重城市大气污染、资源占用和能源消耗等资源环境问题的罪魁祸首，城市交通问题是我国城市可持续发展面临的主要问题之一。

可持续发展是人类21世纪的主题，对于交通与可持续发展关系的认识最早可以追溯到20世纪60年代。1963年，巴特兰报告指出，单纯增加道路容量所带来的交通噪声和尾气排放会对环境造成负面影响，并提出了地区环境相似性以及地理界线。1987年，世界环境与发展委员会（WCED）在《我们共同的未来》报告中分析了当前人类社会发展状况和面临的问题，并提出了可持续发展的概念，这份报告将可持续发展定义为既能满足当代人的生活需求，又不损害子孙后代满足其需求的能力的发展。1993年，皮尔斯和沃福德提出城市的可持续发展涉及所有社会资产，其中包括生产资产、人力资产和生态资产，为了满足后代人发展的需求，可持续发展需要维持恒定的三种资本存量的总和。另外，个体之间、地区之间、世代之间的平等也是可持续发展的重要组成部分。1994年，《面向可持续发展的欧洲城镇宪章》进一步提出了可持续发展的三项目标，即实现社会公平、推动经济可持续增长、促进生态健康。1996年，经济合作与发展组织（OECD）首次提出了交通的可持续性，并认为可持续交通是在不损害公共和生态健康的前提下，合理地满足当前社会发展带来的交通需求，为整个社会的可持续发展提供保证。按照可持续交通的要求，可再生能源消耗的速度要低于其形成的速度，不可再生能源消耗的速度要低于可再生替代能源补充的速度。为了使城市交通带来的消极影响最小化，OECD在健康标准、二氧化碳排放的限制标准和生态准则方面提出了要求。然而，OECD对可持续交通的认识是不全面的，它主要强调发展可持续交通能够带来的生态影响。2001年，欧盟交通部长理事会将可持续交通看作一个系统，给出了更全面的定义，认为可持续交通需要满足以下几个方面的要求。[①]

① 武秋磊：《基于可持续交通理论的城市公共交通体系研究》，合肥工业大学硕士学位论文，2016。

①在安全的前提下，满足个人、企业和社会日益增长的交通需求。维持人类和生态环境的健康发展，促进实现社会公平。

②城市交通应具备高效率、低价格的特点，为城市居民提供多种交通方式，支持市场经济，协调不同地区的发展。

③废气和固体垃圾的排放要在生态系统自净能力的范围内。减少不可再生能源的使用，控制可再生能源的消耗速度，减少对城市绿地的伤害，降低噪声。

关于城市可持续交通的定义，世界可持续发展工商理事会的可持续城市交通课题组在 *Mobility 2030* 研究报告中也给出了解释，认为可持续的城市交通应是能够在自由移动、沟通往来、经济贸易中发挥交通运输业的优势，同时对未来生态价值不会构成威胁，具体可以细分为减少交通尾气排放、控制温室气体排放、缓解交通拥堵、减少交通噪声、减少交通伤亡事故、提高交通的公平性和丰富交通的可选择性七个目标。

总体来说，可持续交通强调以环境和经济可承受的发展方式满足人们的出行和物流需求。环境可承受是指交通发展不以破坏环境为代价，满足基本的环境标准和健康需求；经济可承受是不过分超前发展，超出城市发展规模，亦不成为城市发展的瓶颈，不成为限制城市发展的关键因素，而是与城市发展的规模相协调，并为城市提供高质量的可达性，满足城市出行需求。因此，可持续交通的内涵是社会观念、价值观念和生态观念三者的统一，需要将交通的发展由满足个人利益向兼顾公众利益转变，同时提高交通效率，提升资源利用率，减少无效交通，以满足公众需求，改善交通环境，促进能源和道路资源的合理利用。[①]

（二）交通可持续发展内涵与特征

交通可持续发展的基本含义可概括为以下三个方面的内容：一是交通发

① 王真、郭怀成：《环境可持续交通管理的概念、内涵与研究方法》，《北京大学学报》（自然科学版）2011 年第 3 期。

展所预期实现的目标或服务水平应与资源环境的限制因素、交通设施的建设水平相协调；二是交通行业按照特定的模式发展，既要保证自身的可持续发展又不妨碍其他行业的可持续发展；三是交通既要有效利用本地资源、降低开发成本，又要减轻交通污染对人类健康的影响。[①]

综合来看，交通可持续发展包括以下六个方面的特征。

1. 满足社会需求

社会环境对交通的需求决定了交通的发展方向。因此，要将交通发展与社会需求更好地结合起来，在保证社会可持续发展和避免对社会环境造成破坏的前提下发展城市交通系统。

2. 节约资源

交通发展需要的资源包括自然的资源和社会的非物质资源，但是这些资源都不是无穷无尽的，早晚会枯竭，而有限的资源不仅要满足交通的发展需求，也要满足社会和经济等其他方面的发展需求。因此，要合理配置资源，减少资源浪费，提高资源利用率，实施节能环保高效的交通建设策略，才能保证交通和其他系统的可持续发展。

3. 确保交通协调发展

交通可持续发展的协调包括五个方面：①各种交通运输方式间的协调；②交通与社会经济发展的协调；③交通与生态环境的协调；④交通发展政策与其他发展政策的协调；⑤交通资源消耗与其他系统资源使用的协调。因此，交通只有在这五个方面达到协调统一，才能持续稳定发展。

4. 注重提高效率

交通效率指单位时空交通资源运送的人或物的数量，而不是通过的车辆数量。交通系统若想实现可持续发展，提高交通效率是必须重视的事务，这也是践行交通可持续发展模式的必然途径。

5. 坚持绿色交通理念

绿色交通的首要目的是减少交通拥挤、降低环境污染来推动城市交通与

① 高霞：《谈交通运输可持续发展的目标与对策》，《交通企业管理》2010 年第 3 期。

城市建设的协调发展，并且保护城市的生态环境。具体体现在提倡公共交通和自行车的使用、鼓励步行，减少私家车等对环境造成较严重污染的车辆的使用；大力开发清洁能源和新能源汽车，提倡混合动力或纯电动汽车的使用。

6. 提高科技含量

为了实现交通可持续发展，需要运用科学的技术措施使得城市的经济发展与城市交通环境相适应。在交通建设、道路养护、车辆维修、运行管理等领域不断加强电子、通信、计算机等现代管理控制技术和智能技术的应用，提高交通服务质量和科技含量。

（三）交通可持续发展目标

交通可持续发展可从经济、社会、环境三个方面确立七个具体的基本目标。

①改善环境质量。把尾气排放总量及污染物组成成分控制在标准范围之内。②减轻交通噪声。通过对主要交通工具的噪声强度进行分析，控制主要噪声来源的车辆使用量和交通噪声声级，使交通噪声降到最低。③优化能源消耗。通过对交通与能源消耗相互关系的研究，优化不可再生能源在交通中的应用，建立合理的交通模式，使各种交通方式的能源消耗更加合理化。④合理利用土地资源。在道路用地方面要考虑交通系统对人类活动、土地开发的影响，通过研究城市人口出行特征使人口、土地利用、交通规划等方面的关系相协调，合理开展道路选线和建设工作，在有必要的地方进行土地复垦来保护土地资源。⑤协调交通运输系统。交通运输系统是由其内部各个子系统组成的，每种运输方式都有自己的运输任务，它们相互关联又相互影响，而交通可持续发展则要求交通运输各子系统之间的协同作用达到均衡和高效。⑥优化交通结构。通过分析各种交通工具对道路空间的需求，完善道路网布局和运输网络，提高运输效率，降低运输成本，发展安全、节能、环保的交通运输系统，满足不同地区、不同层次对交通的需要，引导城市交通结构向符合可持续发展的合理模式转变。⑦加强交通管理。建立道路综合评

价体系，开展动态有效的城市交通管理评估，发现和改进不足与缺陷，并适时完善交通政策法规来适应交通发展的需要。

实现交通运输可持续发展的途径有两个：一是交通运输与系统外部环境的关系，即交通运输与社会、经济、资源和环境之间的互动关系；二是交通运输系统内部的关系，即交通运输方式间的合理配置和协调。交通运输方式与社会经济资源环境之间也存在互动关系，即社会经济资源环境的发展与协调促进了交通运输方式的深刻变化，交通运输方式的改革加速提升了社会经济资源环境的利用程度和效率。

五 交通规划理论

（一）发达国家城市交通规划体系变迁

1. 阶段一：交通规划孕育在城市规划之中

现代交通规划和现代城市规划一同诞生，在很长一段时间里，交通规划都只是城市规划的一个组成部分。在现代城市规划发展的同时，曾经作为城市规划一个组成部分的城市交通规划逐渐发展成为一个独立分支，形成了一套具有较强针对性的交通规划方法和技术。

回顾一下 19 世纪几个著名城市的规划，会发现其都对城市交通系统做了周密细致的安排。19 世纪中期，在拿破仑三世的推动下，塞纳省省长奥斯曼（Haussmann）主持了为期近 20 年的巴黎旧城改造工作。在这个庞大的城市改建过程中，除了拆毁市区旧楼和重新分区外，重点改造的对象就是道路交通，那些狭窄、潮湿而且污浊不堪的街道被拆除，取而代之的是更宽更通风的街道。与此同时，奥斯曼还完成了贯穿全城的“大十字”干道和两条环路建设，构建了一个四通八达的道路网络。

19 世纪末，英国人霍华德（Howard）提出田园城市规划，利用从中心公园向外辐射的 6 条主干道将城市分为 6 个区，而这些具备不同功能的分区由环形道路和环形铁路支线贯穿在一起，共同构成一个宜居的城市。此后，他在1903年莱奇沃思（Letchworth）和1920年韦林（Welwyn）两座城市的规划设计建造中都贯彻田园城市的风格，充分发挥了交通对城市空间的支撑作用。

1909年勃南（Burnham）编制的芝加哥总体规划中采用“街”（street）和“道”（avenue）对芝加哥城区的公共空间进行了划分，同时确定了以东西向的麦迪逊大街（madison street）和南北向的州道（state avenue）为中心的城市方格状道路网系统。

2. 阶段二：形成相对独立的城市交通规划体系

1953年，美国大都市底特律首先开展了交通调查，1962年发布了高速公路规划报告书——名为《交通研究》（*Traffic Study*）的底特律大都市交通规划，核心是高速公路规划。而在此之后，美国芝加哥开始了城市交通规划的研究，例如，《芝加哥城市交通规划研究》标志着真正的交通规划的诞生，开创了城市综合交通规划研究之先河，对包括道路规划在内的多种大运量交通方式进行了综合考量，提出了推理规划方法，使“四阶段”交通预测理论和方法得到推广应用。[①] 1962年美国制定《联邦资助高速公路法》，规定5万人以上的城市，为了得到联邦政府的公路建设财政补贴，必须制定以城市综合交通调查为基础的大都市交通规划。该法规大大推进了交通规划理论的发展，城市交通规划的理论研究和实施在全美广泛地开展起来，可以说该项法案直接促成了交通规划理论的形成和发展。

1963年，英国人柯林·布坎南（Colin Bchanan）所领导的城市交通问题研究小组发表了一份名为《城镇交通》（*Traffic in Towns*）的报告，报告对城市交通与城市环境、安全、审美以及生活等方面的关系进行了分析。在此前后，英国已经开始实施城市交通规划所必需的城市交通调查。1964年雷塞士特市的城市交通规划是英国定量开展城市交通规划的先驱。

日本运用系统规划方法制定城市交通规划始于20世纪60年代后期，以居民出行调查为基础开始进行城市交通规划。1952年东京开展了第一次关

① 陆锡明、陈小雁主编《客运规划与城市发展》，华东理工大学出版社，1996。

于城市机动车出行的调查，截至1955年日本全国主要城市都开展了机动车OD调查，并且政府规定此后定期进行此项调查，为定量的交通需求预测打下了基础。20世纪60年代前半期，日本道路交通规划已开始运用交通发生、交通分布、交通分配三阶段交通需求分析法。广岛都市圈于1967年首先进行了大规模的居民出行调查。居民出行调查数据能够体现“人员流动”的居民出行活动，即人们利用汽车、轨道交通及公交车的情况，将“交通方式划分”这一新的预测步骤加入三阶段需求预测法中，从而实现四阶段交通需求预测法的系统应用。广岛调查后，日本全国主要都市圈——东京、阪神、名古屋等，都开展了居民出行调查，由交通发生、交通分布、交通方式划分、交通分配所构成的四阶段交通需求预测法也固定下来。另外，为了掌握城市交通的另一重要构成要素“物质流动”，在居民出行调查外补充了物资流动调查，二者共同推进了城市综合交通规划的发展。

此后，随着道路规划与轨道交通规划间的协调，以及城市快速发展、城市空间急速扩大，交通规划与城市规划相协调的问题受到重视。以城市内全部交通方式为对象的与城市规划、土地利用规划相协调的综合交通规划方法开始形成。

3. 阶段三：城市交通规划向综合性政策转变

从横向来看，城市交通规划是整个城市规划的一部分，而纵向来看其是全国交通规划的一部分。20世纪末，发达国家城市规划都向综合性公共政策演变，与此同时交通规划也呈现向综合性政策转变的趋势。

1990年英国大城市官方协会（Association of Metropolitan Authorities）提出采用综合方法来改善交通现状，综合以往按不同运输方式开展的交通管理可从四个方面着手：一是不同交通管理部门职责的整合；二是不同运输方式发展战略与政策的整合；三是对新建交通基础设施、管理既有设施以及调整基础设施价格等政策的整合；四是交通规划与土地利用规划的整合。综合交通体系应实现资源的有效利用、增强交通的可达性、提高交通安全性、增加社会和经济效益。1998年7月英国政府颁布了《解决交通问题的新手段：方便所有出行者》的交通政策白皮书，更加系统地给出综合交通四个层次的定义。

1990 年之后，美国联邦政府先后颁布了三部运输法案：1991 年《多式地面运输效率法》（ISTEA）、1998 年《21 世纪运输公平法案》（TEA-21）、2005 年《安全、可靠、灵活、高效的运输公平法案：留给使用者的财产》（SAFETEA-LU），同样体现了交通运输政策的综合性发展趋势。

受城市规划和交通运输政策两方面发展趋势影响，目前发达国家的城市交通规划都表现为综合性体系。城市是人类经济活动和居住的聚集区，客货运输流量密集，有关综合交通的问题更加突出。多式联运中的客运枢纽一般都位于城市当中，铁路、公路、城市公交的衔接与换乘都需要在城市综合交通规划中加以安排。此外，城市交通的环境问题，例如空气污染、噪声，比其他层面反映得更加集中；交通与土地利用、社会公平等的关系也更加密切。

（二）经济学视角的城市交通规划本质

从发展历史来看，城市交通规划起初出现在城市总体规划中，体现为对街道的设计；20 世纪五六十年代，随着城市规划系统理论的兴起，相对独立的城市交通规划体系开始形成。规划内容以交通调查和交通需求预测为主，规划方法主要是四阶段交通需求预测法的系统应用。西方城市交通规划与城市规划的方法有所不同，但是同样经历了规划理论发展的各个阶段，从 60 年代的系统规划理论和理性程序规划理论，到 70~90 年代的沟通规划理论，乃至 2000 年后的可持续发展、系统整合、民主参与等发展趋势。①

交通运输是国民经济的基础要素和社会公共基础设施，并日益成为区域竞争力的核心要素。城市交通规划是指为城市居民的交通行为提供合适的交通设施，改善、优化城市交通条件，并创造良好的城市环境，是区域社会经济发展的重要专项规划。与其他专项规划一样，城市交通规划同样具有城市规划的三个特点，即基于公共利益、对资源进行恰当配置以及未来导向性。

① 陈佩虹：《城市交通规划制度研究》，北京交通大学博士学位论文，2013。

城市交通规划的特点在于其是对城市交通资源进行配置，其主要目的是提供城市交通基础设施，而城市交通基础设施大部分具有公共物品的特性。对城市交通规划的经济学解读为：城市交通规划可以看作一种资源配置机制，其主要目的是提供交通公共物品；将是否能够实现公共利益作为对资源配置结果优劣的判断标准。

交通规划理论的活力在于适应发展的需求，当前城市交通问题已不再仅仅是机动化背景下的交通拥堵，而是承载了多重社会问题，涉及社会各阶层出行和交通资源的利益分配。新时期城市交通规划面临着由以往大规模的增量规划向精细化的存量规划转变、由单个城市交通规划向城市群及更大范围交通整合规划转变等技术挑战。① 为了有效利用城市的土地资源和能源，并最大限度地降低对城市环境产生的污染，促进城市交通的可持续发展，城市交通规划应遵循人本位、平等性、协调性、有序性、平衡性、延续性、可靠性等可持续发展原则。

六　TOD 理论

（一）TOD 基本概念

以公共交通为导向的开发（Transit-Oriented Development，TOD）是一个以大运量公共交通车站为中心，以 400~800 米为半径，土地混合利用且开发强度与交通运输能力相适应的城市混合功能区。在城市功能区内，通过合理的设计鼓励人们减少使用私人小汽车，更多选择步行和公共交通。位于功能区中心的是公共交通车站及环绕在其周围的公共设施和公共空间，公共交通车站充当与城市其他区域联系的枢纽，而公共设施则成为本区域最重要的核心。

TOD 模式作为一种解决现代城市尤其是超大型城市日益严重的道路交通问题的理论策略，强调无缝连接，通过构建一种舒适宜人的步行社区，旨

① 杨东援：《通过大数据促进城市交通规划理论的变革》，《城市交通》2016 年第 3 期。

在减少城市小汽车使用量，最大限度引导城市居民采用公共交通方式出行，从而缓解城市道路通行压力，遏制城市“摊大饼”式的无序蔓延。目前对于TOD模式的表述有“公交社区”、“以公共交通为支撑的发展”以及“公交友好设计”等，每一种表述都有不同的内涵和侧重点。从学者的典型研究来看，TOD模式强调的是在满足现代公共交通服务功能的同时开展城市土地资源的开发，具有以下几个共同点：第一，TOD模式的核心是公共交通站点周边的土地开发；第二，TOD模式强调多功能的用地形态；第三，TOD模式开发的目的是实现公共交通使用率与土地开发的均衡；第四，TOD模式重点打造良好的出行以及人居环境。①

（二）TOD理论的演进过程

1.站点综合效应：1989~1999年，新城市主义影响下的TOD

综合效应主要体现的是围绕站点进行综合开发，丰富站点空间功能、业态，以满足出行者的需求。在新城市主义时期是为了解决城市低密度蔓延与土地浪费问题，提高站点核心地区的密度，植入多元化城市功能。

1989年，卡尔索普（Calthorpe）提出的“步行口袋模型”是一项综合土地利用策略，在约400米的步行半径范围内布置高密度建筑，并加强社区与公共交通之间的联系。1993年，卡尔索普正式提出了TOD的理念，旨在缓解对小汽车的依赖，把郊区的无计划扩张转变为由公共交通引导的土地综合开发，营造“步行友好”的建成环境，注重站点综合效应的有效利用。②1997年，塞维罗（Cervero）和科克曼（Kockelman）提出3D原则，推动了TOD理念的发展，其要求是在公共交通周围有一定的人口/就业/建筑密度（density）、土地混合利用（diversity）、步行导向的空间设计（design）。③

---

① 吕圣华：《基于产业关联理论的TOD模式特点的研究》，《交通运输研究》2011年第1期。

② Calthorpe P. , *The Next American Metropolis*: *Ecology*, *Community*, *and the American Dream*, Princeton Architectural Press, 1993.

③ Cervero R. , Kockelman K. , “Travel Demand and the 3Ds: Density, Diversity, and Design”, *Transportation Research Part D*: *Transport and Environment*, 1997, 2 (3).

这一时期的TOD在新城市主义影响下，主要从站点视角来关注核心商业区、地下步行系统、停车场设计等站点的综合开发。因此，在TOD规划设计时，认为应当合理利用站点综合效应。新开发地区在规划之初，需综合考虑不同土地类型的混合布局、交通设施安排、公共空间设置等；对于旧区的TOD建设，可以采用阶段性更新策略。

2. 站区集聚效应：2000~2007年，精明增长影响下的TOD

站区尺度“节点—场所”功能的交互作用会形成站区集聚效应，成为站城融合发展的驱动力。2000年，美国规划师协会联合60家公共团体组成了“美国精明增长联盟”。精明增长理论认为，可以通过站点带动站区发展来解决城市中心活力复兴问题。随着TOD理论与精明增长理论的联系越来越密切，TOD的内涵在这个时期得到了延展。

马里兰州交通局和加利福尼亚州交通局在项目实施中，通过增加开发强度、鼓励步行和自行车出行、混合土地开发等措施，激发了站区活力。2004年，《新公交城市：TOD的最佳实践》一书提出TOD的五大目标：区位效率、选择多样性的高度混合、价值获取、场所营造以及解决节点与场所之间的不均衡问题。① 目标中明确了场所的集聚价值，认为站区集聚效应很大程度上是公共交通和土地利用之间的互动。站区在发展过程中会出现极化现象，距离站点越近，功能发展和交通设施越完善，对其辐射范围应当统筹考虑，避免产生不利影响。

3. 站群结构效应：2008年至今，多维度时代的TOD

2008年以来，学者们开始关注交通基础设施更新、智慧交通技术带动开发建设、TOD对于城市公平的影响、绿色出行以及站点之间的联动发展，以解决城市通勤距离长、职住不匹配、低收入群体公平性等问题。②TOD进入多维度的时代，形成不同的学派，各学派分别关注交通基础设施

---

① Dittmar H., Ohland G., *The New Transit Town: Best Practices in Transit-Oriented Development*, Washington: Island Press, 2004.

② 崔叙、梁朋朋、喻冰洁、陈冰郎：《TOD规划设计理论研究》，《都市快轨交通》2021年第5期。

更新和智慧交通技术带动新的城市开发、TOD 对城市公平和弱势群体的影响、交通方式转移可以减少碳排放量，这些均有利于 TOD 整体系统结构效应的实现。

（1）交通工程学派

随着“振兴经济”的基建计划和“回归本国”的就业促进计划，部分学者开始强调通过基础设施建设更新促进地方发展。重点转移到交通基础设施更新[①]和智慧交通技术发展[②]，以提升城市整体环境品质、恢复交通枢纽周边活力、构建智能化交通出行系统为目标，带动新的城市开发建设，充分发挥 TOD 的结构效能。

（2）人本主义学派

以朱利亚诺（Giuliano）等加州学派为代表，其更多地关注 TOD 带来的社会影响，即 TOD 对于城市公平和弱势群体的影响。[③] TOD 建设改变了站点的可达性，带来周边土地的增值，一些低收入群体不得不承担更长的通勤距离或增加交通成本。如何兼顾这些社会群体的利益，公平地引导 TOD 开发建设，是人本主义学派更多关注的研究内容。因此，其强调 TOD 站群联动开发，兼顾弱势群体利益，形成差异化站群结构，从而有利于公平的实现。

（3）环境学派

在全球气候变化背景下，低碳与生态可持续发展受到关注，对 TOD 发展产生了重要影响。2009 年 4 月，“以生态都市主义”为主题的世界级学术报告在哈佛大学设计学院召开，会议成果《生态都市主义》影响深远。塞维罗指出，TOD 新的趋势是绿色、低碳与生态，与生态都市主义的目标相契合。构建步行、自行车、公交等绿色接驳交通系统，有利于绿色 TOD 建

---

① Deng T.，“Impacts of Transport Infrastructure on Productivity and Economic Growth：Recent Advances and Research Challenges”，*Transport Reviews*，2013，33（6）.

② Min W.，Wynter L.，“Real-time Road Traffic Prediction with Spatiotemporal Correlations”，*Transportation Research Part C：Emerging Technologies*，2011，19（4）.

③ Boarnet M. G.，Giuliano G.，Hou Y.，et al.，“First/Last Mile Transit access as an Equity Planning Issue”，*Transportation Research Part A：Policy and Practice*，2017（103）.

设，绿色 TOD 的碳排放和能源消耗可以比常规开发减少近 30%。智慧 TOD、绿色 TOD、公平 TOD 等①相关新兴理念的涌现和不断成熟，使得 TOD 与智慧交通、生态建设、步行城市、社会公平性、健康等方面的联系更加密切。合理构建 TOD 站群网络，完善绿色接驳系统，促进职住平衡，创造连续、舒适、安全的 TOD 建成环境。利用 TOD 站群的合理布局，实现居住与就业相匹配，压缩通勤时空距离。TOD 站群的整体发展可以降低碳排放量，进一步优化城市功能布局。

（三）TOD 的主要功能

TOD 模式作为提升城市内部交通管理水平的重要工具，主要的功能结构包括：公交站点（transit stops）、核心商业区（core commercial areas）、办公/就业区（office/employment areas）、居住区（residential areas）、次级区（secondary area）、公共开敞空间（public open space）等。其中，核心商业区的功能是为区域内提供各项完善的服务，包括基础设施、娱乐设施等，其在 TOD 模式中的用地规模要至少高于 10%的比例。办公/就业区在整个区域内的功能是解决居民的工作问题，通过缩短居民与工作区之间的绝对距离，提高居民使用公共交通的频率。居住区在 TOD 开发模式中占据了重要的位置，满足居民的居住需求，为居民提供舒适的居住环境。次级区是靠近 TOD 的外围低密度发展区域，与公交站点之间的相对距离控制在 1 公里以内，在次级区内往往会设置一系列低密度住宅、学校、社区和服务组织。公共开敞空间是为区域内的居民提供相互交流和沟通的空间，包括公共建筑和公共设施等。

TOD 模式主要应对的问题是城市发展过程中不断出现的用地与城市交通之间的矛盾问题，可以通过对区域内的商业区、居住区、办公区、其他公共设施区域以及次级区域进行合理布局，进一步促进不同区域之间的协调发

① Bardaka E., Hersey J., "Comparing the Travel Behavior of Affordable and Market-rate Housing Residents in the Transit-rich Neighborhoods of Denver, CO", *Travel Behaviour and Society*, 2019 (15).

展，从而提高交通站点附近的土地资源利用效率。在此基础上，为区域内的居民提供良好的人居环境，同时也与区域内的经济发展现状相结合，解决区域内经济发展和就业问题，提升城市和社区的可达性。本文将 TOD 模式的主要功能总结如表 3-1 所示。

表 3-1　TOD 模式的主要功能总结

序号	功能总结	功能阐述
1	提高可达性和环境管理水平	TOD 模式下优化公共交通站点附近的功能结构，提高各种土地资源的使用效率，以提高居民使用公共交通的频率，提高环境治理水平
2	满足行动出行需求	TOD 模式下最大限度提高居民的出行效率，降低停车场区域用地面积，鼓励居民步行或自行车代步
3	满足郊区出行需求	TOD 模式下居民在城市与郊区之间的相对距离缩短，不需要依托小汽车来完成两地之间的切换
4	提升社区服务水平	TOD 模式下最大限度提高区域内土地资源的使用效率，不断完善公共设施和基础设施建设，推动社区居民之间的关系深化
5	强化区域公共安全	TOD 模式下区域内居民能够互联互通，拥有安全的生活环境
6	满足居民公共服务需求	TOD 模式下区域内将建设大量的交流空间，如公园、休息区和各种广场，提升区域公共服务水平

我国发展 TOD 的核心目标是创建一个宜居宜业宜行、产业结构合理、空间节约紧凑、环境生态永续的城市体系。在规划过程中，强调以公共交通设施的运输能力为基础，使土地开发产生的出行量与交通设施的运输能力相协调；土地使用包括居住、为社区服务的公共设施、为城市服务的公共设施三种主要功能，在用地布局上，为城市服务的公共设施应尽量靠近大运量公共交通车站，为社区服务的公共设施可以与居住用地适度混合；鉴于中国城市人口密度大，行人与机动车相互干扰问题严重，以公共交通车站为中心，构建连续的步行系统是中国 TOD 社区最基本的人性化设计要求。[①]

① 王有为：《适于中国城市的 TOD 规划理论研究》，《城市交通》2016 年第 6 期。

（四）TOD 的适用范围

在城市发展管理过程中，TOD 模式的应用较为广泛，通常会应用于新开发区域、二次开发区域和待开发区域。[①] 本文对 TOD 模式的适用范围进行如下总结。

1. 新开发区域

城市的新开发区域指的是城市周边目前尚未经过拓展的地区，但是已经属于城市发展规划的范围内，这些即将开发的区域也将完善相应的基础设施和公共服务。从城市发展的角度来说，新开发区域是城市拓展过程中遭遇阻力最小的区域，同时新开发区域也较容易设计采用以公交导向和行人导向的开发模式。新开发区域在城市拓展过程中往往处于边缘状态，能够被开发成为一个或多个 TOD 站点。

2. 二次开发区域

二次开发区域是针对已经开发的区域来说的，在原有用地开发的基础上进行第二次开发，目的是转变部分土地的使用途径，将使用效率较低或闲置的土地资源重新充分利用起来，提高资源的使用效率。在二次开发的过程中，城市交通轨道必须与 TOD 模式相结合，充分考虑用于交通轨道功能的土地资源使用现状，为居民创建良好的出行环境，提高公共交通的乘坐频率。

3. 待开发区域

待开发区域指的是位于城市发展过程中的边缘地带，目前处于尚未开发的状态，已经成为城市开发过程中的空白区域。在城市发展过程中，待开发区域与城市周边的基础设施和公共设施较为靠近，但由于没有进行有效规划和开发，目前尚未与城市的交通道路系统进行整合，也没有发挥其应有的价值。待开发区域重新开发后可以成为较为完整的 TOD 站区，而待开发区域的邻近地区可以发展成为次级区。

① 米雪：《我国城市轨道交通 TOD 模式应用研究》，大连理工大学硕士学位论文，2021。

七　城市群交通一体化理论

（一）理论概念

城市群一体化的核心是实现要素资源的自由流动，包含人流、物流、资金流、信息流等方面。交通是推动城市群一体化发展的基础、脉络、载体和牵引，既有支撑与保障的作用，又有先行与引领的功能。交通一体化的概念可以从广义和狭义两个维度来解释。从狭义上讲，城市群交通一体化着眼于交通体系内部，目的在于促进交通内部要素之间的一体化，是一种通过对基础设施、既有设备的管理，以及统筹协调各种交通因素来解决城市交通问题的方法。从广义层面看，城市群交通一体化不仅关注交通体系内部要素的一体化，还要关注交通体系内外要素之间的一体化，包括交通目标与城市群区域目标的一致性，交通与城市群区域、产业、空间、用地、城镇、环境、人口等要素的协调性，体现经济社会与交通运输的高度融合，实质上是城市群一体化多元目标统筹决策下所产出（生成）的交通运输解决方案。

城市群交通一体化的特征表现在区域交通设施的互联互通、运输资源的实时联动、跨方式的信息互联及数据共享、法规标准的统一互认、管理体制和机制的协同完备、运输市场的统一开放等方面。同时，还表现在交通运输能够有效满足人们出行和货物运输需要，有力保障经济运行和国土安全，土地占用和环境污染在可控范围内，交通布局与国土和城镇空间格局相得益彰等。

（二）实现途径

交通一体化是城市群提高交通运输服务水平的关键，也是有效发挥集聚效应和扩散效应的重要基础。随着城市群的形成，城市和城市间的经济活动、社会活动关系趋于密切，形成一体化的产业链，并在区域内实现分工，不同城市之间的互补性不断增强，核心城市充分发挥对周边城市的集聚和辐射作用，城市和城市之间的人员流动规模和货物运输规模不断增长，对高品质、一体化的客货运输需求日益强烈。因此，需要通过建立一体化的交通运输服务系统，打破阻碍各种要素高效流动的行政壁垒和地域歧视，实现跨行政区的交通基础设施、服务、制度、政策、标准等方面的对接。

交通一体化涉及三个层面的问题，一是交通一体化必须适应并带动区域一体化，与经济、社会、资源、环境协调发展；二是同一运输方式跨行政区的一体化，加强交通基础设施对接，破除运输市场的地域壁垒，建立统一的运输市场，如路网对接、港口资源整合开发利用、民航机场分工合作等；三是各种运输方式之间的一体化，需要加强衔接和协调，构建布局合理、供需匹配、一体衔接的综合交通运输体系，当跨行政区时，集中体现在跨市综合运输通道、区域性综合运输枢纽及跨市多式联运组织，进而对同一运输方式跨行政区的一体化产生影响。

除此之外，交通一体化涵盖多个领域，按发展内容划分，涉及交通基础设施一体规划、一体建设、一体运营、一体管理等多个领域。在交通基础设施一体规划方面，重点是做好设施的统筹布局、有机衔接、功能统筹，发展多式联运，扩大综合交通运输规模；在一体建设方面，关键是实现设施建设时序安排、技术等级、建设标准等方面的跨区域、跨方式协同，实现政府部门之间、政府和企业之间、企业和企业之间的合作；在一体运营方面，需要构建有利于市场主体分工合作的运行机制和市场环境；在一体管理方面，需协调不同区域之间的关系，通过体制机制和政策方面的完善促进各地的合作共赢，加强交通管理系统中的信息科技应用，降低多式联运中的换乘成本，注重区域交通运输的可持续发展。①

交通与外部要素的一体化，就某个外部产业而言，体现为交通运输与该产业的协同发展，实现途径主要是促进交通与该产业要素间的不断融合，衡量标准是使交通在该产业领域的正负外部成本之和降到最小。

---

① 刘晨、孙相军、陈璟：《大都市区交通一体化发展水平评价研究》，《公路交通科技》2020年第S1期。

粤港澳大湾区的交通一体化拥有独有的特点。首先，水路运输发达，多数城市都是围绕珠江口岸分布，因此其内外航道非常丰富，已基本形成“三纵三横”千吨级骨干航道网，是目前我国最发达的对外航运口岸；其次，航空运输在对外交通运输中发挥着重要作用；最后，铁路运输成为城市群与内陆省份之间交通运输的主要方式。① 目前，已经构建起城市群交通一体化运输网络，实现多种交通方式互联互通。

（三）发展特点

1. 城市群发展需要现代化交通体系支撑

从国内外主要城市群的发展历程看，无论城市群的空间结构呈现何种形态，城市群的发展都离不开完善的综合交通网络，都是依靠交通先行，引导城镇、产业在城市群空间内优化布局，促进城市群的形成，实现城市群交通系统和土地利用在区域可持续发展的层次上得到密切协调。

发达国家普遍重视城市群交通一体化发展，发挥其对城市群经济的拉动作用。发达国家城市群的发展是和其工业化、城镇化进程密切关联的，进入工业化中后期，城市群逐步成为引领经济发展的重要引擎，而城市群交通系统则是城市群发展的基础和引领，发达国家普遍通过推进交通一体化来降低地区间流通成本，有力支撑区域经济一体化发展。部分发达国家和地区城镇化发展的新形态是巨型都市群，美国提出围绕巨型都市群建设高速铁路、城际铁路的战略，日本提出高速磁浮一小时交通圈的发展战略，欧盟提出欧洲交通一体化（铁路一体化、航空运输一体化、自由海上运输）的发展战略，均体现了交通一体化支持城市群发展的思想。

我国的京津冀地区在城市群一体化发展方面也早就有较为成功的尝试。比如，20 世纪 90 年代初建成通车的京津塘高速公路有效带动了北京至天津塘沽沿线经济发展，形成了由北京经济技术开发区、河北廊坊经济技术开发区、天津经济技术开发区、天津港保税区等 10 多个开发区组成的高新技术

---

① 姜策：《国内外主要城市群交通一体化发展的比较与借鉴》，《经济研究参考》2016 年第 52 期。

产业带，被形容为北方的“黄金通道”，对促进京津冀地区的经济发展、社会交流和人员往来起到了重要作用，推动了城市群一体化发展。长三角地区同样有廊道经济的典范，最有代表性的就是沿 G60 沪昆高速公路构建的产城融合科创走廊，已串联上海、嘉兴、杭州、金华、湖州、苏州、宣城、芜湖、合肥等 9 个城市，在深化产业集群布局、加强基础设施互联互通、推进协同创新、推动品牌园区深度合作和产融结合、推广科创走廊“零距离”综合审批制度改革等方面发力，建成长三角地区具有独特品牌优势的协同融合发展平台。

2. 城市群交通一体化模式因群而异

交通发展模式的选择不仅与城市群的基本区域情况、经济规模、社会结构、人口密度、空间地理、资源环境、风俗文化等多方面因素密切相关，还与市场机制的作用和效果密切相关。从某种程度来讲，城市群交通一体化模式的选择，不仅是一个交通问题，也是一个复杂的经济、社会问题。

发达国家城市群的交通一体化模式，普遍考虑了空间开发、产业布局、资源环境可持续，以及各种运输方式比较优势等多方面因素。尽管如此，受区域情况差异及市场作用的不可预知因素影响，主要城市群的交通一体化发展模式仍存在较大差异，因此，很难找到一个“放之四海而皆准”的发展模式直接用于我国的城市群发展。例如，日本东京、美国纽约、法国巴黎三大城市群（都市圈）分别形成了三种不同类型的交通发展模式，其中，纽约都市圈是以私人小汽车为主、轨道交通为辅的交通发展模式，东京都市圈是以轨道交通为主导的交通发展模式，而巴黎都市圈则是轨道公共交通与私人交通并重的交通发展模式。

就我国而言，不同城市群由于发展路径、发展定位不同，其交通发展模式也有所差异。以运输结构为例，京津冀、长三角和粤港澳（以广东计）三大城市群目前结构基本趋于稳定，但占比差异较大。旅客周转量构成中，三大城市群均以民航居主导地位，占比均超过 40%，京津冀和长三角分别达到 57%和 55%。但公路的占比差异很大，长三角和粤港澳分别达到 21%和 23%，而京津冀占比仅为 9%，这与长三角、粤港澳城市群更为发达的公路网提供的出行条件、更高的机动车保有量带来的出行基数、更为发达的县域经济相对应的客运需求、更倾向于选择便利性更强的公路运输方式等因素有关。货物周转量构成中，京津冀以公路居主导地位，占比达到51%，而长三角、粤港澳依托其发达的水运网络，水路运输在货运占比中居绝对主导地位，分别达到83%和89%。铁路货物周转量方面，京津冀占比为36%，比全国平均水平高出21个百分点，这与煤炭和矿石等大宗物资运输在该区域的占比较高有关，也与近年来国家实施运输结构调整战略的显著成效有关；长三角、粤港澳占比分别为2.1%和1.1%，这与发达的公路网基础设施和物流条件、轻质小件货运需求更为旺盛更适合公路运输等因素有关。①

3. 重视整合区域枢纽一体化衔接

发达国家的城市群十分注重通过整合区域内的枢纽功能，统筹区域内枢纽资源优化配置，促进区域枢纽整体竞争力的提升，强化枢纽的门户作用。发达国家和地区十分注重交通枢纽的一体化衔接，特别是加强港口、机场与铁路系统的衔接，大力发展铁水、空铁等多式联运。此外，发达国家还十分注重通过站场设施的一体化规划建设实现各种运输方式之间、城市内外交通之间、各层次交通之间的紧密衔接。例如，东京有许多交通枢纽站都实现了新干线、市郊列车和地铁的同站台换乘，极大方便了旅客出行。

我国城市群通过港口和机场的资源整合，加快推进港口和机场的一体化发展，提高资源利用效率，避免区域无序竞争、提升区域整体竞争力。

4. 一体化体制机制是重要的内生动力

从全球范围看，强有力的协调机制是实现区域交通一体化的基础保障。日本、欧美等地的区域交通一体化协调机制不尽相同，日本主要靠中央政府层面协调，欧美更多的是以议会制的组织形式建立跨行政区的交通机构，如纽约大都会交通委员会、旧金山湾区交通委员会、大温哥华地区交通局等，这些机构的主要作用是协调跨市、区的区域性事务，各行政区由法律保障享有公共基础设施服务的权利和应尽的义务。我国也在探索推进建立区域交通

① 刘影、耿彦斌：《城市群交通一体化的逻辑、规律与建议》，《中国公路》2022年第9期。

协调机制，如华东六省一市省际交通协作会议、长三角地区交通合作与发展联席会议等。

从我国城市群看，一体化的体制机制仍是制约交通一体化发展的最核心问题。面临跨地区、跨部门规划建设运营等统筹协调力度不够，土地、空域等供需矛盾突出，资源集约节约利用效率不高，统一开放的运输市场尚未形成等问题，信息不共享、政策不完善、标准不统一等制约因素依然存在。以京津冀城市群为例，交通运输发展存在行政壁垒，运输政策、标准缺乏有效对接，协调机制有待完善，统一运输市场尚未形成，三地虽然开行了一定数量跨省市的城际公交，但在成本、补贴分担机制等方面尚未形成具有指导性的标准，制约其进一步发展；多式联运等先进运输组织方式发展相对滞后，无法实现旅客出行的联程联运和货物运输的“一票到底”，制约了运输服务一体化和便利化水平的提升。

（四）国家层面

中国已经进入以城市群为主体形态的新型城镇化发展阶段，也就是说，中国城市经过单中心城市、多中心城市发展阶段之后，进入都市圈和城市群发展的新阶段。如今，城市既面临着交通拥堵加剧、环境污染严重、交通事故频发、出行难和停车难等现代“城市病”的巨大压力，也面临探索城市群健康发展模式、优化城市结构和产业布局、构建绿色交通主导的综合交通体系、推进能源消费革命等新的挑战。在中国城市向都市圈和城市群发展形态演化过程中，能否实现城市群交通一体化建设对未来城市与城市群结构、用地形态、城市系统的运行效率和城市居民的生活质量都将产生重大影响。

在这样的背景下，中国工程院于 2012 年启动了“中国特色新型城镇化发展战略研究”项目，针对中国城镇化发展面临的问题和挑战，系统地展开了城市问题研究，在对中国城镇化进程质量评析的基础上研究城镇体系的空间布局、城市交通、城市文化、城市环境、城市治理等八大重点问题。2014 年，中国工程院立项开展“城市交通一体化研究”。

粤港澳大湾区交通一体化是《粤港澳大湾区发展规划纲要》的重点内

容之一，对湾区全面发展起到举足轻重的作用，为此，广东省委、省政府发布《关于贯彻落实〈粤港澳大湾区发展规划纲要〉的实施意见》，明确按照“三步走”的安排开展建设布局：第一步，到 2020 年，粤港澳大湾区建设打下坚实基础，构建起协调联动、运作高效的大湾区建设工作机制。第二步，到 2022 年，粤港澳大湾区基本形成发展活力充沛、创新能力突出、产业结构优化、要素流动顺畅、生态环境优美的国际一流湾区和世界级城市群框架。第三步，到 2035 年，粤港澳大湾区全面建成宜居宜业宜游的国际一流湾区，实现大湾区交通一体化协同发展。

八　分布式供给理论

传统的常规运输分为规模化计划主导型运输供给和资源怠用型运输供给两种。规模化的运输能较好地应对集中化运输需求，但无论是规模化计划主导型运输供给还是资源怠用型运输供给，在服务分散化需求方面都存在不适应或低效的问题。伴随着移动互联网、物联网、人工智能等技术的高速发展，人、信息、物质和能源等都通过对应的网络复杂地交织在一起，人们的生产和生活方式迅速发生变化。与此同时，“分布式”的概念越来越频繁地出现在产业界、学术界和各类政策文件中。

传统经济学假设把时间和空间都压缩到一个点上，因此，它研究的是发生在针尖上并能瞬间完成的规模经济，但现实并非如此。分布式供给恰恰能够利用新的技术手段和组织形式，在更大的时空尺度和更特定的时空条件上构建新的供需结构与生产形态，有能力把原本层次不同的规模经济在互联网和物联网的基础上加以有效组合，实现规模经济的精益化。分布式供给是依托信息技术创新和商业模式创新，面向终端消费需求，通过有组织的小型、分散、柔性供给主体的分工与协作，提供满足特定时空要求的产品和服务。分布式运输供给针对时空异质性，需要与规模化计划主导型运输供给和资源怠用型运输供给的运输服务区别开来。与“站到站班次性”的传统常规式供给相比较，分布式供给能够提供门到门、全链条式的运输产品，使得消费者减少承担传统模式下由供求缺口所带来的时间成本、衔接成本和不确定性成本，这种对全链条和时效性的偏好相应地提高了消费者对于运输产品的支付意愿。匹配效率在很大程度上取决于物信关系，必须及时掌握并处理特定时空条件下的物信关系，才能满足特定的分散性客货运输需求。信息化使得消费者的需求可以被表达，提高了供求双方的沟通效率，有助于实现“需求响应”式供给，即消费者先公布需求，供给者的供给末端根据信息随时调整，这为分布式运输供给的发展提供了条件。

分布式供给作为交通运输发展阶段性变化中的一个突出变化和新趋势，催生了互联网共享出行的崭新业态，也将极大改变传统运输行业，对运输市场中的供求格局以及所服务的社会经济均产生长远的深刻影响。[①]

① 荣朝和、李星滢、王学成、颜飞：《论分布式运输供给的转型趋势》，《北京交通大学学报》（社会科学版）2020 年第 3 期。

第四章　国内城市群交通发展案例分析

本章对国内城市群交通发展进行案例分析，依托京津冀城市群、长三角城市群、武汉城市群、成渝城市群、郑州城市群、西安城市群等各城市群发展条件，对其交通发展现状加以概括，分析城市群未来交通规划路径，研究城市群未来的交通发展战略，结合粤港澳大湾区交通发展现状提供一定的经验借鉴。

一　京津冀城市群交通发展案例分析

（一）发展条件

京津冀地区是我国的“首都经济圈”，也是我国三大城市群之一，是中国北方地区经济发展、人口聚集的中心，在中国经济社会发展中具有重要的战略地位。北京市、天津市和河北省地处华北平原、黄河以北，东临渤海，西依太行，处于东北平原、内蒙古平原、黄土高原和黄淮海平原的交会处，地理位置重要，处于北方政治经济中心。国家在 2014 年将京津冀协同发展提升到国家战略高度，京津冀一体化作为国家战略，侧重于围绕首都的功能疏解促进区域良性发展，综合交通一体化是京津冀协同发展的重要支撑和基本前提。建立京津冀综合交通网络体系、大力构建一体化交通对于京津冀协同发展具有重大意义。

《京津冀协同发展规划纲要》明确了交通先行的重要性，强调要将京津冀交通一体化作为重点领域率先突破。在《京津冀协同发展规划纲要》的指导下，2015 年 12 月，国家发展和改革委员会联合交通运输部发布了《京津冀协同发展交通一体化规划》，提出要打造“轨道上的京津冀”，将轨道交通作为京津冀交通一体化发展的核心和重中之重。若能实现京津冀交通一体化，将使整个区域成为中国北方的核心交通枢纽，进一步沟通东北、华北两大地理单元。北京市、天津市作为直辖市，经济发展水平高、海陆空交通设施完善，但人口过于集中，“人多地少”的矛盾已经难以在本地域内化解，河北省环绕京津、土地平坦、人口众多又兼渤海之利，但部分地区经济发展滞后、交通基础设施薄弱，亟须加大城际铁路、航空港和深水港的建设力度。

（二）京津冀交通发展现状

京津冀交通一体化对疏解北京非首都功能、统筹三地协调发展、形成经济发展的新增长极，具有支撑作用。京津冀交通一体化包括交通规划一体化、建设一体化、运营一体化，其中运输包括水路运输、铁路运输、公路运输、航空运输和管道运输。

2021 年由北京市交通委员会、天津市交通运输委员会和河北省交通运输厅联合编制的《京津冀交通一体化发展白皮书（2014—2020 年）》正式对外发布，白皮书指出，7 年来，京津冀三省市牢牢把握交通的基础先导作用，着力推进交通基础设施建设和互联互通。目前，以干线铁路和城际铁路为主骨架的多层次轨道交通网络粗具规模，公路交通网络日益完善通畅，机场群港口群发展达到国际先进水平，“四纵、四横、一环”的京津冀网络化综合运输通道格局基本形成（见表 4-1）。

表 4-1 京津冀交通一体化布局

布局形式	具体内容
四纵	沿海通道（重要的港口集疏运） 京沪通道（京津同城化） 京九通道（京津冀沟通华中、华南） 京承—京广通道（京津冀沟通东北、华东）

续表

布局形式	具体内容
四横	秦承张通道（京津冀沟通西北） 京秦—京张通道（京津冀联系东北、西北） 津保通道（天津港疏港通道） 石沧通道（黄骅港疏港通道）
一环	首都地区环线通道（缓解北京过境压力）

资料来源：《京津冀将打造“四纵四横一环”交通主骨架“首都大外环”将绕出北京》，清瞳视角，https：//baijiahao. baidu. com/s？id=1687955100447698657&wfr=spider&for=pc，2021 年 1 月 4 日。

据《京津冀交通一体化发展白皮书（2014—2020 年）》，截至 2020 年底，京津冀区域营运性铁路总里程达 10480 公里，较 2014 年增长 33. 6%。同时，市郊铁路发展也实现重大突破，地铁建设力度继续加大，轨道交通网络进一步织补、加密、优化。截至 2020 年底，北京市已开通城市副中心线、通密线等 4 条市郊铁路共 400 公里，轨道交通线网里程达 727 公里，7 年来增加 200 公里，城市绿色交通出行比例连年上升。公路交通网方面，“单中心、放射状”的路网结构得到有效改善。京台、京昆、津石、大兴国际机场高速等一大批高速公路建成通车，截至 2020 年底，京津冀三省市高速公路总里程达 10307 公里，较 2014 年增长 29. 2%，有效形成了缓解北京过境交通压力的首都地区环线通道，同时也缩短了区域各城市间的互通时间。截至 2020 年底，三省市累计打通“待贯通路”“瓶颈路”32 条段共计 2005 公里，国高网首都放射线路段全部打通。航空枢纽方面，“双核两翼多节点”的京津冀机场群已经布局完成，北京大兴国际机场等 9 个京津冀规划机场全部投入使用，京冀共建共管的大兴国际机场临空经济区建设也全面启动。同时，机场陆侧交通保障体系不断完善，以机场为重要节点的高速路网更加优化，京津石四大机场均已开通城市轨道交通快线，枢纽机场与轨道交通联通的综合交通运输体系不断形成。港口群方面，津冀港口协同分工和合作不断深化，天津港以集装箱干线运输为重点，调整优化大宗散货运输结构，积极发展滚装和邮轮等运输功能，加快建设国际枢纽港。河北省港口巩固能源、原材料等大宗散货运输功能，拓展临港产业、现代物流等功能，错位发展、有效互动的格局基本形成。①

2022年2月，北京市发改委组织京津冀协同发展成效新闻发布会，介绍交通一体化实施8年来的成效。提出京津冀交通一体化8年以来，京津冀交通部门深入推进交通一体化发展，以轨道为骨干的多节点、网格状、全覆盖的交通基础设施网络不断形成，区域运输组织和服务质量有效提升，法制政策标准等方面不断深化协同，为京津冀协同发展提供了有力支撑。"一市两场"双航空枢纽发展格局正式形成，随着大兴国际机场正式通航，"五纵两横"综合交通立体网逐步完善，交通服务水平不断提升，为"双枢纽"发挥聚集辐射效应、打造国家发展新的动力源提供有力支撑。"轨道上的京津冀"打造区域交通新格局，京津城际延长线、京张高铁、京雄城际铁路、京哈高铁京承段等建成通车，城市副中心站枢纽、丰台和朝阳的火车站及配套交通枢纽加紧建设，加快打造京津冀区域一体化交通新格局，相邻城市间基本实现铁路1.5小时通达，京雄津保"1小时交通圈"已经形成。区域国家干线铁路建设持续完善，城际铁路建设也加快推进。区域公路网不断织补加密。京台、京昆、京礼、大兴国际机场高速等先后建成通车，市域内国家高速公路"断头路"全部消除，至今北京市高速公路总里程达1176公里，较2014年增长近20%。建成良常路南延、国道105等一批国省干线，实现厂通路、西太路等跨区域道路开工建设。积极推动首都地区环线高速全线绕出北京工作。综合运输服务示范成果持续推陈出新，开通了平谷到遵化、平谷到兴隆等6条省际班线的公交化运营试点，实现了38条公交线路跨市域运营，线路总里程2700余公里，日均客运量超过27万人次，服务范围辐射环京10多个县市。京津冀交通"一卡通"与全国288个城市实现了互联互通，推进向雄安新区延伸覆盖。轨道交通与天津、上海等5个城市实现"二维码"一码通行。北运河通州段实现全线游船通航，成为副中心建设具有标志性意义的成果。冬奥交通服务保

① 王胜东、李啸虎：《〈京津冀交通一体化发展白皮书（2014—2020年）〉正式对外发布》，https://baijiahao.baidu.com/s?id=1719997740257511187&wfr=spider&for=pc，2021年12月24日。

障落实到位。2021 年底，涉及冬奥的所有道路设施全部建成、6 处临时交通场站全部完工、交通设施无障碍升级改造全部完成、铲冰除雪保障全部就绪，最大限度满足冬奥组委“赛事不停、交通不断”的要求，确保道路安全。

总体来看，京津冀交通一体化发展至今，安全、便捷、高效、绿色、经济的综合交通体系基本建立，区域交通一体化的发展加快了区域各类生产要素流通和周转速度，对京津冀区域经济发展及产业结构优化效果明显。交通一体化支撑了区域交通降本增效。国际一流航空枢纽粗具规模、“轨道上的京津冀”基本形成、京津冀跨区域道路互联互通、国家高速公路网不断完善等交通基础设施的优化提升，有效降低了三省市物流成本，大大提高了社会资源的配置效率。交通一体化支撑了首都都市圈发展，跨区域进京通勤人数逐年提升，通勤圈覆盖区域逐步扩大，对重点城镇的通勤吸引力持续上升，首都经济文化的辐射作用不断增强。

然而，仅有四通八达的道路还不够，行业标准、执法行动也要统一“步伐”。三地积极研究拓展交通标准一体化，加强不同交通方式行业标准的衔接协同。加强执法联动，促进区域执法协同。完善京津冀治超法规政策定期会商机制，京津冀三省市共享严重违法失信超限超载运输行为和相关责任主体名单，并实施联合惩戒。深化京津冀交通应急合作，提高区域交通联动应急能力。到“十四五”末期，力争形成多节点、网络状、全覆盖的综合交通网络。公路结构基本完善，重点区域交通便捷可达，枢纽功能优化提升，运输服务一体便捷，协同发展机制健全，基本建成安全、便捷、高效、绿色、经济的区域综合交通运输体系。

（三）产业布局

京津冀及其周边地区以重工业为主的产业结构特征较为明显，且产业结构存在由以工业为主导逐渐向第三产业转移的趋势，京津冀地区中不同城市产业结构不同，北京、天津等经济发达城市产业结构以第三产业为主，而河北省则以第二产业为主。京津冀三地各有自身的优势产业，形成了错位发展格局，北京在高新技术产业方面优势明显，制造业在天津有着良好的发展势头，而河北虽然相对其他两地比较落后，但在基础工业、基础服务业方面也有发展空间。

京津冀地区生产总值产业构成方面，在 2013～2017 年的时间段内，京津冀地区第一产业所占比重均呈现缩小趋势；第二产业中，北京逐渐收缩，而天津第二产业占比呈现下降态势，河北第二产业占比在 50%左右徘徊，变化不大；京津第三产业占比都呈现上升的发展态势，但北京第三产业的上涨幅度不如天津，河北第三产业发展不占优势，且近几年占比变化不大，增长乏力。北京地区产业发展模式以服务经济为主，进入后工业化时代。这是由北京在中国政治、文化、科技等方面的特殊地位决定的，该地区农业比重很小，服务业和科技相对发达，2017 年产业结构为 0.4：19.0：80.6。天津主要支柱产业为汽车制造、电子信息、石油化工等，但随着近几年天津生产性服务业与制造业的互动发展，第二产业与第三产业之间的比重逐渐持平，2015 年第三产业首次超越第二产业，2017 年三大产业结构为 1.2：40.8：58.0。河北作为京津地区重型化工业的转移地，处于工业化鼎盛阶段，以钢铁化工为首的第二产业占主导，第三产业占比呈上升态势，但增长乏力（见图 4-1）。

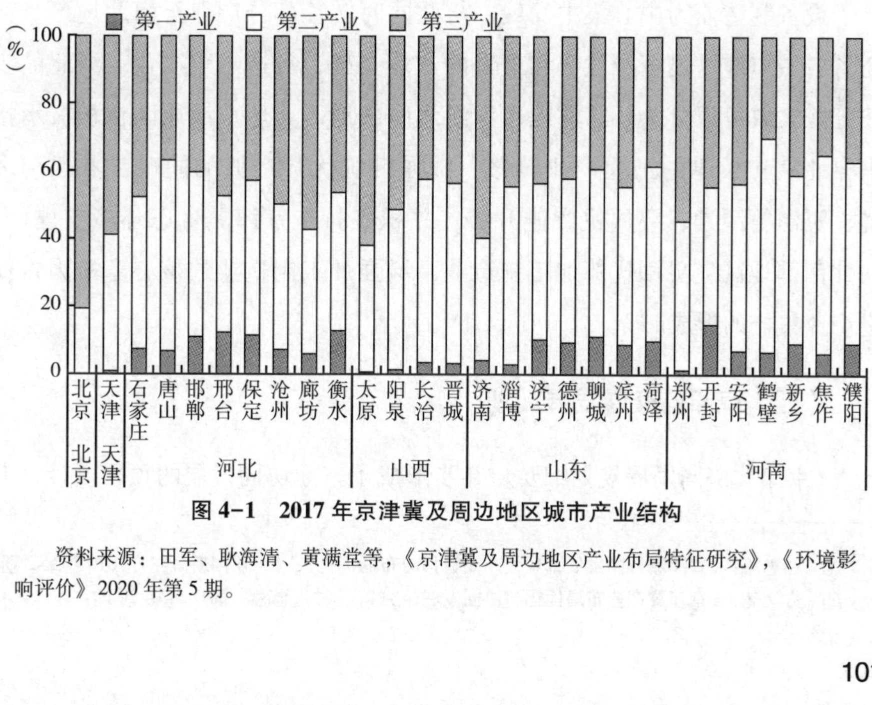

图 4-1　2017 年京津冀及周边地区城市产业结构

资料来源：田军、耿海清、黄满堂等，《京津冀及周边地区产业布局特征研究》，《环境影响评价》2020 年第 5 期。

京津冀三地虽然在产业结构上有相似性，但总体上三地产业发展各有侧重。其中北京在第三产业，尤其是高端生产性服务业领域具有绝对优势，在金融、互联网、文化等方面也居于全国首位。天津则以制造业为主，结合生产性服务业的发展，在高端电子、汽车等制造业方面处于绝对优势地位。河北传统产业比重较大，以钢铁、建材、化工等为主体。总之，京津冀协同发展背景下，北京向河北转移了部分落后、低附加值产业，形成产业分工合作和适度竞争并存格局，在一定程度上增强了区域间产业发展的协调性。①

北京高新技术产业发展迅猛，而工业占比不断降低，天津虽然仍以工业为主，但在石油化工、通信设备和电子设备制造业领域仍然有着较大的发展潜力。而在工业化水平相对较低的河北，钢铁冶金、采矿占据了工业的主要份额，以传统工业为主导。因此，北京市大部分传统工业已不具备比较优势，工业已不适合在北京长远发展。北京市要通过发展高端产业，实现自主创新能力和产业竞争力的提升，对以石油化工、金属冶炼为主的传统工业实行区域转移。天津要分析自身优势，以石油化工、通信设备和电子设备制造业为中心集中发展，与此同时转移部分产业至河北地区。河北省各城市应立足资源优势和现有的产业基础，打造特色产业。河北的工业分区大致可以分为环京津地区和河北南部地区。环京津地区在积极承接来自北京和天津的工业产业转移、做强传统优势产业的同时，考虑到环境、资源等因素，要加快产业升级，并积极打造京津冀生态环境支撑区。河北南部地区应巩固优势加工制造业，增强加工制造业的核心竞争力，促进产业集群的形成。②

（四）京津冀交通发展规划

《京津冀协同发展规划纲要》初步形成了三地协同发展的顶层设计，明

---

① 温忠涛：《京津冀协同发展背景下产业转移与布局优化》，《产业创新研究》2019 年第 2 期。

② 方文尧：《京津冀产业布局优化与协同发展研究》，《时代金融》2018 年第 20 期。

确三座城市的具体功能定位，并提出协同发展的详细目标内容，然而由于国际格局的深刻变化、新冠疫情的影响，三地协同发展遇到产业链、供应链、创新链风险，以及交通协同发展和一体化等方面的新问题。京津冀产业协同发展目前存在以下问题。

供需结构不合理，从公开数据来看，北京对天津、河北两地的主要投资领域以劳动力和自然资源为导向，资本过于集中于以工业、制造业为核心的产业中，不利于区域经济发展和产业结构升级。同时，区域内缺乏有效的配置机制，导致北京的技术成果未有效转化于津冀两地，而是更多流向津冀地区以外的其他省份。

京津冀三地创新能力之间存在显著差异，创新能力差距会加大三地产业梯度之间的落差，导致三地在产业研发、产业调整、结构优化等方面的发展程度参差不齐，进一步制约北京技术研发成果在津冀两地的落地转化。

经济发展与生态保护矛盾突出，在三地协同发展大背景下，将污染企业从北京有序疏解到河北、天津等亟待发展的地区，生态环境压力仅从北京转移到相关疏解的地区，问题并未根治，只有大量减少河北、天津地区资源消耗过大、排放规模过大的企业，才能彻底解决对生态环境的破坏问题，但压减上述本地企业规模，与保证城市财政的有效收入、经济的持续增长之间存在矛盾。①

城市交通是促进产业协同发展的基础，为城市经济社会发展提供基础条件，交通道路可相对改变土地的空间位置，使城市区域在空间上具有通达性，为产业及经济的联通以及社会的可持续发展奠定坚实的基础，城市若有完善的交通体系并与周边城市有较好的通达性，可直接带动区域产业联动、经济共同发展。大力推动三地交通一体化是实施京津冀协同发展战略的关键，是实现高质量发展的重要前提和有力支撑。自规划实施以来，三地在交通一体化方面取得显著效果，但在社会发展的实际需要方面仍存在一定差

① 刘跃：《京津冀产业协同发展及交通一体化发展研究》，《城市建设空间》2022 年第 3 期。

距，如城际通道能力不足、路网密度较低、三地枢纽协作不足。京津冀地区为加强三地产业链创新融合，充分发挥北京在京津冀城市群中的核心作用，打造绿色经济，逐步调整以钢铁为主的产业结构，应推动交通一体化发展，通过合理规划和改建，构建科学合理的京津冀交通体系，并加强京津冀交通统筹工作，推动京津冀交通一体化走上新台阶。

未来京津冀交通一体化，应在推进重大工程建设、加强基础设施硬联通的同时，注重促进政策、标准、治理等方面的软联通，从两方面着手加速区域协调发展。在基础设施硬联通方面，持续推进“轨道上的京津冀”建设，协调推进京唐城际铁路、城际铁路联络线一期建设，加快推进城市轨道平谷线建设。推进朝阳站、副中心站配套交通枢纽及地铁 3 号线建设，推进丰台火车站建成通车。进一步提升路网辐射能力，建成通清路、西太路，完成京雄高速北京段主体工程，加快建设承平高速等重点项目。试点试行国贸到北三县定制快巴，并逐步在环京地区推广。实现北运河京冀段游船互联互通。在制度规则软联通方面，与津冀、国铁协同，启动轨道交通“四网融合”在运输服务联程、技术标准兼容、要素资源共享、体制机制对接等方面的研究工作，推进市郊铁路和城市轨道运营服务相关技术方案及标准规范研究。谋划构建现代化首都通勤圈，研究利用京九线、京哈线、京广线等向环京地区提供通勤服务的可行性。持续与津冀开展跨省市运输违法违章联合治理，加强三省市交通执法和治理深度协作，推动与山西、山东、内蒙古、辽宁等周边省区在交通方面深化交流合作。

二　长三角城市群交通发展案例分析

（一）发展条件

长江三角洲地区简称长三角，包括上海市、江苏省、浙江省、安徽省，共 41 个城市，位于中国长江的下游地区，濒临黄海与东海，地处江海交汇之处，沿江沿海港口众多，是长江入海之前形成的冲积平原，长江三角洲地区人口2.27亿人，区域面积35.8万平方公里。截至2019年底，长三角地区沪苏浙皖三省一市地区生产总值总量达23.73万亿元，占到当年我国国内生产总值99.09万亿元的23.95%，接近1/4。长江三角洲地区是中国经济发展最活跃、开放程度最高、创新能力最强的区域之一，是"一带一路"与长江经济带的重要交会地带，在中国国家现代化建设大局和开放格局中具有举足轻重的战略地位，是中国参与国际竞争的重要平台、经济社会发展的重要引擎、长江经济带的引领者，是中国城镇化基础最好的地区之一，且经济腹地广阔，拥有现代化江海港口群和机场群，高速公路网比较健全，公铁交通干线密度全国领先，立体综合交通网络基本形成。

2019年12月，中共中央、国务院印发了《长江三角洲区域一体化发展规划纲要》，指出"长三角是我国经济发展最活跃、开放程度最高、创新能力最强的区域之一，在全国经济中具有举足轻重的地位"。长三角一体化发展具有极强的区域带动和示范作用，要紧扣"一体化"和"高质量"两个关键，带动整个长江经济带和华东地区发展，形成高质量发展的区域集群。党中央作出将长三角一体化发展上升为国家战略的决策，为长三角一体化发展带来了新的机遇，也提出了更高要求。长三角一体化发展现状有以下特征。

1. 长三角经济发展总体领先，高质量发展初现成效

从体量规模上看，2010年以来长三角区域经济总量、金融发展和对外贸易三项指标占全国的比重基本稳定，其中，GDP和金融机构信贷规模两项指标约占全国的1/4，货物进出口贸易总额占全国的1/3以上，展现出长三角地区强劲的综合实力、发展稳定性及其在我国经济社会发展中的重要地位。从区域内部看，上海龙头带动作用突出，江浙皖三省后劲十足。2010年以来，三省一市的GDP占全国比重总体保持稳定，上海和浙江的占比略有回落，江苏和安徽的占比小幅提高。从地均产出上看，2018年上海每平方公里产出GDP为5.12万元，而其他三省均不足1万元。从城市区域看，2018年长三角区域新注册企业数量165万家，其中上海33万家，占比

20%，居长三角榜首。观察41个长三角城市，在新注册企业数量前10名中，有4个城市属于浙江，4个城市属于江苏，安徽合肥位居第4。

2. 长三角区域内部经济联系更加活跃，产业分工趋于合理

上海、江苏、浙江、安徽之间的关联程度呈逐渐上升趋势，协同发展态势良好。截至2018年，长三角内部跨城市设立的总部—分支机构数超13.5万家，企业股东联合设立企业数超过4800家，跨城市企业间的股权投资频次接近1.6万次，分别为2010年的2.5倍、5.7倍和2.6倍。从三省一市跨省域联合设立企业数情况和企业股权投资频次情况看，一方面，上海、江苏、浙江、安徽之间的关联程度呈现逐渐上升的趋势，协同发展态势良好；另一方面，上海与江苏和浙江的经济联系程度远高于安徽，安徽与上海、江苏和浙江的经济联系强度均较低，上海对安徽的带动效应仍有较大提升空间。

3. 长三角区域进入创新共同体新阶段，协同创新科技得到长足发展

从创新主体看，2018年长三角地区企业法人中高新技术企业数为51282家，比上年增长18.6%，其中江苏最高，为21371家，其次为浙江、上海和安徽；长三角地区规模以上工业企业中有研发活动企业的占比为37.5%，比上年提高0.4个百分点，其中，江苏省占比最高，为42.5%，其次为浙江、上海和安徽。从创新投入看，2018年长三角地区R&D经费支出占GDP比重为2.95%，高出全国平均水平0.8个百分点，比上年提高0.12个百分点，其中，上海该比重一直处于最高位，2018年为4.16%，其次为江苏、浙江与安徽。长三角地区专业技术人员占就业人员比重为2.09%，与上年基本持平，其中，上海该比重最高，为3.50%，略高于浙江与江苏，安徽则处于较低水平，仅为0.53%。从创新产出看，2018年长三角规模以上企业新产品产值71019亿元，比上年增长3.3%，其中，江苏最高，为28425亿元，占长三角比重为40.0%。发明专利拥有量174.7万件，比上年增长28.8%，其中，江苏最高，为79.2万件，占长三角比重为45.3%。总体上看，长三角地区创新共建成效显著，上海市龙头带头，江苏、浙江两翼联动，辐射和带动安徽，创新发展充满活力与潜力。

4. 基础设施相对完善，互联互通水平领跑全国

长三角各省市高度重视交通互联和信息互通建设且取得成效。2018 年，长三角地区的公路通车里程已达 49.52 万公里，公路密度为 1.41 公里/公里^2，高出全国 0.90 公里/公里^2。其中，上海公路密度最高，达 2.07 公里/公里^2，江苏、安徽次之，分别为 1.50 公里/公里^2 和 1.49 公里/公里^2，浙江公路密度最低，为 1.15 公里/公里^2。从各省市公路密度增速看，安徽提升最快，2012~2018 年年均增长 3.9%，高出长三角整体年均增速（1.8%）2.1 个百分点，表明安徽在融入长三角交通互联过程中作出了积极贡献。①

（二）长三角交通发展现状

长三角城市群基于自下而上（省、市、县在发展过程中对长三角城市群建设有需求和期待，并持续探索区域协调发展的模式和路径）和自上而下（国家战略对长三角城市群建设有要求）的双重力量交互作用，有动力并更具可持续性，作为全国交通运输网络密度和服务水平领先的地区，长三角地区交通运输发展成就显著。目前，长三角的运输方式主要有四种：铁路运输、公路运输、水路运输、航空运输。

长三角地区拥有比较发达完善的铁路网络。铁路运输速度不断加快，其中客运列车体现了“中国速度”，时速可达 250~350 公里，平稳隔音，座位舒适；上海、苏州、无锡、常州、南京、杭州等大城市之间的城际列车基本实现 1~2 小时内快速直达，且发车频次高，给商务流、会展流、通勤流、旅游流、探亲流等各类人员提供了便捷。对货运来说，同公路运输相比，铁路运输能力强，受气象影响小，准点率高，可以节约货运成本，同时大大减少能源消耗和碳排放。

公路运输服务质量不断提升。道路客运的服务对象是出行的乘客，因此，“以人为本”是服务的宗旨。例如，在高德地图上输入上海市的公交

① 清华大学中国经济社会数据研究中心课题组：《长三角高质量一体化发展的现状与挑战》，《统计科学与实践》2020 年第 11 期。

线路，可以查询距离本站最近的一班车还有几分钟到达。同时，在上海、南京、芜湖等长三角城市，各主要公交站台都设有电子显示牌，提示乘客公交车到本站的距离。这些举措提高了出行效率，缩短了不必要的等待时间。

长三角地区机场、港口资源丰富，覆盖率高。在35.8万平方公里的土地上，已建成的机场达到20个。其中，根据2018年中国机场旅客吞吐量排名，长三角地区有7个机场跨入千万级行列。目前，新建机场和改扩建已有机场的工作正在如火如荼进行中。长三角地区水系发达，江河纵横、湖泊众多，也给水运创造了便利。上海港、宁波舟山港成为长江经济带的领头羊，依托长江黄金水道，带动湖州、苏州、南京、芜湖、马鞍山、安庆等周边港口，发挥江海联运优势。①

截至2018年底，区域干线公路、高速铁路网密度分别是全国平均水平的2.2倍和2.6倍，高铁客运规模和频次处于较高水平，铁路客运密度是全国平均水平的2.1倍，其中高铁客运量占75%。截至2020年底，长三角地区铁路营业里程超1.3万公里，占全国近9.0%，其中高速铁路通车里程超6000公里，占全国的16%，铁路网密度、高铁网密度分别是全国平均水平的2.4倍、4.3倍。区域干线公路网便捷高效，高速公路覆盖97%以上的县级行政区，路网密度是全国平均水平的2.8倍。长三角地区拥有全国最发达的内河航道网，截至2018年底，等级航道里程约占全国的30%。以上海港为核心、江浙沿江沿海港口为两翼的“一体两翼”世界级港口群基本形成，地区规模以上港口货物吞吐量和外贸集装箱吞吐量分别占全国的39.1%和44.9%。上海国际航空枢纽地位持续巩固，杭州、南京、合肥等区域航空枢纽功能显著增强，协同联动的长三角机场群加快优化，地区运输机场完成旅客吞吐量和货邮吞吐量分别占全国的19.6%和34%。长三角城市群交通基础设施与其他城市群对比如表4-2所示。

---

① 尹健：《长三角交通运输一体化发展探究》，《中国市场》2022年第15期。

表 4-2 长三角城市群交通基础设施与其他城市群对比（2018 年）

区域	铁路营业里程（公里）	铁路网密度（公里/万公里^2）	高速铁路里程（公里）	高速铁路网密度（公里/万公里^2）	公路里程（公里）	公路网密度（公里/万公里^2）	高速公路里程（公里）
长三角	10665	297.9	4392	122.3	501323	14003.4	14804
京津冀	9779	450.6	1687	76.4	231765	10680.4	9657
川渝	7276	128.1	1100	19.3	489075	8610.5	10227
全国	131651	137.1	29904	31.15	4846532	5048.5	142593

区域	高速公路网密度（公里/万公里^2）	内河航道里程（公里）	内河航道网密度（公里/万公里^2）	民航机场数（座）	民航机场密度（座/万公里^2）	轨道交通运营线路长度（公里）	轨道交通网密度（公里/万公里^2）
长三角	413.5	41873	1169.6	23	6.4	1920	53.5
京津冀	445	88	4.1	9	4.1	892.1	41.1
川渝	180.1	15170	267.1	14	2.5	553.4	9.7
全国	148.5	127126	132.4	235	2.4	5295.1	5.5

资料来源：耿彦斌、程天成、陈璟等，《基于更高质量一体化要求的长三角交通发展路径》，《科技导报》2021 年第 24 期。

根据《2020 年长三角交通一体化发展年度报告》，2019 年，公路建设方面，围绕“全面提升省际公路运输能力”，长三角三省一市共推进 30 个省际公路项目；其中，涉及省际断头路 17 条、国省道 21 条，公路总里程 51.3 万公里，公路网密度 143.3 公里/百公里^2，人均公路里程 22.6 公里/万人，长三角整体上形成了“五纵五横”的高速公路网络，高速公路总里程 15230 公里，高速公路网密度 4.3 公里/百公里^2，人均高速公路里程 0.67 公里/万人。

铁路建设方面，围绕“加快轨道交通网建设”，长三角三省一市共推进 16 个轨道交通项目，启动协同研究编制长三角区域城际铁路网规划；2019 年运营铁路总里程为 11526.9 公里，密度为 3.21 公里/百公里^2，其中，高铁里程 4974.1 公里，密度为 1.39 公里/百公里^2；长三角地级市铁路站点覆盖率达到 97.6%，高铁站点覆盖率达到 90.2%。

水路建设方面，围绕“持续推进区域港航协同发展”，2019 年，长三角三省一市共推进 22 个港航项目，加快长三角港口群联动协作；长三角沿海港口泊位总数 1833 个，码头货物年通过能力 36.31 亿吨；长三角内河港口泊位数 9732 个，码头货物年通过能力 17.13 亿吨；长三角内河航道通航里程 41773 万公里，其中Ⅲ级及以上航道占长三角总里程的 9.1%。长三角地区水路运输网络以“长江干线+京杭运河”为主通道，以“两纵六横”高等级航道网为目标。

航空建设方面，围绕“协力打造长三角世界级机场群”，2019 年，长三角三省一市共推进 5 个航空项目，加快研究制定长三角航空协同发展战略规划；长三角区域机场总数 23 座，密度达到 0.64 座/万公里^2，跑道数量 29 条，基本形成了“2+3+18”的机场布局体系；长三角国际枢纽机场、区域枢纽机场等基本配有城市轨道交通、高铁客运站、汽车客运中心等，其中虹桥国际机场集疏运配套最完善。

（三）长三角交通发展规划

2019 年 12 月，中共中央、国务院印发《长三角区域一体化发展规划纲要》，提出“协同建设一体化综合交通体系”，长三角区域应向“全球开放、高效便捷、绿色生态、安全韧性”方面发力。面向国际，要构建面向全球的世界级空港枢纽群、海港枢纽群和通达世界各大洲的洲际高铁网，建立发达高效的集疏运网络以及优质高效的服务体系。面向国内，要构建以大沿海、大沿江、沪银、沪陕、沪昆、沪广等国家综合运输通道为主轴，以空港、海港、江港、高铁港为枢纽，枢轴结合的广域对外及过境综合运输体系。面向区域，要构建以高速铁路、普铁干线、城际铁路、高速公路为骨干，多层次、多模式、多式联运、协同融合的区域综合运输体系，形成轨道上的长三角、轨道上的都市圈和都市区。面向城市和城乡，要以快速公共交通、快速道路为骨架，以公共交通+步行+自行车交通为主导，各种交通方式协调发展，绿色化、智慧化、便利化高品质城市和城乡交通运输体系与服务。

《长三角区域一体化发展规划纲要》明确提出“建设轨道上的长三角”这个命题与任务，总体目标是形成包括超高速铁路、高速铁路、城际铁路等在内的多层次、多元化、广覆盖、高密度的轨道交通网络，发挥轨道交通在长三角区域综合立体交通体系中的主导作用。形成主要城市群之间高铁、超高铁一日交流圈。要构建长三角与京津冀、粤港澳大湾区等世界级城市群，与图们江、辽中、环渤海等次级城市群高铁一日交流圈。在短期实现 1000 公里以内城市间 5 小时通达，在长期实现 1000 公里以内城市间 2~3 小时通达。形成长三角城市群直联直通城际快速铁路半日交流圈。上海、南京、杭州、合肥等都市圈核心城市之间实现 0.5~1 小时高铁直达，促进各大都市圈协同发展；构建各大都市圈中心与都市圈次中心、组团中心的快速城际轨道联系网络，实现中心城市与其他县市 1 小时高铁通达、与 85%长三角县市 2 小时高铁可达，形成长三角城市群轨道交通半日交流圈。形成四网融合的都市圈轨道交通 1 小时通勤圈。构建以上海、杭州、宁波、合肥、苏州、无锡等中心城市为核心的多层级轨道交通体系，推进高速铁路、城际铁路、市域（郊）铁路、城市轨道等融合发展，实现都市圈 1 小时点对点便捷通勤，支撑都市圈内紧密联系。

国家发展改革委和交通运输部于 2020 年 4 月印发《长江三角洲地区交通运输更高质量一体化发展规划》，提出到 2025 年，加快构建长三角地区现代化综合交通运输体系。目标包括：一体化交通基础设施网络总体形成，基本建成“轨道上的长三角”，铁路密度达到 507 公里/万公里^2，高速公路密度达到 500 公里/万公里^2，世界级机场群和港口群全球竞争能力显著增强；一体化运输服务能力大幅提升，中心城市之间享受 1~1.5 小时客运服务，上海大都市圈以及南京、杭州、合肥、苏锡常、宁波都市圈内享受 1 小时公交化通勤客运服务，铁路和水路货运量年均增长率不低于 5%；一体化发展机制更加完善，三省一市协同共建机制更加健全，城际轨道交通一体化运营管理机制取得突破，民航、港口一体化协同发展取得更大进展，形成交通一体化体制机制改革创新的长三角样板；智能绿色安全发展水平大幅提高，大城市中心城区绿色出行分担率超过 65%，信息服务基本实现共享共用，交通环境污染和排放联防联治取得积极成效。

根据国家发改委于2021年6月印发的《长江三角洲地区多层次轨道交通规划》，到2025年基本建成轨道上的长三角，轨道交通总里程达到2.2万公里以上，新增里程超过8000公里，高速铁路通达地级以上城市，铁路联通全部城区常住人口20万以上的城市，轨道交通运输服务覆盖80%城区常住人口5万以上的城镇。到2035年，建成高质量现代化轨道上的长三角，实现干线铁路、城际铁路、市域（郊）铁路、城市轨道交通设施布局一张网、枢纽衔接零换乘、运营服务品质优，长三角成为轨道交通网络化、一体化、智能化、绿色化发展的样板区，轨道交通全面引领推动区域一体化发展。长三角地区轨道交通网络完善，具备发展多层次轨道交通的基础。

长三角城市群空间尺度大，地域面积是京津冀城市群的1.5倍、粤港澳大湾区的6.4倍，同样远超国外主要的世界级城市群，然而高速公路网、铁路网密度小于京津冀城市群和粤港澳大湾区，迫切需要通过交通一体化建设提供设施保障。谷古、宋密在其研究中对长三角交通一体化发展提出四点建议。

第一，机制创新——推动区域交通一体化体制机制创新：建立交通协同治理机制。构建由国家部门牵头组织、长三角省市政府及有关部门共同参与统筹综合交通相关工作的联席会议制度；统筹配置用地、用海要素资源。申请国家用地、用海指标支持，加强对长三角区域重大交通基础设施建设，尤其是轨道及港航项目建设的用地指标、占补平衡等政策倾斜；支持一体化发展示范区政策创新试点，创新投融资体制。积极争取国家财政资金支持，加大各级政府财政资金投入，明晰各级政府在交通发展中的事权和支出责任。促进轨道交通与土地综合开发相结合，鼓励和吸引社会资本参与交通基础设施建设和运营。

第二，网络复合——促进区域通道的层级化、复合化、网络化发展。应建立层级化、复合化、网络化的区域交通通道，包括国家级高速通道、区域城际通道和都市圈放射通道。应发挥“空、海双港”集成效应，全力提升主要城市在国际航运体系中的竞争力，适应城市群经济联系强度和方向，配建综合交通廊道，由关注核心、中心城市之间轴线联系走廊的构建，逐步向网络化、更均衡的交通结构转变。可以适度超前建设城际综合交通体系，强化中心城市带动引导其他城市发展的作用，通过交通引导，形成更合理的城市群结构，促进区域协作。

第三，因地制宜——形成与城市群发展相适配的交通规模。以轨道交通为主导，以多元化城际交通服务体系为主题，遵循以优化服务为导向的规划建设原则。

第四，高效衔接——提升综合交通枢纽衔接效率。加强航空、铁路等不同类型交通枢纽之间的快速衔接，发挥各种运输方式的比较优势，将城市群的综合交通枢纽与中心城市的功能布局相互结合、与 TOD 模式（以公共交通为导向的开发模式）相结合，实现城际客流快速“就地消化”。[①]

三　武汉城市群交通发展案例分析

（一）发展条件

武汉是湖北省省会、中部六省唯一的副省级市、特大城市、中国中部地区的中心城市，也是全国重要的工业基地、科教基地和综合交通枢纽。武汉地处江汉平原东部、长江中游，长江及其最大支流汉江在城中交汇，形成武汉三镇（武昌、汉口、汉阳）隔江鼎立的格局，市内江河纵横、湖港交织，水域面积占全市总面积的 1/4。作为中国经济地理中心，武汉有“九省通衢”之称，是中国内陆最大的水陆空交通枢纽和长江中游航运中心，其高铁网辐射大半个中国，是华中地区唯一可直航全球五大洲的城市。武汉位于我国经济地理的中心地带，以其为中心的 400 公里范围内可辐射 45 个中等及以上城市。它距离北京、上海、广州、成都、西安等中国大型城市都在 1000 公里左右，是中国经济地理的心脏，具有承东启西、沟通南北、维系

① 谷古、宋密：《长三角交通一体化建设的思考》，《安徽建筑》2021 年第 3 期。

四方的作用。独特的区位优势造就了得天独厚的交通优势。武汉城市圈是长江经济带、中部崛起、全国主体功能区规划等重大国家战略和重要规划的重点发展区域，也是湖北全省高质量发展的主引擎。从国家层面到湖北省内，均将武汉城市圈发展摆在重要位置。

截至 2021 年 10 月 19 日，武汉市常住人口达 1244.77 万人。2020 年湖北省武汉市地区生产总值（GDP）为 15616.06 亿元。根据第七次全国人口普查结果，2020 年武汉市常住人口达到 1232.65 万人，比 2010 年增加 254.11 万人，增长 25.97%。这 10 年，武汉市人口突破千万，平均每年增长 2.34%。全市共有家庭户 408.25 万户，平均每个家庭户 2.47 人，比 2000 年的 3.17 人、2010 年的 2.78 人分别减少 0.70 人、0.31 人，家庭户规模持续减少。全市集体户人口为 223.7 万人。从人口流动看，全市流入人口总量由 2010 年的 264.84 万人增加到 2020 年的 394.54 万人，增长 48.97%，其中，省内流入武汉市 269.45 万人，占比 68.29%；省外流入 125.09 万人，占比 31.71%。

2021 年，全市实现地区生产总值（GDP）17716.76 亿元，按可比价格计算，比上年增长 12.2%。其中，第一产业增加值 444.21 亿元，增长 8.7%；第二产业增加值 6208.34 亿元，增长 12.1%；第三产业增加值 11064.21 亿元，增长 12.3%。三次产业结构由 2020 年的 2.6∶35.6∶61.8 调整为 2021 年的 2.5∶35.0∶62.5。按常住人口计算，全市人均地区生产总值 135251 元，比上年增长 1.7%。①

（二）武汉交通发展需求

2009 年，国家发改委正式批准武汉市为全国首个综合交通枢纽研究试点城市。2018 年 12 月，国家发展改革委、交通运输部印发《国家物流枢纽布局和建设规划》，将武汉列为陆港型、港口型、生产服务型、商贸服务型

① 武汉市统计局、国家统计局武汉调查队：《2021 年武汉市国民经济和社会发展统计公报》，http://tjj.wuhan.gov.cn/tjfw/tjgb/202204/t20220402_1949877.shtml，2022 年 4 月 2 日。

和空港型等 5 个国家物流枢纽承载城市。2019 年，武汉市完成货运量 67555. 22 万吨，增长 8. 7%；货物周转量 3897. 18 亿吨/公里，增长 7. 2%。全年旅客运输量 25370. 77 万人，同比下降 11. 4%。旅客运输周转量 1238. 82 亿人/公里，增长 0. 5%。2020 年武汉市受疫情影响，城市交通需求量呈现下降趋势，全年完成对外交通客运总量 1. 07 亿人次，旅客运输周转量 582. 93 亿人/公里，同比减少 52. 9%，对外交通货运总量达到 6. 36 亿吨，其中水运货运量 23908. 72 万吨，同比增长 36%，铁路货运量 7999. 7 万吨，同比减少 2. 3%，公路货运量 31724. 91 万吨，同比减少 24. 1%。武汉市打造港口型国家物流枢纽城市步伐稳健前行。①

根据《2020 年武汉市综合交通运输年度发展报告》，2020 年，公路运输方面，全市公路通车总里程 16505 公里，比上年增长 0. 8%，公路网密度 214. 8 公里/百公里^2，全国排名第 4 位。其中，高速公路里程 873 公里，密度 11. 36 公里/百公里^2。公路客运量 802. 85 万人，比上年下降 83. 6%；客运周转量 9. 74 亿人次/公里，比上年下降 77. 6%。公路货运量 3. 17 亿吨，比上年下降 24. 1%；货运周转量 471. 06 亿吨/公里，比上年下降 45. 0%。

水路运输方面，全市航道通航总里程 668. 3 公里，其中高等级航道 220. 5 公里，岸线长度 348. 8 公里，设立 15 个港区 196 个码头。武汉市河港内货物吞吐量 1. 05 亿吨，排名第 14 位，外贸货物吞吐量 0. 10 亿吨，排名第 9 位，集装箱吞吐量 196. 3 万标准箱，排名第 4 位，较上年增长 13. 4%，稳居长江中上游港口首位。水铁联运贯通欧亚，中欧班列（武汉）辐射欧亚大陆 34 个国家、76 个城市，实现中部地区与欧亚国家陆上运输的互联互通。

民航运输方面，天河机场航站楼总面积 0. 66 平方公里，全国排名第 7 位。定期航线 147 条，比上年下降 26. 5%，其中国际及地区航线 21 条，比

① 武汉市交通发展战略研究院：《2021 武汉市交通发展年度报告》，http：//www. whtpi. com/results/35/3562. aspx，2021 年 8 月 5 日。

上年下降66.7%；国内外航点总数98个，比上年下降35.5%，其中航点17个，比上年下降70.7%。旅客吞吐量1280.21万人次（比上年下降52.8%），全国排名第23位；货邮吞吐量18.94万吨（比上年下降22.1%），全国排名第16位。

铁路运输方面，全市境内铁路营业里程860.7公里，其中高快铁路营业里程447.3公里，占总里程的52%。中国铁路武汉局集团公司旅客发送量9052万人（全国排名第9位），比上年下降51.9%，客运周转量480.12亿人次/公里（全国排名第7位），比上年下降50%。铁路货物发送量8000万吨（全国排名第15位），比上年下降2.3%；货运周转量1270.8亿吨/公里（全国排名第11位），比上年增长1.4%。中欧班列（武汉）到发量230列（全国排名第14位），比上年减少43.6%。

城市货运方面，城市轨道交通线路12条，运营里程409.3公里，比上年增长5.5%；常规公交线路610条，运营里程10207公里，比上年新增120公里；巡游出租汽车保有量18078辆，比上年增加1.65%；在汉运营网约车平台39家，许可注册车辆3.1万台，全国排名第9位；轨道交通客运量6.21亿人次，全国排名第9位；公共汽电车客运量5.86亿人次，全国排名第13位；巡游出租汽车客运量2.09亿人次，全国排名第11位。

现代物流方面，“一港六园八中心”完成园区可开发面积达41.4平方公里，占规划可开发面积的87.5%。A级物流企业201家，排名全国第2位，其中5A级企业14家。社会物流总额36828.51亿元，比上年下降8.5%；物流总费用2063.09亿元，比上年下降6.9%，物流总费用占GDP的比重为13.21%；物流业增加值1409.83亿元，比上年下降9.0%；物流业景气指数为50.3%，为近三年最低值。武汉城市物流竞争力在全国排名第6位。

（三）武汉交通发展现状

“十三五”期间，武汉锚定中部地区国际交通门户目标定位，笃定实干、奋楫争先，荣获“现代物流创新发展试点城市”“中国快递示范城市”

“智慧交通应用示范城市”等国家级荣誉，交通强国建设试点城市、综合交通枢纽示范城市、铁水联运示范工程、港口型国家物流枢纽等一批国家级示范项目落户武汉，更争取到“国家综合立体交通网主骨架”交会中心、国际性综合交通枢纽城市的发展先机，基本建成中部走向世界、世界走进中部的国际交通门户，取得历史性发展成就。

“十三五”期间，武汉市交通基础设施建设累计完成固定资产投资超4000亿元（含轨道交通），是“十二五”时期的2倍；其中，2020年交通基础建设投资同比增长10.0%。5年新增高速公路里程180公里，四环线主线贯通，城市圈大通道建设开工，“六环二十四射”高快速路网加速形成；天河机场T3航站楼、机场交通中心、第二跑道建成投用，实现7种运输方式无缝衔接，成为华中航空枢纽新标杆；武十高铁、武孝和武仙城际铁路建成投运，5条城际铁路在汉交会，武汉东站基本建成，汉口北客运枢纽投用；长江沿岸铁路公司总部落户武汉，沪渝蓉高铁武汉段、武汉枢纽直通线即将开工，长江中游航运中心、汉江整治三期加快建设，通航条件显著改善。武汉交通基础设施建设在“十三五”期间向前迈进了一大步。

公路方面：截至2020年末，武汉市四环线高速公路项目成功“画圆”，武大高速项目取得突破性进展，轨道交通8号线二期等一批重点工程竣工。新港高速双柳长江大桥及接线项目开工，标志着武汉城市圈大通道启动建设，打造武汉大都市区“1小时通勤圈”工程正式实施。公路路网建设成果丰硕：实施综合交通“三年攻坚”计划，公路路网建设成果丰硕。新增高速公路里程约180公里，武深高速武汉段、硚孝高速一期投入运营，四环线“四段两桥”建成，全面实现“画圆”。普通国省干线公路建设年度完成投资稳步提升，普通国省干线提档升级持续推进。建成蔡甸区G318永安东岳庙至成功段、G348东西湖区新沟桥至汉丹段、G347东西湖区金银湖至径河段、新洲区G230仓埠街上店至阳逻淘金山段、S334黄陂区静山至红安段改扩建工程等，开工建设G347新洲段（内园滩至红岭）改建工程、108省道武汉段府河大桥新建工程、S115天河至祁家湾段等项目，启动东西湖G107快速化改造提升工程、江夏区G107（南段）改扩建等项目前期工作。完成全市县乡道路网调整工作，农村公路联网成片工程稳步推进。“十三五”期末农村公路新改建完成 2894 公里，农村公路里程达 14225 公里，有力服务人民群众交通出行和社会经济发展。推进“四好农村路”和美丽农村路建设，有力促进交通与旅游产业融合发展，江夏区、黄陂区分别荣获省级“四好农村路”示范县，黄陂区姚家集街、黄陂区祁家湾街、新洲区辛冲街、蔡甸区大集街分别荣获省级“四好农村路”示范乡镇。黄陂区正在推进“四好农村路”全国示范县创建工作。①

铁路方面：2020 年 12 月 26 日，武汉至仙桃城际铁路通车，至此，武汉至咸宁、黄石、黄冈和孝感 5 条城际铁路在汉交会，以武汉为中心，覆盖省内 300 公里范围和至郑州、长沙、南昌、合肥等中部省会城市 2~3 小时的快速客运交通圈形成。

航空方面：天河机场 T3 航站楼、机场交通中心、第二跑道建成投用；8 个月建成全国通航机场跑道最长、世界单体通航机库最大的汉南通用机场；2019 年，天河机场高峰小时容量首次扩容，机场智慧化建设列入民航局四型机场示范项目；2020 年，机场航空物流中心、C4 国际库等建设全力推进，助力武汉打造未来中部地区航空“客货双枢纽”。

水运方面：阳逻港江海直达航线成为长江中上游运量最大的外贸集装箱航线；至 2020 年末，武汉港集装箱吞吐量实现 193.25 万标准箱，居长江中上游港口第一位，同比增长 14.4%，创历史新高。武汉获批港口型国家物流枢纽城市，将以港口为纽带，打造集铁、水、公、空等国家级运输通道、枢纽于一体的综合运输超级城市，承载着建设强大国内市场、引领中部崛起的重要使命。

“十三五”时期，是武汉国际大通道通达辐射能力稳步提升、由内畅逐步走向外联的 5 年。“十三五”期末，武汉市民用航空航线 124 条，其中，国际及地区航线 16 条、国内航线 108 条，通航点由“十二五”时期的 35 个

① 武汉市交通运输局：《武汉市公路发展“十四五”规划》，http://jtj.wuhan.gov.cn/zwgk/zcfg/qtzdgkwj/202204/t20220424_1960976.shtml，2022 年 4 月 19 日。

增加至 58 个，覆盖亚欧美澳非五大洲，年旅客和货邮吞吐量最高达 2715 万人次、24.3 万吨，较“十二五”时期分别增长 43.3%和 57.6%。2020 年，武汉机场新开通国际全货机航线 6 条、国际“客改货”航点 36 个，完成跨境电商进出口货物清单 936 万票，增长近 5 倍。巩固内陆西南方向“上海—武汉—川渝”、西北方向“上海—武汉—陕西—新疆”两条铁水联运通道，主动融入“一带一路”、长江经济带建设，拓展国际对外大通道。2019 年 10 月，装载着越南冻巴鱼的冷链班列经越南—凭祥—南宁到达武汉，标志着中越国际冷链货运线路开通；12 月，满载着武汉及湖北地区机械设备的货运班列，从吴家山站首开匈牙利布达佩斯，加上新开通不久的武汉至西班牙、比利时、捷克等班列，陆路口岸“五龙出关”之势形成。2020 年 5 月，武汉港直达日本善本国际集装箱班轮航线开通，2 艘 560 箱级集装箱示范船建成并投入运营，集装箱吞吐量达 196.4 万标准箱，创历史新高。12 月，日本—武汉—欧洲集装箱水铁联运国际中转新通道开辟，日本—欧洲的货运周期由 45 天缩短至 22 天。2020 年，中欧（武汉）国际班列到达的国家 12 个，比上年增加 1 个，到达城市 21 个，比上年增加 2 个，进出口逆势增长 10.8%。“十三五”时期，中欧（武汉）班列发运 1672 列，辐射欧亚大陆 34 个国家、76 个城市，形成“一主多辅、多点直达”的跨境物流服务网络，实现中部地区与亚欧国家陆上运输的互联互通。“江海直达”“泸汉台”“东盟四国快班”“日韩快班”等航线稳步发展，港口吞吐能力超 1.1 亿吨，中部最佳出海口地位稳固。武汉用内畅外联大通道支撑国际交往从内陆中心走向“新沿海”。

“十三五”时期，是国家商贸物流中心加速建设、物流降本增效、竞争力不断提高的 5 年，武汉市加速商贸物流中心建设。2019 年，阳逻港铁水联运一期运营规模不断扩大，全年完成 3.23 万标准箱，同比增长 7.6%，并通过交通部、国家发改委第一批示范工程验收。深化自贸区武汉片区改革，完善服务自贸区物流基础设施；武昌车站大花岭铁路物流基地投产使用；天河机场光谷城市货站一期工程建成试运营；光谷国际邮件互换分拣中心前期工作加快推进。“十三五”时期，武汉市全年货运量由 2015 年的 4.82 亿吨增长到2019年的6.75亿吨，年均增长8.8%。其中，航空货运量增长速度最快，年均增长12.1%；铁路、水路、航空、管道货运量保持稳健增长；货物吞吐量由2015年的8470.47万吨增长到2019年的9183.32万吨，年均增长2.0%。2020年，全市完成货运量6.36亿吨，比上年下降5.8%，水路货运量2.39亿吨，逆势增长36.0%。2020年，武汉市社会物流总额突破4.10万亿元，较“十二五”期末增长46.4%；全市A级物流企业达到201家，仅次于上海，位居全国第2；出台推动市级物流降本增效三年行动计划，全市社会物流总费用占GDP比重降至13.2%，居全国前列；全市物流园区面积41.4平方公里，“一港六园八中心”的商贸物流格局基本形成；东西湖综合物流园品牌连续四年被评为“全国优秀物流园”，阳逻港铁水联运示范工程形成“武汉经验”；权威机构发布的《中国城市物流竞争力报告（2020）》显示，武汉居全国城市物流竞争力第6位，位居全国区域物流“钻石结构”“五极”的中心。①

（四）武汉交通发展规划

2022年，武汉市人民政府发布《武汉市综合交通运输发展“十四五”规划》（以下简称《规划》），“十四五”期间，全市谋划推动综合交通运输项目372个，包括铁路、公路、水运、航空、客运枢纽、物流、邮政快递、城市公共交通、信息化等九大类。提出两个阶段的目标任务，其中，到2025年近期目标任务为“两通道、五枢纽、五体系”，促进两条综合运输大通道（中部陆海大通道、航空运输大通道）内畅外联，推进五大综合交通枢纽（铁路客货运双枢纽、全国公路路网重要枢纽、港口型国家物流枢纽、国际航空客货运门户双枢纽、全球性国际邮政快递枢纽）一体融合，推动五大市域交通运输体系（公众出行、城市配送、绿色交通、数字交通、交通治理）便利高效。到2035年远景目标任务为“一城、两圈”，即基本建

① 武汉市统计局：《“十三五”武汉交通运输和邮政业实现大发展》，http：//jyh.wuhan.gov.cn/pub/whtjj/tjfw/tjfx/202107/t20210719_1743435.shtml，2021年7月19日。

成连贯长江经济带、连接“一带一路”、联通世界的国际性综合交通枢纽城市，融入“全国123出行交通圈”和“全球123快货物流圈”，有力支撑国家中心城市和现代化武汉建设。

武汉是京津冀至粤港澳、长三角至成渝两条主轴的交会点，因此《规划》站在全国的角度看武汉，谋划了“超米字型”高铁网，南北方向形成京广、京九双通道，东西方向形成沪蓉、沪渝双通道，对角方向形成福银、胶桂通道，有效连接全国重点城市群；延长武咸城际至南昌，规划研究武汉至安庆高铁，加密长江经济带内部交通联系。站在区域看武汉，更加注重一体化发展。水路方面，持续推进长江中游航运中心建设，深化港口资源整合，促进港口布局优化和功能协同发展，拓展武汉港口集装箱“水上穿巴”至城市群，打造以阳逻港为核心的中部地区枢纽港。公路方面，强化城市群高速公路直联直通，建设武汉城市群大通道和武汉至周边城市射线，建设武汉至大悟、阳新、天门、松滋等高速项目，形成以武汉为中心、辐射城市群的“七环三十射”高快速路网络，支撑引领武汉城市群同城化发展。站在武汉看武汉，更加注重生态化发展。在“人享其行”方面，完善多样化的出行服务，加快多层次轨道交通建设，打造“轨道上的武汉”，实现城市轨道交通、常规公交、慢行交通等融合发展，进一步提升出行品质和绿色出行比例。在“物优其流”方面，持续推进大宗货物及中长距离货物运输向铁路和水运有序转移，持续健全城乡配送体系、完善应急物流体系，增强系统安全性和城市韧性。①

四　成渝城市群交通发展案例分析

（一）发展条件

成渝城市群以重庆、成都为中心，是西部大开发的重要平台，是长江经

① 《武汉交通到2025年要形成“两通道、五枢纽、五体系”》，https：//baijiahao. baidu. com/s？id＝1728146733207073558&wfr＝spider&for＝pc，2022年3月24日。

济带的战略支撑，也是国家推进新型城镇化的重要示范区。地理范围方面，成渝城市群包括重庆市的渝中、万州、黔江、涪陵、大渡口、江北、沙坪坝、九龙坡、南岸、北碚、綦江、大足、渝北、巴南、长寿、江津、合川、永川、南川、潼南、铜梁、荣昌、璧山、梁平、丰都、垫江、忠县等 27 个区（县）以及开州、云阳的部分地区；四川省的成都、自贡、泸州、德阳、绵阳（除北川县、平武县）、遂宁、内江、乐山、南充、眉山、宜宾、广安、达州（除万源市）、雅安（除天全县、宝兴县）、资阳等 15 个市，总面积 18.5 万平方公里。

空间布局方面，成渝地区具有优良的自然资源禀赋、较好的产业基础，在城镇化、人力储备、金融发展水平等方面在西部地区具有领先地位，对于引领西部地区加快发展、提升内陆开放水平具有重要的战略意义。2011 年 5 月 30 日，《成渝经济区区域规划》经国务院批复后正式印发，这是首份关于“成渝经济区”的国家级规划文件；2016 年 4 月 27 日，《成渝城市群发展规划》进一步强调城镇化建设要求；2020 年 1 月 3 日，中央财经委员会第六次会议召开，首次提出“推动成渝地区双城经济圈建设”，使成渝地区成为具有全国影响力的重要经济中心、科技创新中心、改革开放新高地、高品质生活宜居地。经济区—城市群—双城经济圈，突出双城引领，强化双圈互动。从 2011 年提出的“成渝经济区”到 2016 年的“成渝城市群”，再到 2020 年提出的“成渝地区双城经济圈”，政府给予成渝地区越来越大的时代使命和责任担当，同时对重庆、成都两大中心城市的发展能级、国际竞争力和区域带动力提出更高的要求，重庆都市圈、成都都市圈的建设成为构建成渝地区双城经济圈发展新格局的重要举措和抓手。

成渝城市群区位优越，培育发展成渝城市群，发挥其沟通西南西北、连接国内国外的独特优势，推动“一带一路”和长江经济带契合互动，有利于加快中西部地区发展、拓展全国经济增长新空间，有利于保障国土安全、优化国土布局。

经济发展水平较高。成渝城市群是西部经济基础最好、经济实力最强的区域之一，电子信息、装备制造和金融等产业实力较为雄厚，具有较强的国际国内影响力。人力资源丰富，创新创业环境较好，统筹城乡综合配套等改革经验丰富，开放型经济体系正在形成，未来发展空间和潜力巨大。近年随着城镇化推进和积极承接东部产业西移，成渝核心城市在经济总量、人口、消费、对外贸易等方面均有亮眼的表现。2021 年，成渝地区双城经济圈经济总量近 7.4 万亿元，约占全国经济总量的 6.5%，其中重庆、成都双核 GDP 分别位列全国第 5、第 7，社会消费品零售总额位列全国第 3 和第 6，消费能力领跑全国，产业结构也不断优化，高技术产业持续支撑工业走向高质量发展。

城建体系日趋健全，重庆、成都核心引领作用不断增强，一批中小城市特色化发展趋势明显，县城（区）和建制镇分布密集，每万平方公里拥有城镇 113 个，远高于西部的 12 个和全国的 23 个，各级各类城镇间联系日益密切。[①] 2021 年，成都和重庆的城镇化率分别为 79.48%和 70.32%，高于全国平均水平（64.72%），而四川省整体城镇化率（57.80%）低于全国平均水平（见图 4-2）。从提升幅度来看，近年川渝地区城镇化正以高于全国平均水平的速度发展，“十三五”期间四川省城镇化率提升幅度持续高于 1.5 个百分点，2020 年成都、四川、重庆更是大幅提升 4.36 个、2.94 个、2.66 个百分点（见图 4-3）。未来随着成渝地区双城经济圈的一体化建设，四川和重庆的城镇化率将得到进一步提升，促进重庆、成都两大都市圈相向协同发展。

（二）成渝城市群产业结构

思路上看，成渝两地均以科技创新驱动发展为导向，积极推进落后传统产业转型升级，推动制造业高质量发展，培育战略性新兴产业和现代服务业，从而加快推动现代产业体系的构建。川渝两地协同补链强链，携手构建高效分工、相互融合的现代产业体系。2021 年，成渝地区双城经济圈第一

① 国家发展改革委、住房城乡建设部：《成渝城市群发展规划》，2016 年 4 月 12 日。

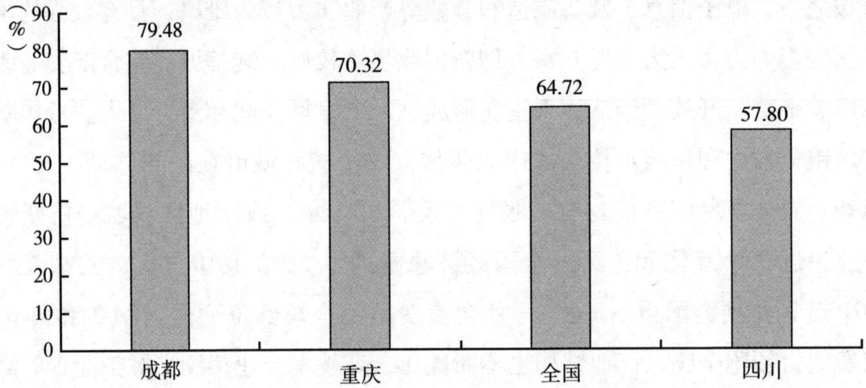

图 4-2 2021 年全国和川渝地区城镇化率

资料来源：Wind，华西证券研究所。

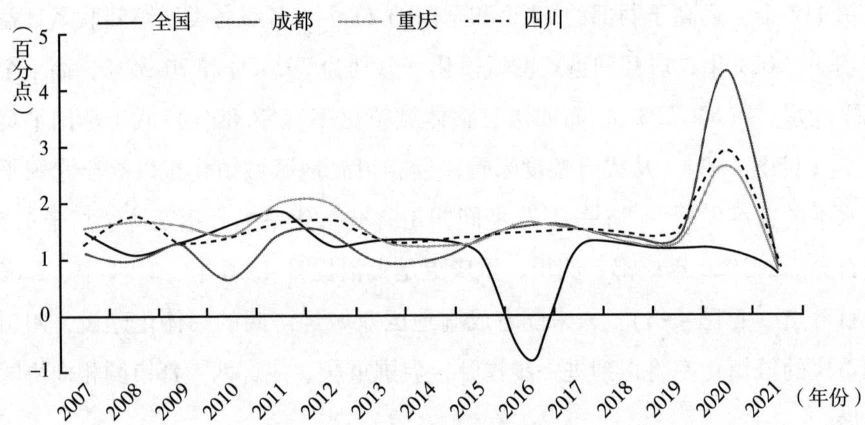

图 4-3 2007~2021 年全国和川渝地区城镇化率提升幅度

资料来源：Wind，华西证券研究所。

产业实现增加值 6191.25 亿元，占全国的 7.5%，比上年增长 7.2%，高于全国水平 0.1 个百分点；第二产业实现增加值 28262.42 亿元，占全国的 6.3%，比上年增长 7.7%，低于全国水平 0.5 个百分点；第三产业实现增加值 39465.54 亿元，占全国的 6.5%，比上年增长 9.3%，高于全国水平 1.1 个百分点。三次产业结构为 8.4∶38.2∶53.4，第三产业比重高于全国水平

0.1个百分点。① 2021年，重庆市三次产业结构为6.9∶40.1∶53.0。全年人均地区生产总值达到86879元，比上年增长7.8%。同成都对比来看，重庆第三产业占比较低、第一产业和第二产业占比较高（见图4-4），产业结构较成都仍有差距，人均地区生产总值也明显低于成都。

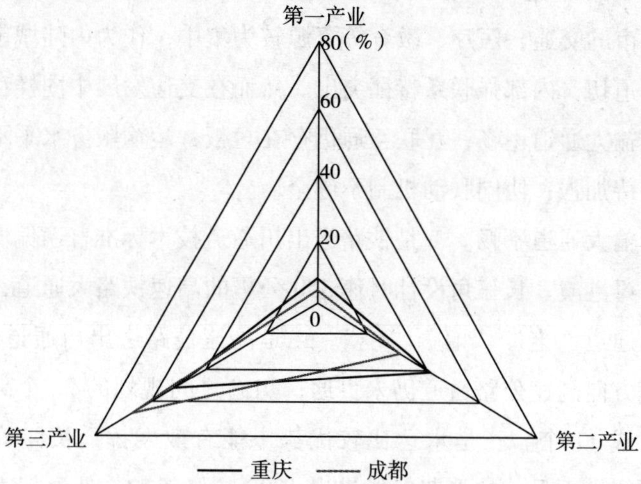

图4-4 2021年重庆市三次产业结构（对比成都）

然而，成渝地区产业链分工协同程度有待提高。由于四川和重庆两地资源禀赋、区位条件大致相当，加之历史原因，两地均形成了以电子信息、装备制造为主导的工业体系，从2020年川渝两地规模以上工业企业的营业收入看，营收位于四川、重庆前15位的产业中有13个产业重叠，两地在集成电路、新型显示、智能终端、新一代信息技术、汽车制造等细分领域存在同质化竞争和资源错配现象，尚未形成跨区域产业联动协同发展模式。未来双城经济圈的建设，将着力破除阻碍生产要素自由流动的行政壁垒和体制机制障碍，两地有望发挥各自优势加强产业链各环节的协同配套，协同延长产业

① 重庆市统计局：《2021年成渝地区双城经济圈经济发展情况解读》，http://tjj.cq.gov.cn/zwgk_233/fdzdgknr/tjxx/sjjd_55469/202204/t20220401_10581361_wap.html，2022年4月1日。

链，在做大做强优势产业的同时，错位培育一批新兴产业，推动两地产业集聚成群。

（三）成渝城市群交通发展现状

目前，成都、重庆在成渝城市群中具有极高的首位度，省会城市首位度高表明该城市的交通、医疗、教育等资源较为集中，作为内陆城市群，其对外联系诉求迫切，内部强联系特征突出。然而在交通发展中同样存在一些问题：对外运输大通道不畅；互联互通仍存在短板；运输服务水平不高；枢纽分工协作有待加强；协同联动机制不健全。

对外运输大通道不畅。一是铁路进出川通道技术标准普遍偏低，缺乏直达京津冀、粤港澳、长三角设计时速 350 公里的高速铁路大通道；南向、东向铁路货运通道“老”“旧”“绕”。二是高速公路进出川通道能力不足，西藏、青海方向高速公路通道仍未贯通；川渝之间规划的 25 个高速公路出川通道仅建成 11 个。三是水运比较优势未能有效发挥，长江黄金水道宜宾—重庆段能力不足，枯水期仅能进出 1000 吨级船舶，外运能力受三峡船闸制约严重。四是民航机场体系有待进一步优化，双流国际机场国际航线占已开通航线的 35.2%（首都机场 47.6%、浦东机场 51.8%、白云机场 41.0%），支线机场发展不足，航空口岸数量少，航空物流发展滞后，成都双流国际机场货邮吞吐量仅为深圳宝安国际机场的 52%。

互联互通仍存在短板。一是城际铁路建设处于起步阶段，成都平原经济区、川南经济区、川东北经济区等地虽规划了一批城际铁路，但目前大多数项目处于在建或前期工作阶段。二是高速公路通道能力有待提升，成都至绵阳、成都至乐山、成都至内江、成都至南充等高速公路的拥堵问题日趋常态化，亟待扩容改造。三是干线公路“断头路”“瓶颈路”现象较为明显，川渝间 25 个普通国道、省道出口仍有 11 个未实现二级及以上公路贯通，成德眉资快速路“断头路”现象依然突出。四是公路与城市道路“梗阻”问题日趋凸显，高速公路城市出入口、干线公路城市过境段交通拥堵问题显现。

运输服务水平不高。一是跨城通勤不便捷，仅成德、成眉间开通跨市公交，城际轨道交通通勤水平较低。二是联程运输发展滞后，站城一体、立体换乘的综合客运枢纽较缺乏，铁路“四网融合”、城市异地候机楼、高铁无轨站尚处起步阶段。三是货物运输结构不合理，全省公路货运量占比较全国平均水平高 15 个百分点。四是多式联运、甩挂运输等先进运输组织模式发展缓慢，物流园区、港口、工矿企业等铁路专用线建设滞后。

枢纽分工协作有待加强。一是中欧班列整合不够，货物附加值较低、双向运输不平衡、同质化不良竞争、口岸滞留时间长等问题均未能得到有效解决。二是港口资源整合不足，泸州港、宜宾港、乐山港与重庆港的集装箱班轮航线未能实现统筹优化。三是万达开、渝广等川渝毗邻地区交通融合发展程度不高，跨行政区域的综合交通枢纽尚未形成。

协同联动机制不健全。一是运输市场政策不统一，成都、重庆对中欧班列单向平均补贴标准差异较大，川渝两地的集装箱车辆高速通行费减免、集装箱班轮运输补助、航运企业税收优惠、铁路货运补贴、民航新线补贴等政策存在差异。二是跨区域综合管理协同联动不足，信用信息互认和执法协调联动机制不健全，交通应急管理信息和联动处置机制不完善。三是跨区融合、共创共享的交通数据资源平台尚未建立，亟须统一相关数据标准规范，打通跨方式、跨区域、跨业务数据壁垒。①

为解决成渝地区交通发展问题，可开展以下几方面措施。

加强成都、重庆大枢纽建设，破解“内陆”困局。首先，需强化成都与重庆的航空枢纽功能。加强双机场在航线组织方面的协调，促进机场枢纽与高铁、城市轨道等多方式的一体化衔接，成为四川及整个西南地区的国际航空门户。其次，应推进以成渝为核心的对外高铁大通道建设。从“深化内陆开放的试验区”“内陆开放型经济战略高地”到“具有全国影响力的改革开放新高地”，成渝地区从内陆腹地到开放高地跃升，要求统筹“一带一路”建设和西部陆海新通道建设，构建通欧达海、立体互联的“四向八廊”

① 王伟：《成渝地区双城经济圈综合交通运输体系建设与发展研究》，《当代经济》2022 年第 4 期。

战略性综合交通走廊，打造具有全球影响力的国际航空枢纽、国际铁路枢纽港和长江上游航运中心，共建内陆开放战略高地交通新名片，助推形成陆海对外联动、东西双向互济的对外开放格局。

建立与人口、空间匹配的城际交通网络。应充分利用既有设施形成服务城市群的互联互通城际铁路网；成渝之间形成“高铁+城际+普铁”的复合型通道。从“西部地区重要的经济中心”到“具有全国影响力的重要经济中心”，成渝地区在全国经济发展格局中的战略地位极大跃升，“双核”带动作用将会更加明显，区域间产业、人口及各类生产要素将高效聚集，这要求聚焦成渝双核主轴大容量快速度通道群、成德眉资同城化通勤圈、五大经济区及川渝毗邻地区互联互通等关键问题，提升内联外通水平，构建极点带动、轴带支撑、立体互联的高质量城际快速综合立体交通网络，着力打造“轨道上的双城经济圈”。

缓解发展不平衡、不充分问题，培育次级枢纽。对普通铁路网的完善有以下三个方面。第一，增加对次要交通走廊、高铁通道未覆盖地区居民铁路对外出行和物资运输服务。第二，优化利用既有地方铁路、支线铁路。第三，提级改造既有普通铁路，重点对成渝铁路、内昆铁路进行提级改造。支撑成都、重庆都市区交通发展，支撑成都“轴带+多中心”的都市区交通系统，支撑重庆“点—轴”状都市区交通体系。①

（四）成渝城市群交通发展规划

从2021年2月中共中央、国务院印发的《国家综合立体交通网规划纲要》来看，成渝地区双城经济圈已同京津冀、长三角、粤港澳大湾区被列为四大国际综合交通枢纽集群，根据规划，未来全国将构建6条主轴、7条走廊、8条通道来加强京津冀、长三角、粤港澳大湾区、成渝地区双城经济圈四极之间的联系和辐射作用，其中涉及成渝地区的包括西部陆海走廊、成

① 郝媛、李潭峰、徐天东、李鑫：《长江经济带战略下成渝城镇群交通发展研究》，载《品质交通与协同共治——2019年中国城市交通规划年会论文集》，2019。

渝昆走廊、川藏通道、厦蓉通道等。根据《四川省加强成渝地区双城经济圈交通基础设施建设规划》，到2025年，成渝地区双城经济圈交通网络建设取得重大突破，轨道上的双城经济圈初步建成，对外运输通道、城际交通快速网、都市圈通勤网基本形成，交通基础设施互联互通水平大幅提高，进出川渝综合运输大通道将由目前的40条增加至53条，其中川渝之间23条。到2035年，全面实现“2333”目标，建成“2大集群”，即通欧达海、立体互联的多向出川出渝通道集群和联通全球、干支联动的成渝地区双城经济圈国际性综合交通枢纽集群；实现“3个覆盖”，即四川区域15市高铁全覆盖、县县高速公路全覆盖、县县轨道交通基本全覆盖；实现“3个1小时”，即成渝“双核”1小时多通道通达，都市圈1小时通勤，“双核”至区域主要城市1小时通达；实现“3个一体化”，即一体化的基础设施网络、运输服务网络、协同治理体系。

2021年6月，国家发改委、交通运输部印发《成渝地区双城经济圈综合交通运输发展规划》，对成渝地区双城经济圈的综合立体交通网建设作出进一步部署，从而补齐航空、铁路、公路、水运等基础设施领域的短板：机场建设方面，规划要求“高质量建成成都天府国际机场，加快推进重庆江北机场改扩建工程，实施成都双流机场提质增效改造”，并有序推进乐山、阆中、遂宁、雅安等一批支线机场建设。轨道交通建设方面，规划到2025年成渝地区轨道交通总规模达到10000公里以上，其中铁路网规模达到9000公里以上，对比2020年至少增加3000公里、2600公里，轨道交通建设成为交通体系建设的重点。公路方面，规划到2025年双城经济圈高速公路通车里程达到15000公里以上，截至2021年末，四川省高速公路通车里程达到8608公里，重庆市高速公路总里程突破3841公里，目前川渝省际高速公路通道达到20个，已建成的有16个，在建的有4个。航运建设方面，构建以重庆长江上游航运中心为核心，以泸州港、宜宾港等为骨干，其他港口共同发展的港口集群，组建长江上游港口联盟，推进港口企业间加强合资合作，加强与上海国际航运中心对接合作。城际交通方面，重庆、成都“双核”之间以及“双核”与成渝地区双城经济圈区域中心城市、主要节点城市将实现1小时通达，重庆、成都都市圈内享受1小时公交化通勤客运服务。

2021年10月，中共中央、国务院印发《成渝地区双城经济圈建设规划纲要》。根据规划纲要，成渝地区应构建一体化综合交通运输网络，打造国际航空门户枢纽。高质量建成成都天府国际机场，打造国际航空枢纽，实施双流国际机场扩能改造，实现天府国际机场与双流国际机场“两场一体”运营。推进重庆江北国际机场改扩建，规划研究重庆新机场建设，提升重庆国际航空枢纽功能。布局建设乐山、阆中、遂宁、雅安等一批支线机场，研究广安机场建设。织密国际航线网络，提高与全球主要城市之间的通达性。推动两省市机场集团交叉持股，强化城市群机场协同运营，合力打造世界级机场群。优化空域结构，提升空域资源配置使用效率。深化低空空域管理改革，加快通用航空发展。

共建轨道上的双城经济圈。科学规划干线铁路、城际铁路、都市圈市域（郊）铁路和城市轨道交通，完善多层次轨道交通网络体系。规划建设川藏铁路，适时推动引入成都枢纽的天府—朝阳湖铁路项目实施。加快建设成都至西宁、重庆至昆明、成都至自贡至宜宾、重庆至黔江、郑州至万州铁路襄阳至万州段等铁路项目，规划建设重庆至万州、成都至达州至万州、重庆至西安、重庆至宜昌、成渝中线等铁路项目，规划研究重庆至贵阳铁路，研究论证重庆至自贡至雅安铁路，拓展出渝出川客运大通道。推进叙永至毕节等铁路及铁路专用线等货运设施建设，逐步恢复沪汉蓉铁路货运功能，完善货运通道布局。研究规划重庆都市圈环线、成都外环、绵遂内等连接重庆中心城区、成都与周边城市的城际铁路和都市圈市域（郊）铁路，优先利用铁路资源开行城际、市域（郊）列车，基本建成中心城市间、中心城市与周边城市（镇）间1小时交通圈和通勤圈。有序推进重庆、成都城市轨道交通规划建设。

完善双城经济圈公路体系。畅通对外高速公路通道，强化主要城市间快速联通，加快推进省际待贯通路段建设。提高既有路网通行能力，全面推动G318川藏公路升级改造，加快成渝、渝遂、渝泸、渝邻和成自泸赤等国家高速公路繁忙路段扩能改造，加强干线公路与城市道路有效衔接。优化城际快速路网，疏通主要节点城市进出通道，增强公路对客货运枢纽的集疏运服务能力，提升路网通达效率和安全水平。推动毗邻地区互联互通，建设重庆至合江至叙永、泸州至永川、大足至内江、铜梁至安岳、南充至潼南、大竹至垫江、开江至梁平等高速公路。

推动长江上游航运枢纽建设。健全以长江干线为主通道、重要支流为骨架的航道网络，优化干支流水库群联合调度，研究优化长江上游分段通航标准，加快长江上游航道整治和梯级渠化，全面畅通岷江、嘉陵江、乌江、渠江等。推进利泽、白马、犍为、龙溪口、风洞子等航电枢纽建设。加强港口分工协作，构建结构合理、功能完善的港口群，打造要素集聚、功能完善的港航服务体系。组建长江上游港口联盟，加强与上海国际航运中心合作，推进港口企业加强合资合作，促进区域港口码头管理运营一体化。

提升客货运输服务水平。推动多层次轨道交通网络运营管理衔接融合，研究建立一体化建设运营机制，推广交通“一卡通”服务和二维码“一码畅行”，加快实现运营公交化。加强机场与轨道交通衔接，完善机场集疏运体系，探索空铁联程联运新技术新模式。推进一体化综合客运枢纽和衔接高效的综合货运枢纽建设，提升枢纽运营智能化水平。推进铁路专用线进重要枢纽型港区、大型工矿企业和物流园区，加快发展铁水、公铁联运和“一单制”联运服务。支持高铁快运、电商快递班列、多式联运班列发展。

五　郑州城市群交通发展案例分析

（一）发展条件

郑州大都市区范围包括郑州市域，开封、新乡、焦作、许昌 4 市中心城区和巩义市、武陟县、原阳县、新乡县、尉氏县、长葛市、平原城乡一体化示范区，占河南省区域面积的9.6%，集聚了全省近20%的人口和超过30%的经济总量。城镇空间聚合形态较好，包括1座特大城市、4座大型城市、12座中小城市，123个建制镇和70个乡。区域内城镇分布均匀，平均30公里就分布一座城市，10公里左右就有一个建制镇。2021年底，洛阳都市圈核心洛阳、济源、平顶山等被纳入郑州都市圈，郑州都市圈实现从“1+4”到“1+8”的大扩容。

中原城市群是北京、武汉、济南、西安之间，半径500公里区域内城市群体规模最大、人口最密集、经济实力较强、工业化进程较快、城镇化水平较高、交通区位优势突出的城市群，是中华民族和华夏文明的重要发祥地。其中郑州大都市区作为中原城市群“一核四轴四区”中的“一核”，以建设具有全球影响力的国际化大都市区为目标，将发展成为更具开放性的国际商贸物流中枢、更具活力的国家创新智慧高地、更具魅力的华夏文明传承创新核心区、更具可持续性的生态宜居典范区。2016年12月以来，国务院先后批复了《促进中部地区崛起“十三五”规划》和《中原城市群发展规划》，明确提出支持郑州建设国家中心城市。《中原城市群发展规划》中提出要构建“一核四轴四区”网络化空间格局，首要任务是“推动郑州与开封、新乡、焦作、许昌四市深度融合，建设现代化大都市区”。建设大都市区，实现5市深度融合，必须协同提升各城市的交通基础设施互联互通水平和共建共享能力，形成大都市区一体化综合交通网络。郑州是国家《“十三五”现代综合交通运输体系发展规划》确定的国际性综合交通枢纽，交通区位优势明显，但经济首位度不高、高端要素聚集不够、辐射带动作用不强，如何强化枢纽功能、优化布局和辐射网络，构建支撑国家中心城市战略的大都市区综合交通运输体系，是新形势下亟须解决的主要问题。城市群的综合交通系统发展面临面向各中心城市、面向群域、面向全国、面向全球的多层次交通需求的挑战。

近年来，随着郑州航空港经济综合实验区、中国（河南）自由贸易试验区、郑洛新国家自主创新示范区和中原城市群“三区一群”国家战略的密集叠加和集成联动，郑州大都市区地位持续提升，辐射带动作用持续增强，9.6%的河南省区域面积上集聚了全省近20%的人口和超过30%的经济总量，已成为中原城市群中经济实力最强、发展速度最快的区域，也是新亚欧大陆桥经济走廊上最具发展活力的区域之一。截至2019年底，郑州大都市区区域铁路和公路路网密度达到1.8公里/公里^2，已初步形成以高速铁路、高速公路为主骨架，城际铁路、普速铁路、普通干线公路为补充的综合交通网络，以及以郑州国际性综合交通枢纽为核心，开封、新乡、焦作、许昌区域性枢纽为支撑的枢纽体系，实现了“市市通高铁、县县通高速、镇镇通干线、村村通班车”的目标，有力促进了大都市区经济社会发展。2021年，郑州市完成生产总值12691亿元，按不变价格计算，比上年增长4.7%。其中，第一产业增加值181.7亿元，增长2.5%；第二产业增加值5039.3亿元，增长3.4%；第三产业增加值7470亿元，增长5.6%。三次产业结构为1.4：39.7：58.9。

郑州都市圈于2021年完成从“1+4”到“1+8”的扩容，随着规模体量的大幅提升，郑州都市圈发展布局也有所变化。2021年都市圈GDP达到3.28万亿元，居中部地区首位。面积也从“1+4”的1.59万平方公里增加到5.88万平方公里，人口增加到4670万，在经济体量、面积方面都与武汉“1+8”城市圈不相上下。其中，郑州GDP达到1.27万亿元，第二名的洛阳也达到5447.1亿元，许昌和新乡超过3000亿元。2021年底，在河南省委宣传部系列新闻发布会上，河南省发展改革委副主任李迎伟就此介绍，按照极核带动、轴带提升、对接周边的思路，郑州都市圈着力构建“一核一副一带多点”的空间格局。其中，“一核”是以郑州国家中心城市为引领，以郑开同城化、郑许一体化为支撑，将兰考纳入郑开同城化进程，发挥郑州航空港区枢纽作用，共同打造郑汴许核心引擎。“一副”是推动洛阳副中心城市和济源深度融合发展，形成都市圈西部板块强支撑。“一带”是落实郑洛西高质量发展合作带国家战略，以郑开科创走廊为主轴、郑新和郑焦方向为重要分支，打造以创新为引领的城镇和产业密集发展带。“多点”主要是指新乡、焦作、平顶山、漯河等新兴增长中心，形成组团式、网络化空间格局（见表4-3）。

表 4-3　郑州都市圈扩容前后对比

类目	扩容前	扩容后
空间格局	一核四轴三带多点	一核一副一带多点
核	郑汴港核心引擎区	郑汴许核心引擎区
副	—	洛阳副中心城市和济源深度融合发展
带	黄河文化生态带、嵩山—太行山区文化生态带和农工田园文化生态带“三带”	以郑开科创走廊为主轴、郑新和郑焦方向为重要分支的城镇和产业密集发展“一带”
多点	开封、新乡、焦作、许昌次级中心城市和新兴增长中心、重点镇、特色小镇等	开封、新乡、焦作、许昌、平顶山、漯河、济源等次级中心城市和新兴增长中心、重点镇、特色小镇等

（二）郑州都市圈交通发展现状

根据《郑州都市圈交通一体化发展规划（2020—2035 年）》，都市圈地处我国中心位置，位于黑河至港澳、烟台至重庆、陆桥等 3 条国家综合运输通道交会处，具有辐射全国的独特区位优势和良好的交通基础条件。随着米字形高速铁路网大格局基本形成，郑州国际航空枢纽地位不断提升，国际物流中心功能日臻完善，都市圈的交通优势进一步凸显。

综合交通枢纽功能持续增强。郑州国际航空货运枢纽建设全面提速，“空、铁、网”三轴联动、多式联运协同发展成效显著。郑州同时入选陆港型、空港型、生产服务型、商贸服务型国家物流枢纽，在全国物流格局中的战略地位进一步提升。郑州铁路枢纽总图规划获批，郑州东站等现代化综合客运枢纽建成投用，郑州南站加快建设，小李庄站前期工作积极推进。郑州机场实现双跑道独立平行离场运行，中原龙浩航空、中州航空等本土基地货运航空公司组建成立，郑州航空口岸全面实施客货运 7×24 小时通关保障，客货运吞吐量保持中部地区“双第一”。许昌东站、新乡东站等综合客运枢纽建成投用，开封、新乡、焦作、许昌等区域物流枢纽城市加快建设。

对外骨干运输通道更加畅通。“空中丝绸之路”越飞越广，郑州—卢森堡“双枢纽”合作不断深化，郑州机场航线网络横跨欧美亚三大经济区、覆盖全球主要经济体。“陆上丝绸之路”越跑越快，截至 2019 年底，中欧班列（郑州）累计开行 2760 班，网络遍布欧洲、中亚、东盟和亚太地区 30 多个国家 130 个城市，形成 7 个目的站点及 6 个出入境口岸。对接“海上丝绸之路”，开行至青岛、连云港等沿海港口铁海联运班列。米字形高速铁路网成形在即，京广、徐兰、郑合、郑渝（郑州至襄阳段）高铁建成投用，郑济、太焦高铁加快建设。京港澳、连霍等 8 条国家高速公路，G107、G310 等 9 条普通国道纵横交会，依托高速铁路、普速铁路、高速公路、普通国省道，初步形成以郑州为中心、高效衔接周边主要经济体的米字形综合运输通道。

区域交通一体化加快推进。轨道上的都市圈建设全面启动，郑开、郑焦、郑机 3 条城际铁路开通运营，机场至郑州南站城际铁路、郑许市域铁路加快建设，郑登洛、新焦等城际铁路启动前期工作。高速公路网络四通八达，都市圈高速环线不断完善，郑云、郑少、郑民等高速公路放射效应逐步凸显。截至 2019 年底，郑州与开封、新乡、焦作、许昌 4 市间高等级公路通道分别达到 5 条、4 条、2 条、8 条，都市圈范围内建成跨黄河桥梁 13 座（含 1 座公铁两用），跨黄河桥梁逐步加密，高速公路通车里程 1882 公里，普通干线公路里程 6579 公里。

运输服务水平显著提升。郑州国际陆港“一干三支”铁海公多式联运示范工程通过验收，郑州机场空陆联运、中原铁道物流铁公空联运等国家级多式联运示范工程加快实施，郑州至沿海港口铁海联运班列、郑州机场卡车航班陆空联运等多式联运蓬勃发展。郑机城际实现半小时一班公交化运营，郑焦城际开行列车加密至 40 分钟一班。郑州成功创建国家公交都市示范城市，郑州至平原城乡一体化示范区公交开通运营，公交互联互通、交通智能化管理初见成效。

总体上看，都市圈是全省综合交通网络最发达的区域，但与建设国家中心城市、培育发展现代化都市圈的要求相比，与纽约、东京以及上海、广州等国内外发达都市圈相比，基础设施、运输服务、体制机制等方面仍存在短板：一是枢纽能级亟待提升，都市圈原有的交通区位优势面临严峻挑战。二是对外辐射大通道仍不健全，陇海铁路、京广铁路枢纽内部分区段通过能力紧张，京港澳、连霍高速等主通道车流量日趋饱和，存在通行瓶颈路段，亟须建设分流通道。郑州铁路货运环线尚未形成，开封、新乡、焦作、许昌4市轨道互联程度较低，郑新、郑焦之间通道相对较少。三是跨区域通道规划建设、运输服务对接、重大问题协调缺乏长效机制，顶层设计不完善。

（三）郑州都市圈交通发展目标

郑州都市圈扩容之后，需进一步推进郑州都市圈交通互联，目前《郑州都市圈综合交通运输规划》正在研究编制阶段。根据设想，郑州都市圈将构建世界一流的综合立体交通网，建设以郑州为中心的“米+半环+一网”郑州都市圈轨道交通网、“三环十纵十横六联”高速公路网、“一城一港”的水运网。在目标方面，到2035年，郑州都市圈铁路里程由3153公里增加到5931公里，公路里程由6.6万公里增加到11.7万公里，内河水运里程由580公里增加到815公里，郑州与都市圈其他省辖市高等级公路连通通道均由5条以上增加到8条以上。

郑州在城市发展中形成了区位加交通的比较优势，作为大都市区核心城市，必须强化核心、引领发展，根据《郑州都市圈交通一体化发展规划（2020—2035年）》，确定郑州大都市区综合交通的总体战略目标。

到2025年，以郑州为中心的枢纽体系进一步完善。郑州航空、铁路“双核带动”作用显著增强，航空枢纽扩能提质，铁路枢纽形成“四主多辅”格局。枢纽集散网络快捷高效，机场、高铁站、轨道交通站点等重要交通枢纽实现多线路、多方式高效衔接。次中心城市枢纽功能完善，对郑州枢纽集散、辅助作用显著。

交通网络通达性进一步提高。国际、国内综合通道内联外通，交通网络密度进一步提升，米字形高速铁路网全面建成，轨道上的都市圈初具形态。中心城市与次中心城市之间建成2条以上轨道交通、5条以上高快路组成的复合型交通走廊。

一体化运输服务效率显著提升。实现跨区域、跨方式、跨城乡高效衔接，适应同城化通勤服务的运输体系初步建立，基本实现都市圈 1 小时通勤、中原城市群 2 小时通达。物流服务国内领先，多式联运等现代运输方式广泛应用，运输结构持续优化，现代流通体系加快构建。

交通运行智能绿色更加突出。跨部门、跨行业、跨层级的综合交通数据信息互联共享、综合开发体系初步建立，交通基础设施智能化水平逐步提升，智能交通基础设施建设取得突破性进展，交通运输更加安全有序。公共交通优先发展，5 市中心城区绿色出行分担率达到 70%。绿色交通走廊初步建立。

到 2035 年，都市圈交通运输发展方式实现根本性转变，形成基础设施一体化、运输服务同城化、治理能力现代化的都市圈一体化综合交通体系。国际枢纽地位更加稳固，联通境内外、辐射东中西的物流通道枢纽全面建成，建成“国际性交通门户枢纽”；轨道交通覆盖区域内所有新兴增长中心，实现“四网融合”，轨道交通成为重要的公共出行方式，建成“轨道上的都市圈”；黄河流域基础设施布局完善、立体互联，运输服务便捷舒适、经济高效，交通与生态环境和谐发展，建成“黄河流域生态保护和高质量发展交通先行区”；传统和新型交通基础设施深度融合，交通绿色安全水平全面提升，建成“绿色智能交通示范区”。

到 21 世纪中叶，基础设施、运输服务、治理能力达到世界先进水平，建成更高质量的都市圈一体化综合交通体系。

（四）郑州都市圈交通发展规划

突出郑州航空枢纽和铁路枢纽“双核驱动”，优化枢纽场站布局，畅通国际运输通道，完善枢纽集疏运体系，大力发展枢纽经济，推动区位交通优势转变为经济优势，打造国际交通门户枢纽。

提升郑州国际航空枢纽能级。实施郑州机场三期工程，适时启动郑州第二机场规划选址，打造“双机场”发展格局，优化机场周边空域，全面提升基础保障能力。

巩固郑州铁路枢纽地位。推动《郑州铁路枢纽总图规划（2016—2030

年）》，完善“四主多辅”客运系统布局和“1+2+N”货运系统布局。加强高铁货运能力建设，依托郑州南站规划建设高铁快运中心，力争在全国率先实施“高铁+航空”联运。畅通国际陆路运输通道，加快中欧班列郑州集结中心建设，拓展铁海联运班列线路，加快建设集多式联运、口岸通关、保税仓储、供应链服务于一体的国际铁路港。

打造协同分工的枢纽联动体系。统筹推进“一主四辅”枢纽城市联动体系建设，提升都市圈开放程度和整体竞争力。在都市圈范围内优化完善和统筹布局航空、铁路、公路、物流站点，强化机场、铁路等主要枢纽场站之间的高效衔接，充分发挥都市圈一体化协同效益。推动郑州航空港区辐射带动周边长葛、尉氏等地，提升多式联动水平，加快区域口岸建设，加强枢纽旅游集散服务功能。

建立衔接高效的枢纽集散体系。加快完善郑州机场集疏运系统，按照“客货分离、高效集疏”的原则，构建“五高铁六轨道六高速多快速”路网，适时启动郑州机场 APM 旅客自动捷运系统、专属货运铁路、四港联动大道货线建设，提升空铁联运组织效率。加强都市圈重要交通枢纽与高快路网衔接，优化铁路货运场站、物流园区周边路网，解决“最后一公里”衔接不畅问题。

全面提升对外辐射能力，打造都市圈十向联通的高铁网络格局，强化与洛阳都市圈的协调联动，增强对中原城市群的辐射带动，加强与京津冀、长三角等重要城市群的合作互动。

打造开放直连重要城市群的综合运输通道。全面建成米字形高速铁路网，规划研究郑州经洛阳至银川、郑州经亳州至南京、郑州至青岛高速铁路，形成直连京津冀、长三角、粤港澳、成渝、长江中游等城市群中心城市的综合运输通道，打造以郑州为中心的十向联通综合运输通道格局。加快推进三洋铁路建设，打通东向出海货运通道。规划研究京广、陇海超级高铁通道，提高济郑渝通道、太郑合通道运输畅通水平，推动通道扩能提质，增强综合运输网络韧性。

完善中原城市群综合交通网络。围绕中原城市群“一核一副四轴四区”

空间格局，完善中原城市群城际轨道交通网布局，建成兰考至菏泽铁路，建设呼南高铁豫西通道、洛平漯周高铁，规划研究濮阳至潢川、新乡至菏泽铁路等，进一步研究论证通道功能，加快轨道交通网络化。建设京港澳高速东、西复线等省际高速公路，畅通公路网，优化完善高速公路、国省干线省际出口，强化都市圈与聊城、菏泽、晋城、长治等中原城市群边界城市联通。

强化与洛阳都市圈交通联动。统筹推进郑洛、焦济洛城际铁路以及郑州至洛阳高速公路等项目建设。协同推动 G310 南移等普通国省道升级改造。推动郑州、洛阳机场航空资源共享，优化完善洛阳机场基础设施、航线网络，促进郑州、洛阳都市圈协调联动，夯实两大增长极协同发展的交通保障，打造引领全省发展的“双引擎”。

打造轨道上的都市圈，加强轨道交通规划、制式、建设、投资、运营等统筹管理，提升轨道交通网密度，拓展网络覆盖范围，强化不同模式轨道交通换乘衔接，全面提升轨道交通快捷程度，逐步形成以轨道交通为主的公共交通出行方式，强化与城市建设有机衔接、深度融合，打造轨道上的都市圈。

推动区域路网一体高效互联，建设以城际复合型交通走廊为支撑的都市圈一体化交通基础设施网络，推动基础设施由多中心辐射升级为网格化布局，加密完善高快路网，提升轨道交通、高快路网组合效率，满足都市圈多元化出行需求。

打造黄河流域生态保护和高质量发展交通先行区，坚持生态优先、绿色发展，优化黄河上下游、左右岸交通基础设施布局，统筹沿黄、跨黄通道建设与黄河生态保护、防洪安全保障，推动都市圈跨河融合发展。沿黄河生态廊道建设旅游风景路、旅游航道，推动山水河林路融合一体。

强化运输服务同城化，推动客运同城化，构建以较高频次的轨道交通运输为主体、以多样灵活的公共交通网络为补充的都市圈通勤交通网络，推动城际、城市、城乡交通顺畅衔接，打造一体化出行链，构筑多层次客运服务体系。推动货运同城化，提升都市圈物流效率，着力完善城乡末端配送网络。

发展绿色智慧安全交通，推动交通基础设施与大数据、互联网、人工智能、区块链等新技术深度融合，打造融合高效的智慧交通基础设施。坚持交通与生态环境协调发展，全面提升交通运输安全水平，增强交通运输系统韧性。①

（五）郑州综合交通枢纽重点项目

郑州枢纽。实施郑州机场三期工程，建成北货运区、T1 航站楼改造等配套工程，建设第三、第四跑道和 T3 航站楼等主体工程，适时启动南货运区工程、郑州机场四期工程建设和郑州第二机场规划选址。建成郑州南站、小李庄站等铁路主客站，陇海外绕线及小李庄—大关庄联络线，适时启动大关庄—郑州南联络线及客运东环线工程，规划研究郑州北客运环线调整至黄河北岸，建设郑州北、大关庄、岗李站等辅助客站；建成圃田（占杨）、上街、薛店等物流基地，规划研究货运西南环线，实施郑州北编组站外迁至新密北。加快米字形高铁站场配套公路综合客运场站建设。规划建设郑州南站高铁快运物流中心和郑州机场空铁联运货运基地。建成中国邮政郑州航空邮件处理中心，积极争取邮政航空设立第二基地。启动建设郑州国际陆港第二节点。提升郑州国际航空物流园区、郑州国际物流园区、河南保税物流中心、郑州国际陆港、河南万邦国际农产品物流园功能，建成郑州传化中原物流小镇。

节点枢纽。建设开封站等综合客运枢纽，以及郑济高铁平原示范区站、卫辉南站、郑太高铁焦作西站，实施新乡东站改扩建、焦作东站升级改造，优化完善开封北站、新乡东站、焦作站、许昌东站等高铁客运枢纽功能。完善上街、唐庄、登封通用机场功能，规划建设巩义、新密、开封、武陟、原阳、长葛等通用机场。提升河南德众保税物流园区、焦作天星现代运输物流

① 《郑州都市圈交通一体化发展规划（2020—2035 年）》，https：//fgw. henan. gov. cn/2021/04-19/2128736. html，2021 年 4 月 19 日。

仓储综合服务园、中国宝武焦作现代综合物流园、许昌商贸物流园区、新乡货运东站物流园等示范物流园区服务功能，建成开封国际陆港、许昌保税物流中心、武陟公铁联运物流港等一批具备多式联运、干支衔接、口岸服务等功能的货运枢纽（物流园区）。

枢纽集散快进快出工程。建成郑州机场、郑州南站枢纽周边迎宾大道快速化工程、滨河西路快速化工程、前程东路、滨河东路、洪泽湖大道、京港澳高速新港十一路（苑陵故城站）互通式立交工程、冀州路、矗店路、辛赵路、亳都路等，小李庄站枢纽周边豫兴路、豫六路、豫五路等，薛店铁路物流基地周边物流大道、铁西路、空港三路等，圃田铁路物流基地周边站前大道、文众路、通达路等，国际陆港第二节点周边中心路西延、昆仑路扩宽改造等，太焦高铁焦西站周边月山路等，郑济高铁平原新区站周边黄河路东延等。

（六）郑州与综合运输通道布局

京港澳通道。既有京广铁路、京广高铁、京港澳高速、原 G107，规划京广超级高铁通道，京港澳高速东、西复线，G107 东移改线，向北直连京津冀城市群，向南直通长江中游城市群、粤港澳大湾区，省内串联安阳、鹤壁、新乡、郑州、许昌、漯河、驻马店、信阳。

陆桥通道。既有陇海铁路、徐兰高铁、连霍高速、原 G310，规划陇海超级高铁通道、沿黄高速、G310 南移改线、沱浍河航道，向西直连关中平原城市群，向东直通长三角城市群，省内串联商丘、开封、郑州、洛阳、三门峡。

太郑合通道。既有郑合高铁、郑太高铁、宁洛高速、晋新高速、沙颍河航道等，向西北直连山西中部城市群，向东南直通长三角城市群，省内串联焦作、济源、郑州、许昌、周口。

济郑渝通道。既有郑渝高铁、兰南高速，在建郑济高铁、唐河航道等，向东北直连山东半岛城市群，向西南直通成渝城市群，省内串联濮阳、新乡、郑州、许昌、平顶山、南阳。

沪郑银通道。既有盐洛高速，规划郑州经洛阳至银川高速铁路、郑州经亳州至南京高速铁路、周口至许昌高速，向西北直连宁夏沿黄城市群，向东南直通长三角城市群，省内串联三门峡、洛阳、郑州、开封、商丘。

（七）郑州打造轨道上的都市圈

城际、市域（郊）铁路网。建成郑开延长线、新乡至焦作等城际铁路；有序推进焦作经济源至洛阳、开封至兰考、郑焦城际云台山支线、郑州南站至开封等城际项目前期工作，条件具备后适时开工建设。规划研究开封至新乡、新乡至菏泽等城际新通道。建成郑许市域铁路（S1 线），有序推进郑州都市圈轨道交通 S2、S3、S4 线建设，充分改造利用郑开、郑机等既有城际铁路。统筹推动城际、市域（郊）铁路建设，强化提升郑州至洛阳城际通道功能。

城市轨道交通网。建成郑州城郊铁路二期，加快实施 3 号线二期、6 号线一期、7 号线一期、8 号线一期、10 号线一期、12 号线一期等项目。

六　西安城市群交通发展案例分析

（一）发展条件

西安都市圈范围包括西安市全域（含西咸新区），咸阳市秦都区、渭城区、兴平市、三原县、泾阳县、礼泉县、乾县、武功县，铜川市耀州区，渭南市临渭区、华州区、富平县，以及杨凌农业高新技术产业示范区，面积 2.06 万平方公里，2020 年底常住人口 1802 万人。西安都市圈是西部地区发展条件最好、经济人口承载能力最强的区域之一，也是西北地区的经济中心、文化中心、科技中心和对外交往中心。2020 年，西安都市圈地区生产总值达 1.3 万亿元，接近陕西省的 1/2、西北五省的 1/4。

区位优势：西安都市圈在我国主要都市圈中处于承东启西、沟通南北的位置，西安都市圈地处陇海—兰新线（国家级经济发展轴线）与包北线

（西部地区南北大通道）交会区，已成为联系东、中、西三大经济带并与世界接轨的核心经济区域，也是国家资源开发和生产力布局由东向西梯度推移的重要支点。

政策优势：国家西部大开发政策的深入实施，为西安都市圈的发展奠定了基调；关天经济区的提出，为西安都市圈的发展提供了良好的机遇；西安高新区的设立，为西安都市圈发展高新技术产业提供了优良的环境；而2011年西安保税区的设立，更为西安都市圈外贸的发展插上了腾飞的翅膀。

工业基础雄厚：咸阳市充分发挥县域工业园区的招商平台和载体作用，立足现有工业园区，着力抓好招商引资工作，不断提高咸阳市县域工业园区的入驻率和规模；全国仅有的3个高新技术开发区中有1个位于西安；西安的军工企业、科研院所数量排全国第3，仅次于北京、上海；宝鸡工业基础雄厚、工业门类齐全，是我国工业重镇，装备制造业优势突出，重型汽车、数控机床、精密磨床、电子仪器仪表、石油钻采设备、铁路桥梁及钛材、冰箱家电、烟酒等60多个产品销量居全国或世界同行业前列，2012年以“宝鸡·中国钛谷”钛产业集群成功跻身科技部首批全国创新型产业集群建设工程试点名单。强大的工业基础为西安都市圈的发展奠定了良好的实业基础，防止过快发展第三产业和房地产业所带来的产业“空心化”。

交通优势：西安都市圈范围内交通发达，在西北地区的交通优势无可比拟。高速公路方面，有京昆高速、青银高速、青兰高速、连霍高速、沪陕高速、包茂高速、福银高速和十天高速；一级公路和县乡公路更是发达，已经遍布关中地区；西安咸阳国际机场是我国重要的枢纽机场；西安铁路局位于西北地区东部的黄河中游，是通往西南、西北的咽喉地带，发挥承东启西的重要作用，到“十二五”末，陕西建成运营6000公里的铁路线，形成“两纵五横八辐射一城际”铁路网，从西安乘动车1小时可到汉中、3小时可到成都、5小时可到上海。其中公路主骨架建设以阿荣旗—北海、银川—武汉、西安—南京、青岛—银川、二连浩特—河口、连云港—霍尔果斯陕西段高等级公路为重点，形成西安到渭南、商洛、杨凌、铜川市耀州区、柞水的1小时公路交通圈，西安到黄陵、宝鸡、韩城、潼关的2小时公路交通圈，西安到延安、汉中、安康、天水、洛阳的3小时公路交通圈，西安到太原、石家庄、徐州、武汉、重庆、成都、兰州、银川、包头的一日交通圈。[①]

（二）西安交通发展现状

西安地处中国陆地版图中心和中国中西部两大经济区域的结合部，是西北通往中原、华北和华东各地市的必经之路。在全国区域经济布局上，西安作为新亚欧大陆桥中国段——陇海兰新铁路沿线经济带上最大的西部中心城市，是国家实施西部大开发战略的桥头堡，具有承东启西、连接南北的重要战略地位，是全国干线公路网中最大的节点城市之一。

在公路建设方面，有9条国家高速公路在此交会，形成了以西安为中心，贯通陕西省、辐射周边省市的高等级米字形辐射状干线公路系统，有公路2800多公里，有6条国道干线通过。绕城高速、机场新线建成，二环路、三环路全面贯通，市区与所辖区县全部开通高速公路。高速公路通车总里程653公里，外环高速（北段）顺利通车，外环高速（南段）全面开工，第二环线高速即将建成，西安高速路网格局迎来崭新面貌。干线公路累计建设207公里，完成国道108、国道310、省道107部分路段等重点国省路网提升工程，国省干线实现二级公路全覆盖，一级以上公路里程占比达到31%。基本实现镇（街）全部通三级公路、建制村和30户以上自然村组全部通沥青（水泥）路，鄠邑区荣获“四好农村路”全国示范县荣誉称号，高陵区、阎良区、长安区、蓝田县荣获“四好农村路”省级示范县称号，全面完成交通脱贫攻坚重点任务。

在铁路建设方面，西安是陕西省米字形铁路交通的重要枢纽。截至

① 康乔娜、鲁姣妍：《到2035年基本建成现代化的西安都市圈》，《西安日报》2022年4月2日，第3版。

2017 年底，西安已开通至北京、广州、长沙、深圳、武汉、郑州、石家庄、成都等的直达高铁线路。铁路线路有郑西高速铁路、西宝高速铁路、大西客运专线、西成高速铁路等。火车站有西安站、西安北站、西安南站、阿房宫站等。西安米字形高铁网格局现已粗具规模，西成、西银高铁相继开通，实现了西安与银川、兰州、成都等西部城市的高铁直连。开通西安至渭南、安康、榆林、神木、韩城等地的铁路“绿巨人”项目，标志着普速客运进入动车时代。轨道交通机场线开通运营，航空、高铁旅客实现“一站式换乘”，西安地铁“八线在建、三线齐通、八线运营”，运营总规模达 245 公里。综合枢纽场站建设稳步推进，西安咸阳国际机场运行效率与服务品质进一步提升，中欧班列（西安）集结中心建设粗具规模，新筑综合物流中心、西安综合保税区等 8 个项目已建成运营。

在航空建设方面，西安咸阳国际机场是中国重要航空港。西安咸阳国际机场现已成为西北地区最大的空中综合交通枢纽，国内外通航城市 228 个，开通航线 383 条，累计开通全货运航线 35 条（2020 年在营 21 条），通达全球 37 个国家、77 个主要枢纽和旅游城市；年旅客吞吐量达到 3107 万人次（其中国际旅客吞吐量达到 38 万人次），全国排名第 8 位；年货邮吞吐量达到 37. 6 万吨，全国排名第 10 位。

在市内交通方面，截至 2021 年 3 月，西安地铁已开通 1 号线、2 号线、3 号线、4 号线、5 号线、6 号线、9 号线、14 号线等 8 条线路，是西北地区首座拥有地铁运营线路的城市，也成为中国大陆第 10 个拥有地铁运营线路的城市（见图 4-5）；地铁已开通车站 153 座，日均客流约 260 万人次，客流强度稳居全国前列，常规公交线路达到 396 条，常规公交日均客流量达 388 万人次，公共交通机动化出行分担率达 61%，公共交通到站正点率达 87%，快递业务揽收量突破 6. 8 亿件，占西北五省快递业务量的 50%以上。西安市成为国家公交都市建设示范城市、国家快递示范城市、国家第二批城市绿色货运配送示范工程创建城市。

“十三五”时期，西安市交通运输发展取得了优异的成绩，但仍存在差距和不足。

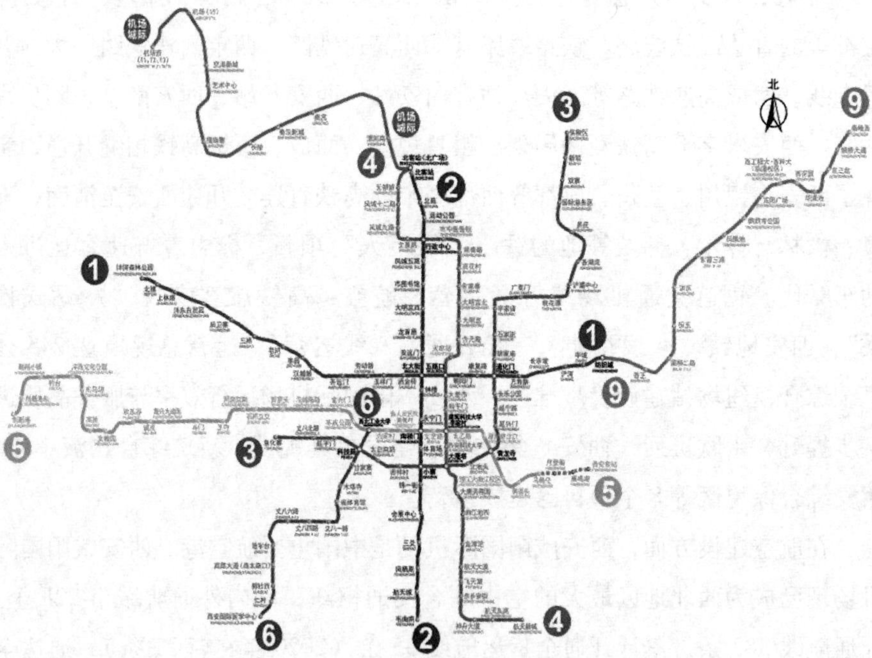

图 4-5　西安市轨道交通线路

交通网络基础建设仍需加强。部分国省公路交通流量饱和，便捷、高效的公路骨架网络尚不完善；快速路建设相对滞后，城市道路与外围公路衔接不畅，居民出城困难；现有的铁路格局难以适应西安经济社会快速发展需求，向北辐射包头，向南辐射重庆、十堰的高铁尚未开通。

客货运枢纽体系有待完善。空港开放程度同国际枢纽定位仍有差距；大型铁路、公路客运枢纽功能和布局有待进一步优化，客运枢纽功能体系有待完善；物流枢纽发展缺乏系统引导，节点布局不合理、集约化程度不高、集疏运成本较高；各种交通设施建设主体不同导致无法实现综合运营，零距离换乘没有得到充分体现，多式联运发展缓慢。

公共交通建设与城市空间发展不协调。地铁建设落后于城市发展进程；公交配套设施建设缺乏保障，公交与轨道交通衔接不畅，“最后一公里”出行问题没有得到彻底解决，影响乘客出行效率和公交出行体验。

交通信息化支撑引领作用有待加强。交通大数据挖掘能力明显不足，信息化建设格局较为分散，资源整合与共享程度不高，智能化持续发展能力不足，综合利用能力有待强化，队伍建立、运维保障投入不够。

交通基础建设制约严重。建设项目受土地政策、环境保护、文物保护等因素的制约，导致前期手续办理复杂，交通运输领域市与区县财政事权和支出责任划分不合理、与现代财政制度不匹配、与国家治理体系和治理能力现代化要求不适应，投融资体制仍需改革，各部门协力配合、综合交通运输联动协调发展机制尚不完善。

随着国家中心城市的建设，西安在国家综合交通运输网络中的枢纽地位进一步提升，枢纽辐射能力将显著增强。铁路和航空在中长距离运输方面的优势将得到更大限度发挥，西安运输总量将持续增长，公路运输依然是主体，但在长距离运输上的分担比重会有所下降。航空货邮和铁路集装箱有较快增长，高附加值货品所占比重将显著提升。西安市作为“一带一路”重要节点城市，未来东西向客货运输仍然处于主导地位，而作为陕西省省会城市，辐射带动陕北地区、联系北部能源基地也使得西安北向的客货运需求较大。①

（三）西安交通发展目标

《西安市国民经济和社会发展第十四个五年规划和二〇三五年远景目标纲要》提出，应抓住用好新时代推进西部大开发形成新格局重大战略机遇，优化城市功能布局，提升城市发展能级，加快构建支撑国家中心城市和国际化大都市建设的空间发展格局，提升对陕西、对西北发展的带动能力。建设国际性综合交通枢纽。打造通达国际、辐射大西北、服务关中平原城市群的对外门户和综合交通枢纽。建设国际一流航空枢纽，完成西安咸阳国际机场三期扩建工程，开拓全球主要城市直航航线，增加全货运航线，织密国际航

① 西安市人民政府：《西安市“十四五”综合交通运输发展规划》，http：//jtj. xa. gov. cn/xxgk/ghjh/zcfzgh/6196192af8fd1c0bdc6ad625. html，2021 年 11 月 18 日。

线网和国内干线网，打造全球航空网络体系的重要节点。加快推进西延、西十、西康等高速铁路建设，完善米字形高铁网。完成西安火车站、西安北站扩能改造，加快推进新西安南站、西安东站规划建设，形成以西安站、西安北站、新西安南站、西安东站为主要客站，阿房宫站为辅助客站的“四主一辅”客运站枢纽布局。加快完成轨道交通三期建设，编制第四期建设规划，扩大轨道交通覆盖范围。推动西安都市圈市域（郊）铁路加快发展，联通城区与郊区及周边城镇组团，重点满足 1 小时通勤圈快速通达需求，建设“轨道上的西安都市圈”。优化道路交通体系，加快建设外环高速及连接鄠邑、周至、眉县、乾县等地的高速公路，实施京昆等高速公路扩能改造，建设西铜、西阎等快速路，完成西安国道城市过境一级化改造，形成一体互联、高效通达的国省公路骨架网，全面加强次支路网规划建设，持续提升道路交通网络通达性。①

2022 年 3 月，国家发展改革委批复同意《西安都市圈发展规划》（以下简称《规划》），成为目前西北地区唯一一个国家批复的都市圈发展规划。此次《规划》发布实施，标志着西安都市圈建设进入新阶段。规划期至 2025 年，远景展望到 2035 年，《规划》提出到 2025 年，西安国家中心城市辐射带动能力进一步提升，非省会功能有序疏解，西安—咸阳一体化发展取得实质性进展，周边城镇发展水平和承载能力明显提升，城市间同城化协调发展机制更加健全，大中小城市和小城镇发展更加协调。到 2035 年，现代化的西安都市圈基本建成，圈内同城化、全域一体化基本实现，形成大中小城市和小城镇协调发展的格局。构建“一核、两轴、多组团”的发展空间格局。

“一核”是指核心区引领，推进都市圈核心区率先实现同城化，都市圈核心区主要包括西安市中心城区，即新城区、碑林区、莲湖区、雁塔区、灞桥区、未央区、长安区（不含秦岭生态保护区），咸阳市主城区，以及西咸

① 西安市人民政府：《西安市国民经济和社会发展第十四个五年规划和二〇三五年远景目标纲要》，http://www.xa.gov.cn/gk/zcfg/szf/60581326f8fd1c2073ff56af.html，2021 年 3 月 22 日。

新区沣东新城、沣西新城。核心区建设的主要任务是推动西安中心城区“瘦身健体”，全面提升西安核心的辐射带动能力，加快西安咸阳一体化，推进都市圈核心区率先实现同城化，带动全域一体化发展。

“两轴”是指推动形成东西、南北两条发展轴。依托陇海铁路、连霍高速公路交通大通道，发挥西安龙头引领作用和咸阳、渭南、杨凌、兴平等城市支撑作用，构建东西联通都市圈各功能板块和节点区域的经济发展轴。东西向发展轴助推西安与渭南加速融合发展。推动西安与咸阳相向发展、一体化发展，实现城市功能全方位对接。推动西安与杨凌深度融合发展，全力打造干旱半干旱地区农业科技创新推广核心区，新时代乡村振兴、特色现代农业发展引领示范区和具有国际影响力的现代农业创新高地、人才高地和产业高地。南北向发展轴依托西延高速铁路和包茂高速公路大通道，发挥西安核心辐射带动作用，增强高陵、阎良等节点人口和产业聚集能力，形成高效串联西安、渭北和铜川的南北向经济发展轴。鼓励西安高新区、西安经开区等国家级开发区“走出去”，创新“一区多园”“飞地经济”等发展模式。

“多组团”是指推动重点功能组团发展。着眼于都市圈整体性功能布局，打造一批产城融合、功能完备、生态宜居、交通便捷的都市圈特色功能组团，形成都市圈经济、生活、生态、安全的不同功能单元，多点支撑都市圈发展。具体包括富平阎良组团、高陵泾河新城组团、空港新城咸阳经开区组团、临渭礼泉组团、杨凌武功周至组团等。

（四）西安交通发展规划

《西安市“十四五”综合交通运输发展规划》提出打造一体化交通运输网络，强化对外综合运输通道。构建立足全市、服务全省、对接全国的交通运输主骨架，形成以高速铁路、高速公路网络为核心，普速铁路、国省干线、机场航线为补充，辐射全国重点城市的米字形综合运输大通道。依托航线联通、铁路贯通、公路畅通的综合交通网络，进一步拓展区际互惠合作，强化以西安为核心的关中平原城市群与京津冀、长三角、粤港澳大湾区、成渝地区双城经济圈等城市群的交通联系，促进西北省份与江苏、山东、河南等东中部地区，与四川、重庆、贵州等西南地区合作互动，加快推进国家重点区域一体化进程。

建设城市群高效交通网。推进城际铁路建设以及货运铁路的扩能改造，串联西安、咸阳、宝鸡、渭南，逐步提升关中平原城市群铁路综合运输效能；大力推进西安市高速公路网加密联网工作，解决早期建成的高速公路瓶颈制约问题，合理增设高速出入口，全面提升高速公路服务能力。依托国省干线调整规划，逐步完成平原区国道城市过境一级化建设，推广“智慧公路”建设，创建美丽干线公路优良路段。

打造都市圈快速通勤网。结合现有铁路资源，适时启动市域（郊）铁路及市域线相关建设，提升都市圈中长距离交通出行品质；稳步推进城市轨道交通三期建设及低运量轨道建设，实现多网间便捷换乘、无缝衔接，加快形成服务西安都市圈范围、快速联系的多层次轨道系统，建成“轨道上的西安都市圈”。继续推进区域路网融合发展，统筹都市圈内道路资源，逐步构建都市圈“七横七纵”城市快速路体系，建立便捷高效的城区对外交通骨架，分流和隔离核心区的过境交通，提高城市内外交通的转换效率，减轻核心区的交通与环境压力。

优化城乡一体普惠交通网。加快推进城乡交通运输一体化，消除阻碍城乡一体化衔接的“断头路”，促进城乡交通基础设施网络结构优化并有效衔接。聚焦“乡村振兴”战略，逐步实现西安所辖涉农区（县）省级“四好农村路”示范县全覆盖，努力创建“四好农村路”全国示范市，使农村公路“建、管、护、运”达到全国领先水平。围绕推进新型城镇化建设、农业农村现代化发展需要，有序推进“交通+特色产业”融合发展，以创建“美丽示范路”为抓手，建设一批内优外美的旅游观光路、产业致富路、文化特色路。实现平原区镇（街）通二级公路，20 户以上自然村通沥青（水泥）路。秉承“生命至上、安全第一”原则，逐步解决全域农村公路安全通行隐患。强化路域环境治理、农村人居环境整治，持续推进“路田分家”“路宅分家”，打造“畅、安、舒、美”出行环境。

构建多层次综合枢纽体系。按照以主城区为核心、外围组团分担产业功能、卫星城带动次区域全面发展的空间布局结构，以“客内货外”为原则，统筹空间拓展、人口分布和产业布局，结合内外交通通道，优化存量、做优增量、集约布局，构建多层次综合枢纽体系。①

① 西安市人民政府：《西安市“十四五”综合交通运输发展规划》，http：//jtj.xa.gov.cn/xxgk/ghjh/zcfzgh/6196192af8fd1c0bdc6ad625.html，2021 年 11 月 18 日。

第五章　国外城市群交通发展案例分析

全球有纽约湾区、东京湾区、旧金山湾区、悉尼双水湾区、香港浅水湾区、新西兰霍克湾区、马来西亚布拉海湾区、布里斯班鲁沙湾区等八大著名湾区。其中，以纽约湾区、旧金山湾区和东京湾区三大湾区的经济发展最为成熟，三大湾区的发展历程相似，都经历了港口经济—工业经济—服务经济—创新型经济的类似进程。它们都具有开放的经济结构、高效的资源配置能力、强大的集聚外溢功能、发达的国际交往网络，但各自情况又有所差异。从最长板的辨识度来看，纽约湾区通常被定义为“金融湾区”，旧金山湾区通常被定义为“科技湾区”，东京湾区通常被定义为“产业湾区”。①

一　纽约湾区交通发展案例分析

（一）发展条件

纽约湾区位于美国东北部大西洋沿岸平原，由纽约州、康涅狄格州等的31个县市组成，面积2.15万平方公里，人口2000万人以上，包括纽约、费城、波士顿和华盛顿等中心城市，以及巴尔的摩等一些次中心城市和周围的若干卫星城镇，一起构成了大都市带。纽约湾区依托发达的金融和制造业、整体水平极高的教育和科研，以占美国1%左右的面积集聚了美国7%左右的人口，创造了占全国近9%的生产总值，集聚了58所世界著名大学、2900多家世界金融证券机构，对外贸易周转额占全美的1/5，成为世界金融

① 广东中创产业研究院：《世界三大湾区产业集群发展优势解析》，《中国工业和信息化》2019年第8期。

核心枢纽和国际商业中心，被公认为全球发展水平最高、最具影响力的湾区。纽约市作为纽约湾区的核心城市，是美国第一大港口城市、重要制造业中心，是全球金融中心、商业中心。美国纽约曼哈顿岛南部的华尔街不仅象征了美国的财富和经济实力，还见证了美国垄断资本的大本营、金融寡头的变迁。至今，美国最大的500家公司中，已有1/3以上把总部设在湾区中的曼哈顿岛。纽约湾区还集中了世界金融、证券、期货及保险等行业的精英。支撑纽约湾区产业集群发展的是自身雄厚的经济实力。纽约以及邻近的港口城市如波士顿、费城等是美国工业化最早、城市化水平最高、经济最为发达的地区。核心区内各城市产业结构呈现多元化和互补的格局，如波士顿拥有哈佛大学、麻省理工学院、波士顿大学等，诸多高校为纽约湾区提供了高素质的人力资源和高新科技。由于日益壮大的贸易和工业带动了金融的发展，纽约很快就成为早期世界最重要的金融中心和商业中心之一（见图5-1）。

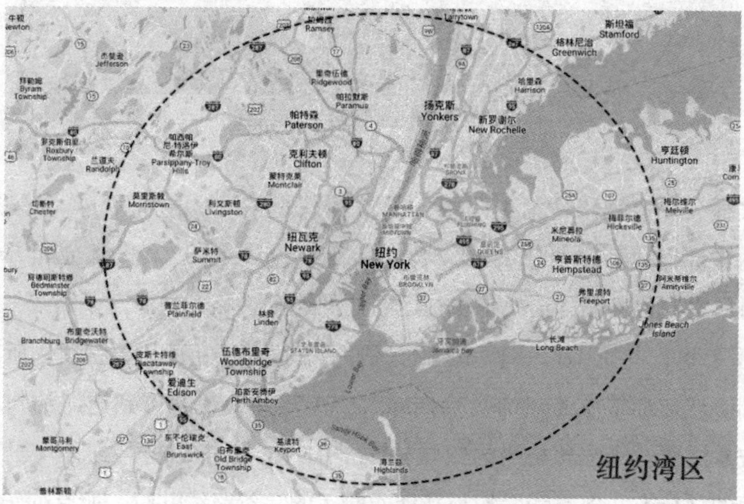

图5-1　纽约湾区

（二）铁路交通网络

纽约湾区拥有北美最大的交通运输网络，服务从纽约市至长岛、纽约州东南部和康涅狄格州大约5000平方公里内的1500万人口。大都会交通管理局

（Metropolitan Transportation Authority，MTA）为通勤距离远的居民提供便利，使其能搭乘地铁、巴士、列车等公共交通通勤，促进了湾区经济发展。由MTA运营的长岛铁路系统（LIRR）在1834年4月24日正式开通，是北美最繁忙的通勤铁路，每个工作日平均运送301000名乘客，每天有735趟列车（见图5-2）。长岛铁路系统包括11个不同分支的700多英里轨道，从长岛东端的蒙托克一直延伸到大约120英里外曼哈顿城中心的宾夕法尼亚车站。①

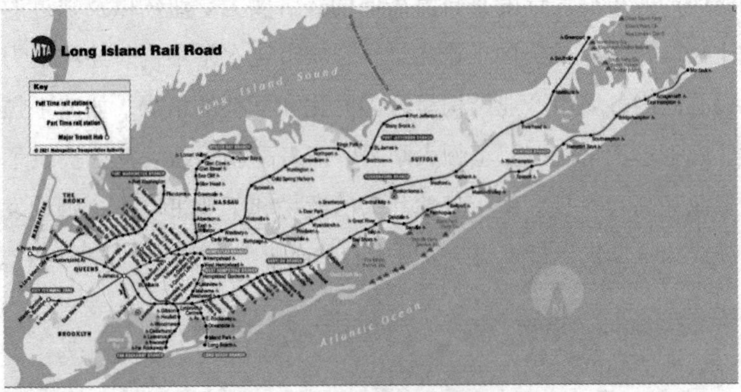

图5-2　长岛铁路系统路线

大都会北方铁路作为美国第三繁忙的铁路系统，由MTA与康涅狄格州交通运输部以及新泽西州交通局合作运营（见图5-3）。大都会北方铁路为纽约州与康涅狄格州的居民提供往返纽约的通勤铁路，共有5条路线，线路总长1267公里，共有128个车站。哈德逊河以东的部分有3条路线，所有列车的南端终点站都是位于纽约曼哈顿的大中央车站，往北可到达纽约州的瓦塞克、波基浦西，康涅狄格州的纽坎楠、丹伯里、沃特伯里与纽黑文。哈德逊河以西的部分有2条路线，均与新泽西捷运的2条路线共线，所有列车的南端终点站是新泽西的霍博肯车站，往北可到达杰维斯港与春谷。②

在纽约湾区还有斯塔滕岛铁路、纽新铁路、哈德逊—博根轻轨以及新泽西通勤铁路（见图5-4）。其中前三者长度都在20公里左右，斯塔滕岛铁路

① 资料来源：https：//new. mta. info/agency/long-island-rail-road。

② 资料来源：https：//new. mta. info/。

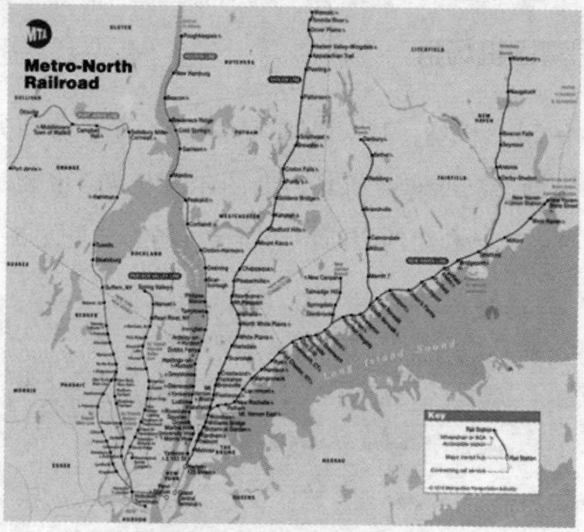

图 5-3　大都会北方铁路路线

服务于纽约五区中孤悬海外的斯塔滕岛，纽新铁路则将新泽西州的纽瓦克和霍博肯与纽约世贸中心和第六大道连接，而哈德逊—博根轻轨主要服务于哈德逊河西岸，是上述线路中唯一不进入纽约市的线路。新泽西通勤铁路分为两部分，一部分线路通往纽瓦克和纽约宾州车站，另一部分通向霍博肯枢纽。纽约的铁路站点非常密集，特别是曼哈顿和布鲁克林中心区的站点，而且提供 24 小时服务，在午夜也有部分线路运行。

图 5-4　纽约市轨道交通

（三）纽约湾区机场群

纽约湾区共有 28 个机场，其中民航运输机场 9 个，分别为肯尼迪国际机场、纽瓦克国际机场、拉瓜迪亚机场、斯图尔特机场、长岛麦克阿瑟机场、新泽西州特伦顿默瑟机场和纽约韦斯特切斯特机场等（见图 5-5、图 5-6）。

图 5-5　纽约湾区部分机场分布

其中肯尼迪机场是纽约都市区最大的国际枢纽机场，位于纽约市皇后区东南部，距离曼哈顿 24 公里，是美国东海岸最重要的国际机场，在该机场起降飞机多数为国际航班（见图 5-7）。①

纽瓦克机场位于新泽西州纽瓦克市与伊丽莎白市境内，距离曼哈顿 26 公里，纽瓦克机场与肯尼迪机场同为国际枢纽机场，承担机场群大部分客货运输功能（见图 5-8）。

拉瓜迪亚机场位于皇后区，面向法拉盛湾，在纽约中心区域的东北方向，距离曼哈顿 15 公里，拉瓜迪亚机场是主要提供国内航班服务的干线机场（见图 5-9）。②

---

① 资料来源：https://new.mta.info/。

② 资料来源：http://www.sutpc.com/news/jishufenxiang/826.html。

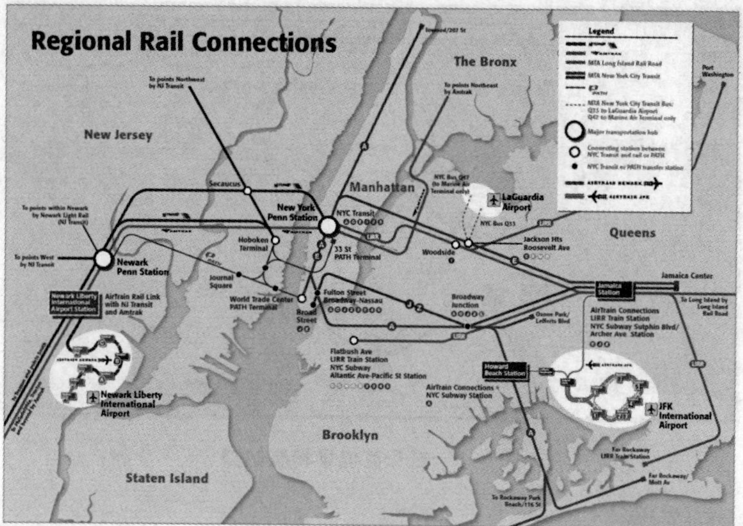

图 5-6　纽约市机场交通

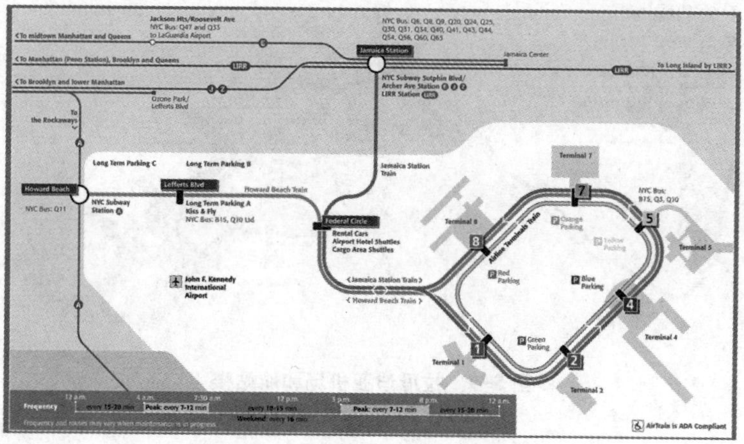

图 5-7　肯尼迪机场和航站楼

除运输机场外，纽约都市区还有许多通用机场，主要为公务机和直升机提供服务。其中，最大的通用机场是泰特波罗机场，主要提供公务机服务。纽约湾区还有一些小型民航机场不属于港务局管辖，例如韦斯特切斯特机场、特伦顿默瑟机场与长岛麦克阿瑟机场等。湾区多个小型的通航机场，规

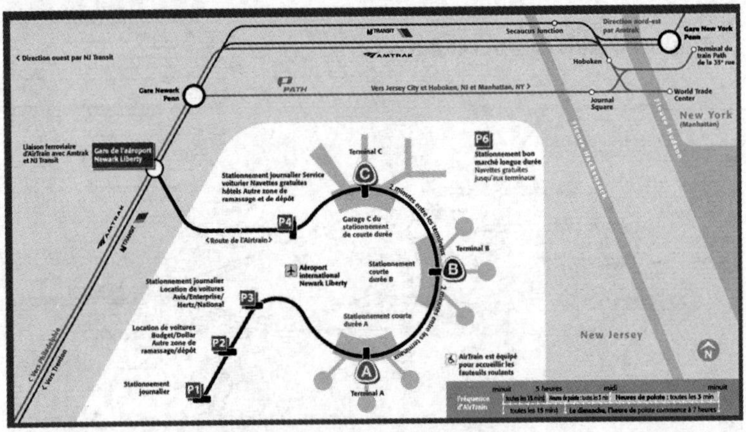

图 5-8　纽瓦克机场和航站楼

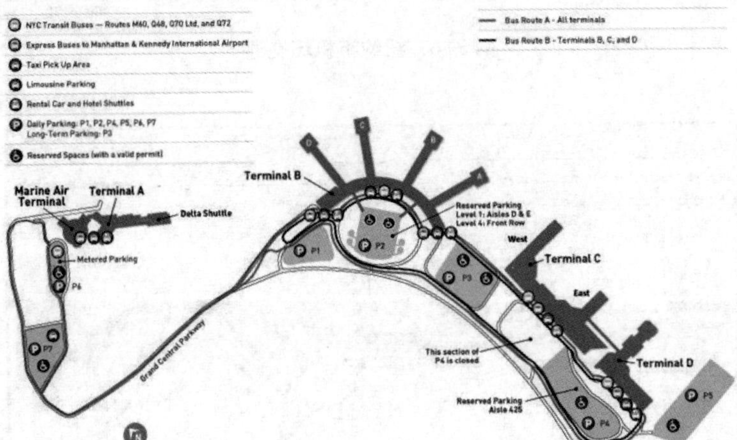

图 5-9　拉瓜迪亚机场和航站楼

模较小，同时还有 3 个直升机停机坪，其中最繁忙的 3 个位于曼哈顿，分别为曼哈顿中心直升机场、东 34 街直升机场和西 30 街直升机场，提供定期直升机服务。这些通用机场承担了短途运输、应急医疗、医疗救护等功能（见表 5-1）。①

① 夏梦妮：《粤港澳大湾区客运机场可达性研究》，武汉大学硕士学位论文，2018。

表 5-1 纽约湾区主要民航机场分析

机构	距离曼哈顿（公里）	架次/年（架次）	旅客人数/年（万人次）	功能
肯尼迪机场	24.0	456060	6255	民用运输机场
拉瓜迪亚机场	15.0	458674	4607	民用运输机场
韦斯特切斯特机场	38.5	197037	147	军民公用运输机场
特伦顿默瑟机场	107.34	86111	39.9	商务航空，飞行学校
长岛麦克阿瑟机场	85.61	113801	118	通用航空，商务航班

纽约湾区的三大主要民航机场分工明确，肯尼迪机场以国际航线为主，纽瓦克国内国际航线均分，拉瓜迪亚机场则以国内市场为主（见表 5-2）。从美国国内市场运营情况看，肯尼迪机场在国内市场的通航点比纽瓦克机场少，但集中度较高，纽瓦克机场与拉瓜迪亚机场运营的国内重点市场与肯尼迪机场有较大差异。虽然拉瓜迪亚机场的国内通航点几乎被肯尼迪机场和纽瓦克机场覆盖，但是其在共同市场上的航班量投入明显高于另外两个机场，体现了其在国内市场运营方面的差异化特征。因此，纽约湾区多机场系统经过良好的协调和科学的功能定位，即可在市场运营的竞争中形成差异化互补。泰特波罗机场等公务机场，不与枢纽运输机场竞争，反而定位为服务湾区内商务人士，配合直升机点到点的运输，促进商务活动推展，带来更多的经济活力。①

表 5-2 纽约湾区三大机场运营情况

单位：万人次，%

机场名称	2014 年旅客吞吐量	运量占比	国际旅客数量	国际旅客占比
肯尼迪机场	5325	45.98	2822	53
纽瓦克机场	3561	30.75	1175	33
拉瓜迪亚机场	2695	23.27	135	5

资料来源：左伟伟，《基于骨干航线网络结构的京津冀世界级机场群建设研究》，中国民航大学硕士学位论文，2016。

① 资料来源：https：//www.panynj.gov/airports/en/index.html。

（四）纽约湾区港口

纽约湾区的早期发展主要得益于其地理优势，使它可以依托海洋贸易促进发展。在最早期纽约地区的美洲原住民就开始利用该地区丰富的水道资源进行捕鱼和水路贸易等行为。随着毛皮贸易向北扩展，纽约成为一个贸易中心，带来了各种各样的民族，包括非洲人、犹太人、葡萄牙人、欧洲人等，因此，此后坐落于纽约的自由女神像也成为美国的象征及代表。曼哈顿岛有一个由纽约湾、东河和哈德逊河形成的天然良港，所有河道都在南端汇合，后来纽约地区的所有发展都是由此延伸出去的。1810 年纽约港成为全美最重要的港口之一，1825 年伊利运河竣工后，纽约市成为美国的贸易之都。

除了贸易商业用途以外，纽约湾区独特的地理优势也使得它成为一个军事战略要地。战争期间，纽约因为它独特的水道所具有的战略意义，使英国海军在战时把它作为基地的重要组成部分，如长岛战役、纽约战役等著名的战役都是为了确保纽约的占领权而发动的。由此可见，独特的地理优势给纽约的发展奠定了优良的基础。

纽约湾区拥有美国最大的城市和最大的天然港口，也是世界最重要的经济中心。临海的地理位置在纽约湾区的发展历史上起到了极大的作用，纽约湾区的建设也充分利用了自身的地理优势，在原本丰富的水道资源上，构建便利的水陆交通网络，使得纽约在国内贸易和国际贸易中都形成了独特的运输成本优势，进而获得了强大的区位优势和地区影响力。纽约港和新泽西港是纽约大都会区的港口区，位于自由女神像国家纪念碑半径约 40 公里范围内，海岸线长达 1050 公里；同时也是美国主要的海港之一，是美国第三大集装箱港，还是美国、加拿大、墨西哥的外贸门户，港口拥有广阔的腹地，良好的基础设施使得纽约湾区内的公路网络、铁路网络、内河航道网络和航空运输相互连接、四通八达，1904 年纽约地铁开始运营，更是使得纽约港成为连接美国东西部地区的商业枢纽。此外，经过多年的发展建设，其具有港宽水深、隐蔽、潮差小、冬季不冻、海岸线长等优点。目前纽约港可以通行 20 万吨的巨型货轮，5 万吨以下的轮船可以进入哈德逊和作业区。2010 年，有 4811 艘船舶进入港口，运载超过 3220 万吨的货物，价值超过 1750 亿美元。2011 年，该港口处理了 2080 亿美元的运输货物。每年处理大约 320 万标准箱的集装箱和 70 万辆汽车。1825 年，伊利运河的开通和通往大湖区的铁路线路的建设完善，使得五大湖的水运与纽约港相通，成为纽约州航运系统的主要水路（见图 5-10）。因此，纽约港得到迅速发展，成为美国最大的交通枢纽。此外，由于纽约市地处大西洋沿岸各大城市的中线位置，与欧洲地区直线距离近，是众多欧洲人进入北美地区的门户窗口，所以纽约也是欧洲和美洲之间一个重要的联系枢纽。①

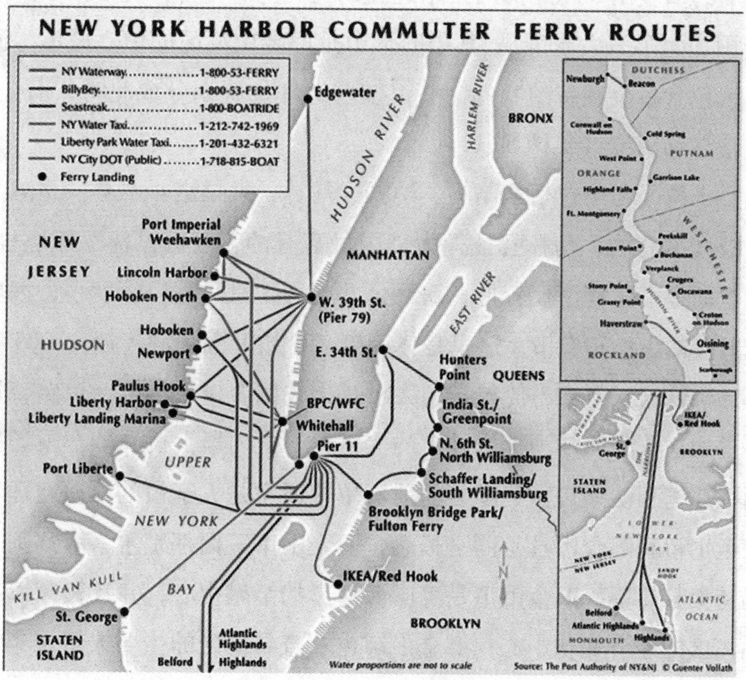

图 5-10　纽约渡轮

① 梁维：《粤港澳大湾区港口群与区域经济增长的关系研究》，广东外语外贸大学硕士学位论文，2019。

二　旧金山湾区交通发展案例分析

（一）发展条件

旧金山湾区是加利福尼亚州北部围绕旧金山湾和圣巴勃罗湾河口的仅次于洛杉矶的大都会区，是世界上最重要的高科技研发中心之一，位于沙加缅度河下游旧金山湾的四周，陆地面积达到了 18040 平方公里，湾区人口达 773 万人，一共有 9 个县，包括大大小小 101 个城镇，最主要的城市包括旧金山半岛的旧金山、东北部阿拉米达县的奥克兰、南部圣克拉拉县首府圣何塞（美国加州第三大城市），其中旧金山是旧金山湾区的中心城市，而且旧金山湾区包含多个独特的城郊中心，按照地理位置划分成北湾、旧金山市、半岛、东湾和南湾（见图 5-11）。

旧金山湾区北湾包括索诺马、纳帕、马林、索拉诺 4 个县，北湾大部分地区是极其富有的，马林县被列为美国最富有的行政区，资源环境也很好，但是这里的都市化程度比较低，缺乏公共交通工具，人口密度小，大多数地区为未开发的土地和农田，这里是休闲养老区域和葡萄酒产地。2006 年居民否决了通勤铁路兴建案，使得金门大桥是通往旧金山市的唯一道路，贝尼西亚大桥是通往东湾北部马丁尼兹市的大桥，卡奎内斯大桥和里奇蒙圣拉斐尔大桥通往东湾列治文市。美国县的地域单位通常是大于市的，在地理和文化上，旧金山市和旧金山县是同一概念，旧金山市三面都是水，南方则与半岛的圣马特奥县接壤。旧金山市是美国西海岸的金融中心，并且长久以来都是旧金山湾区的经济文化中心，旧金山市也一直是湾区的主要人口聚集区，服务业很发达，以金融和商业贸易产业为主。半岛是旧金山市和南湾的连接地区，由圣马特奥县的部分城市、圣克拉拉县西北部分和数个太平洋岸边的城市组成。在二战以后吸引很多中产阶级和富裕家庭居住和生活，带动当地的发展。南湾以硅谷为中心的高新科技产业繁荣发展，也促进了半岛家庭和当地的富裕。南湾顶尖科技企业云集，涉及基础科研、计算机、信息、科学技

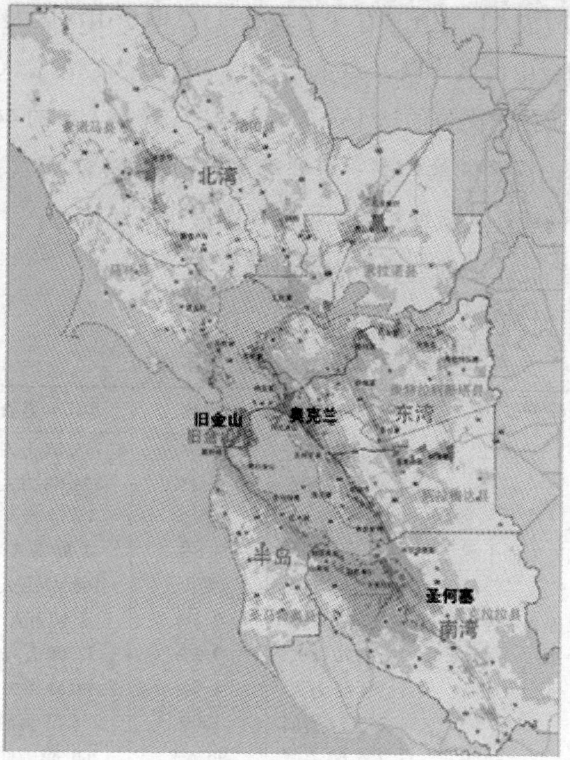

图 5-11　旧金山湾区

资料来源：张嘉颖，《我国区域规划困境的逻辑解析和编制突破——结合旧金山湾区规划转型的启示》，南京大学硕士学位论文，2021。

术、新能源、新材料等多个产业，是全球科技的风向标。东湾包括康塔科斯塔和阿拉米达两县，这里拥有湾区最大的海港奥克兰港和世界著名高校加州伯克利大学，气候是湾区最适宜的。旧金山湾区的三大城市，旧金山、奥克兰、圣何塞在发展策略和产业布局上采取了不同的发展方向，注重协调发展与合理分工，充分发挥区域优势，实现区域的协调发展。旧金山主要发展金融业、服务业和旅游业，奥克兰主要以港口经济为推手，圣何塞拥有高科技产业发达的硅谷，重点发展高新技术、信息和电子产业。

旧金山湾区的经济是动态的，随着时间的推移不断变化，人口近年来逐步增加，2017 年人口达到 773 万人，高学历人数和就业人数也不断增加。

从旧金山湾区两次人口普查来看（见表5-3），旧金山湾区人力资源比较充裕，2010年旧金山湾区本科及以上学历约199万人，占总人口的41.5%，从事管理、专业技术岗位的达153.71万人，占就业人口的44.5%。1990~2010年，旧金山湾区的就业率一直处于美国领先地位，其高新技术业、信息业、服务业的就业人数增长速度也是美国最快的地区之一，值得一提的是旧金山湾区高新技术业的就业集中度持续提高。①

表5-3　旧金山湾区基本指标

指标	2000年普查	占比	2010年普查	占比
总人口	678.38万人	100%	715.07万人	100%
白人	394.17万人	58.1%	375.58万人	52.5%
黑人/非裔美国人	51.11万人	7.5%	48.14万人	6.7%
美洲印第安人/阿拉斯加土著	4.35万人	0.6%	4.85万人	0.7%
亚洲人	128.98万人	19%	166.44万人	23.3%
夏威夷原住民/其他太平洋岛民	3.63万人	0.5%	4.44万人	0.6%
其他种族	62.70万人	9.2%	77.08万人	10.8%
两个或多个种族	33.43万人	4.9%	38.55万人	5.4%
总房屋数量	255.24万间	100%	278.59万间	100%
居住的房屋	246.60万间	96.6%	260.80万间	93.6%
空房的数量	8.64万间	3.4%	17.79万间	6.4%
中等收入家庭	71333美元		90220美元	
人均收入	30934美元		38294美元	
贫困人口	57.33万人	8.6%	66.89万人	9.7%
高中学历	81.37万人	17.7%	87.90万人	18.3%
本科学历	106.86万人	23.2%	121.00万人	25.2%
研究生或专业等级	64.98万人	14.1%	78.30万人	16.3%
16岁及以上的公民就业人口	336.65万人	100%	345.64万人	100%
从事管理、专业技术岗位	147.06万人	43.7%	153.71万人	44.5%
从事服务业	43.10万人	12.8%	54.80万人	15.9%
从事销售或办公事务	86.32万人	25.6%	81.94万人	23.7%
从事农业、渔业、林业	1.41万人	0.4%	统计在下列类别	
从事建筑、提炼、维护	24.85万人	7.4%	26.52万人	7.7%
从事生产、运输和物料搬运	33.91万人	10.1%	28.68万人	8.3%

① 王盟迪：《粤港澳大湾区与旧金山湾区科技创新能力国际比较研究》，兰州财经大学硕士学位论文，2019。

（二）旧金山湾区发展历程

1848 年，旧金山市加入美联邦。同年 8 月，马歇尔在加州附近发现了黄金，这个消息迅速传遍了整个美国，无数帆船携带着淘金者的梦想涌入旧金山港口。淘金者的定居带来了移民浪潮，造成旧金山人口激增，《旧金山湾区——大都市视角》中的数据显示，1850~1860 年，旧金山人口增长 97%。为满足移民安家置业的需求，政府规划建造工厂，发展工业。移民为湾区工业的发展提供了丰富的劳动力，旧金山得天独厚的港口区位优势也利于工业的商贸活动。这一时期湾区的轻工业和重工业均得到较快的发展，旧金山逐渐成为美国西部的制造业中心。同时，工业和商业的发展也带来了更多的移民。1860~1870 年，旧金山人口增长率达到 133%。人口的增加催生了相关城市基础设施建设，旧金山开始了城市化的进程。至 19 世纪 70 年代，旧金山已成为美国密西西比河西边最大的城市。这一阶段湾区的交通方式以水上运输为主，湾区内部仅有少量公路和几条铁路运输线。19 世纪 60 年代末期，一方面轮船航运速度提高，缩短航行时间，另一方面农牧业和林业重新开发，对外出口货物品种增多，旧金山在西部海域的贸易优势日渐明显，贸易需求也催生了内陆交通网络的发展。湾区在 1861~1864 年修建了第一条运营铁路，但总体上由于筹措资金较为困难，铁路修建难度较大，此阶段的交通网络线密集程度较低（见表 5-4）。[①]

表 5-4　旧金山湾区发展历程

阶段	起止时间	产业发展	主要交通方式	人口情况	面临的问题	解决方案
萌芽期	1848~1870 年	工业化起步	海运	淘金热引发移民潮	交通网络线密集程度较低	贸易催生经济发展
发展期	1870~1940 年	工业化快速发展；产业升级	高速公路网修建完成；建成多座跨海大桥	人口增速逐渐平稳	地价和劳动成本的上升	重工业外迁，发展金融业
成熟期	1940 年至今	新兴产业出现	轨道交通；航运	硅谷崛起，人才涌进	房价高昂导致人才流失	BART 改善职住关系

资料来源：中国指数研究院。

① 刘欣博：《美国旧金山湾区高新技术产业创新体系研究》，吉林大学博士学位论文，2020。

19 世纪 70 年代，旧金山湾区开启了城市化的进程。但在城市化初期，湾区内存在城市化分布不均、交通网络不密集等问题。因此 19 世纪后期，政府以奥克兰为中心，修建了密集的陆路交通网。铁路的发展在很大程度上带动了奥克兰的工业化，湾区的东部逐渐形成了一个工业地带，并且逐步扩大到西奥克兰地区，拉动了奥克兰经济发展。据统计，1880~1890 年 10 年间，奥克兰工业产值增加 3 倍多。此外，政府还利用跨海大桥密切了城市间的联系，19 世纪 20~30 年代先后建成的 7 座跨海大桥，不仅消除了城市的孤立性，形成了湾区城市网络雏形，还拉动了湾区内部城市商业贸易的发展，湾区在协同化发展上迈了一大步。在城市化方面，19 世纪后期，随着湾区的发展，旧金山地价和劳动成本上升，钢铁和冶炼等部分高成本制造业逐渐从城市外迁，1906 年的地震更是加剧这一趋势，外迁潮带动旧金山周边城市制造业发展。与此同时，旧金山海上贸易发展迅速，80 年代初基本垄断了美国太平洋海岸与内陆的海上贸易，涵盖了太平洋沿岸城市 99%的进口货物以及 83%的出口货物。另外，随着旧金山制造业的外迁和贸易的发展，金融机构开始市场细分。金融市场上产生了商业银行、保险公司和股票交易等三种主要形式，旧金山金融中心地位加强。综上，这一阶段是旧金山湾区工业化快速发展的时期，人口增速渐趋平稳，中心城市集聚发展，跨海大桥增强了城市间联系。其中，旧金山率先实现产业转型，成为美国西部的商贸和金融中心，奥克兰依托铁路带动，工业化加速，成为湾区的工业中心。

二战后，随着第三次科技革命的来临，旧金山湾区开始真正走上了科技创新之路。硅谷的迅速崛起不仅是旧金山湾区科技蓬发的标志，也推动了湾区科技的进一步发展。独特的创新体系和风险投资是硅谷取得成功的核心要素。由于斯坦福地处美国经济边缘的西部地区，可获得的政府经费较少，迫使其创立科技园，与企业共同科研，促成了大学与企业的创新驱动循环。产学研的无缝对接，催生了硅谷的萌芽，推动了湾区科技创新与研发。其次，除科技的推动外，资本的力量也不容忽视，科技型企业的诞生和成长需要充足的资金支持。在硅谷内有数量庞大的私募基金公司和风险投资机构，这些投资机构为硅谷新兴科技企业提供多轮融资，促成其成长壮大，同时还参与企业的日常运营，减少新兴企业的额外成本。苹果、谷歌等一些著名公司都是在风险投资的保驾护航下发展起来的。综上所述，旧金山湾区从淘金热人口涌入的起步，到20世纪城市化进程的加快，再到硅谷的崛起，最终成为以科技为主导的著名湾区。这其中既有淘金浪潮、工业革命和科技革命的推动，也有湾区根据自身状况和经济形势不断调整和转型的功劳。[①]

（三）旧金山湾区轨道交通

旧金山湾区的公共交通非常发达，覆盖整个区域。旧金山湾区的轨道交通网络体系由城际铁路（加州通勤铁路、省会走廊列车、通勤列车）、市郊铁路（城市铁路）、地铁（BART系统）以及轻轨系统组成（见图5-12）。旧金山交通管理局（SFMTA）是世界上为数不多的有广泛授权管理所有交通方式的机构，包括公共交通、出租车、停车场和交通信号等。该机构的愿景："卓越的交通出行选择"，将为所有市民提供一个交通蓝图。旧金山交通管理局负责计划、设计、建造、运营、管理和维护世界上最全面的交通网络之一。该机构直接管理旧金山的5种公共交通工具（长途客车、有轨电车、轻轨、老式有轨电车和缆车），此外还负责监督帕拉特兰的服务，为无法使用固定路线交通服务的个人提供服务。旧金山交通管理局为加州湾区提供了超过40%的交通运输服务，每年运送旅客超过2.25亿人次。2012年，旧金山交通管理局战略计划的目标是到2018年实现50%的非自驾出行和50%的绿色出行（步行交通、自行车、共享出行）。未来3年，即使在人口和就业快速增长的情况下，旧金山也能实现50%的非自驾出行。随着城市的发展，其不仅要保持发展速度，还要增加共享和积极的出行模式。旧金山交通管理局有创新的已交付、试点和示范工程，并且拥有专业知识、技术和稳定的人际与合作伙伴关系，以实现"智慧城市挑战赛"的目标。旧金山的领导层高度重视此项目，并努力将智慧城市变成现实。通过接受这一挑

---

① 桂阳超：《粤港澳大湾区与世界三大湾区的经济联系度比较研究——基于引力模型》，深圳大学硕士学位论文，2018。

战，这座城市可以启动并加速已在进行中的转型。旧金山收到了许多优秀的共享移动、CAV 技术提供商和其他关键利益攸关方的支持信。该倡议将由旧金山交通管理局及其合作伙伴牵头。该市将成为世界上第一个全面整合共享、电力、联网和自动化车辆系统的城市，为所有居民、通勤者、游客和商业开发一个完全集成的、电动的、自动化的智能网联汽车系统。①

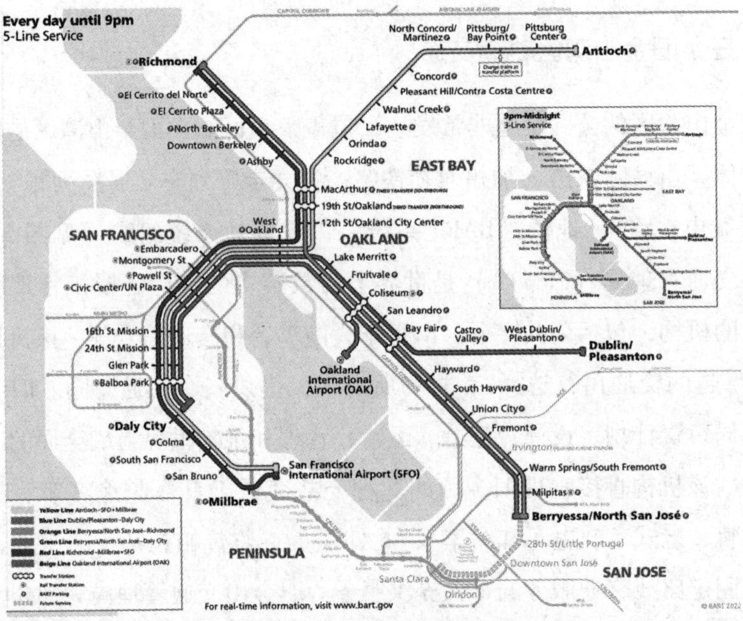

图 5-12　旧金山轨道交通

（四）旧金山湾区机场群

旧金山湾区作为美国西海岸加利福尼亚州北部的一个大都会区，是仅次于大洛杉矶地区的加州第二大都会区，拥有旧金山国际机场、奥克兰国际机场、诺曼·峰田圣荷西国际机场和萨克拉门托国际机场 4 座机场。根据已有研究成果，用 3 小时车程来识别，该地区已经形成以旧金山国际机场为核心

① 郭伟娜、田大江、张胜雷：《美国旧金山发展智能交通的经验及其对我国智慧城市建设的启示》，《智能建筑与智慧城市》2018 年第 1 期。

机场，以奥克兰国际机场、诺曼·峰田圣荷西国际机场、萨克拉门托国际机场为辅助机场的机场群（见图5-13）。整体来看，虽然旧金山湾区机场数量要少于纽约湾区，但其机场分布仍旧具有明显的核心性。以旧金山国际机场为主要核心，距离旧金山市区16公里左右；奥克兰国际机场距离旧金山市区18公里左右；诺曼·峰田圣荷西国际机场、萨克拉门托国际机场也均位于距离其核心机场150公里的范围内。[①]

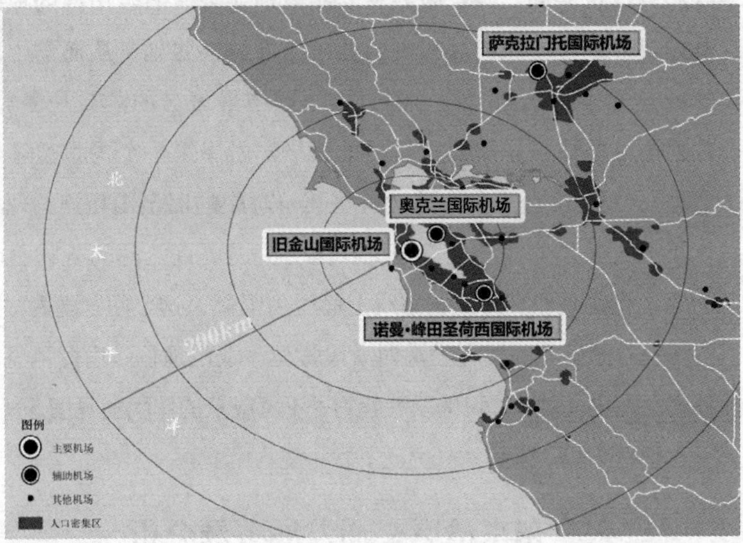

图5-13　旧金山湾区机场群

资料来源：曹小曙、杨景胜、廖望，《全球机场群空间格局及其对粤港澳大湾区的启示》，《城市观察》2017年第6期。

旧金山国际机场是湾区最重要的机场，为联合航空和维珍美国航空的枢纽站，也是美国通往亚洲的主要出发站点之一。除核心机场外，区域内的其他机场间的客运市场规模相当，无明显落差。奥克兰国际机场与圣荷西国际机场主要提供国内航线服务，国际航线仅限墨西哥。尽管圣何塞是人口最多的旧金山湾区城市，但圣荷西国际机场的旅客人数是旧金山湾区里最少的。

① 夏梦妮：《粤港澳大湾区客运机场可达性研究》，武汉大学硕士学位论文，2018。

平均每年的旅客人数比奥克兰国际机场稍少，但是大概只有旧金山国际机场的 1/3。它主要吸引离旧金山国际机场太遥远的郊区旅客，作为旧金山和奥克兰机场的后备机场。

（五）旧金山湾区港口

旧金山湾区的特殊之处在于，其位于太平洋沿岸，是世界三大天然良港之一，主要经营散货装卸、渡轮服务和船舶修理业务。旧金山湾的地理优势还在于，其通过萨克拉门托河深入美国的中西部地区腹地，从而与中西部地区的经济产业建立了直接的关联。旧金山湾区中最著名的港口是奥克兰港，地处圣弗朗西斯科湾口的东岸，它是美国太平洋沿岸第一个为集装箱船建造码头的主要港口，长 13 公里的海湾大桥将其与对岸的旧金山相连，现在奥克兰港是美国第五大繁忙的集装箱港口。在历史上，奥克兰港的货物吞吐量增长曾经因为无法将集装箱转移到铁路线上而受到限制，这个问题随着联运系统的建成得到解决，也确立了奥克兰港西海岸货运市场的地位。由此可见，与港口配套的基础设施建设对于港口的发展起到了不可或缺的作用（见图 5-14）。

三　东京湾区交通发展案例分析

（一）发展条件

东京湾区是依托东京湾发展起来的大都市圈，据 1956 年日本官方的界定，东京湾区包括东京、关东区中茨城县、琦玉县、千叶县、神奈川县等在内的 6 个县以及中部地区的山梨县，还包括人烟稀少的小笠原群岛。面积约为 3. 67 万平方公里，占日本面积的 6. 5%。据相关统计数据，2016 年，东京湾区聚集了约日本 1/3 的人口和 1/3 的经济总量，是日本最大的城市群和最大的金融中心、交通中心以及商贸中心（见图 5-15）。[①]

① 资料来源：https：//www. toukei. metro. tokyo. lg. jp/tnenkan/tn-eindex. htm。

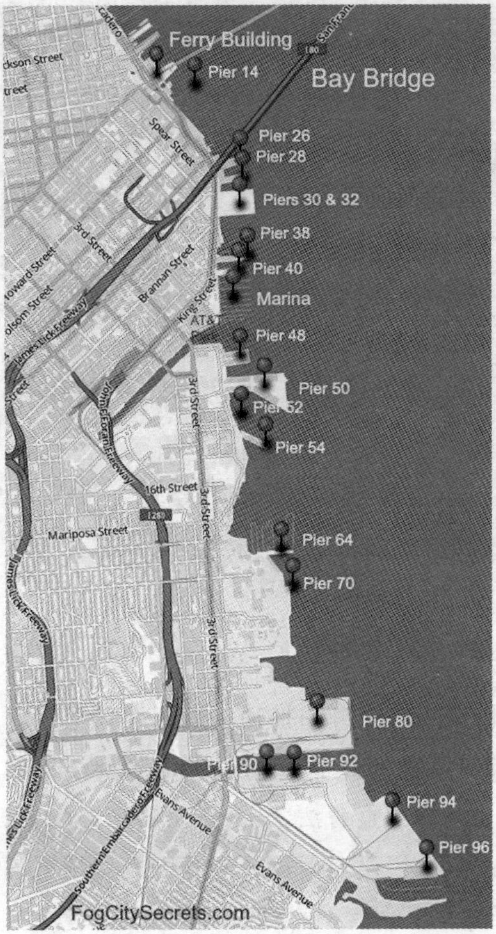

图 5-14　旧金山湾区码头

（二）东京湾区发展历程

东京湾区的形成可追溯到 19 世纪中叶，1858 年，江户港、横滨港在《日美修好通商条约》中被开放，在起步阶段，港口逐步形成了以制造业为主的发展思路。19 世纪中期后工业沿着东京湾西岸东京和横滨之间发展，形成京滨工业地带；20 世纪初向东、向北扩展，形成京叶工业区。东京湾经济带的发展过程大致可分为 3 个阶段：20 世纪 60 年代前，由于政

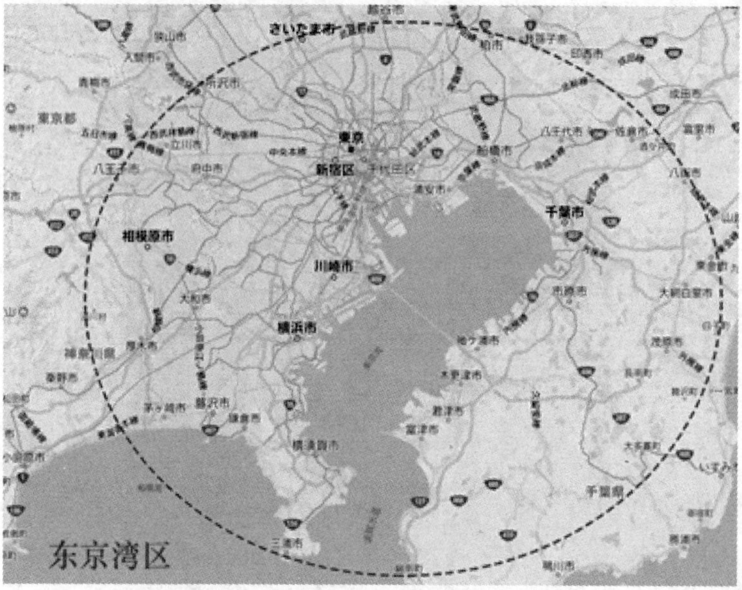

图 5-15　东京湾区

治辐射、交通便利等区位优势的推动，企业集聚于京滨、京叶两大工业区，东京湾区形成了工业经济带。为促进东京湾区发展的规范化，1956 年日本政府制定了《首都圈整备法》，为东京湾区的发展提供了法律保障，1958 年日本政府又颁布了《首都圈市街地开发区域整备法》，20 世纪 60 年代后又出台多部法律。一系列法律法规的实施，为东京湾区的产业布局提供了完善的法律保障。20 世纪 60 年代，京滨、京叶两大工业区的重化工业开始向外扩散，1967 年日本政府筹划了《东京湾港湾计划的基本构想》，整合湾区港口的资源，协调各港口机构的关系，消除港口间的恶性竞争，优化了港口城市群的协同效应，实现湾区的最大效益。20 世纪 80 年代后，京滨和京叶工业区完成了由工业经济向服务创新经济的转型。在产业的空间布局上，东京湾区始终遵循“工业分散”原则。1960 年后，由于东京产业转型的需要，政府将东京的制造业向外扩散，重工业逐渐从东京迁移至横滨、川崎等市，进而开始形成京滨、京叶两大产业集群和工业区。而东京作为湾区核心城市，重点发展以科技创新为主的第三产业。

“工业分散”战略既大大缓解了东京地区制造业发展受限、人口压力大等问题，也促进了湾区其他城市工业化的进程。产业转移之后，东京从以重工业为主的制造业城市，逐渐向以港口贸易、金融科技以及高新产业等现代服务业为主的城市转型，东京开始成为日本的政治、金融、商业和文化中心。而相关制造业已转移至湾区的其他城市，促进了东京湾区的整体进步。除此之外，科技力量对东京湾区的经济发展也起到了强大的推动作用。通过合理的产业分工和雄厚的科技创新实力，东京湾区产业布局十分合理，湾区内城市之间联系密切，区域协同效应强。从 20 世纪 60 年代起东京湾区经济持续高速发展，成长为世界著名湾区。

（三）东京轨道交通系统

东京是世界上轨道交通最发达的城市之一，也是实施 TOD 模式最为成功的城市之一。东京的轨道交通利用率之高、机动车利用率之低，在世界范围内都是屈指可数的。随着日本大都市圈的发展，人口向大都市圈集中的现象从 1950 年以来持续了相当长的时间。1975 年东京都区部的昼间就业人数为 612 万人，其中约 33%的就业者要往返于区部内外进行通勤。[①] 人口和就业岗位的高度集中带来的是交通的拥堵、高额的土地成本以及交通污染。为避免这个现象的恶性发展，东京结合城市发展实际，制定了以发展区域公共轨道交通网络为主、地面公共交通为辅的城市公共交通发展目标；建立发达高效的区域公共交通网络和综合便捷的城市综合交通换乘枢纽；完善各类交通管理和安全设施，吸引市民使用公共交通工具（见图 5-16）。

经过多年发展，东京目前已形成以 JR 国铁、大手私铁、第三部门铁路、都营地铁、东京地铁和地面公交共同运营的东京城市公共交通体系（见表 5-5）。通过 JR 国铁和私铁运送外部及城际人口进入东京都或山手线的综合换乘枢纽，然后利用东京都及区部的地铁系统和地面公交运送到城市各片区，以满足市民的交通需求。东京城市轨道交通在城市公共交通体系中的分

① 日本总理府统计局：《国势调查报告》，1975 年。

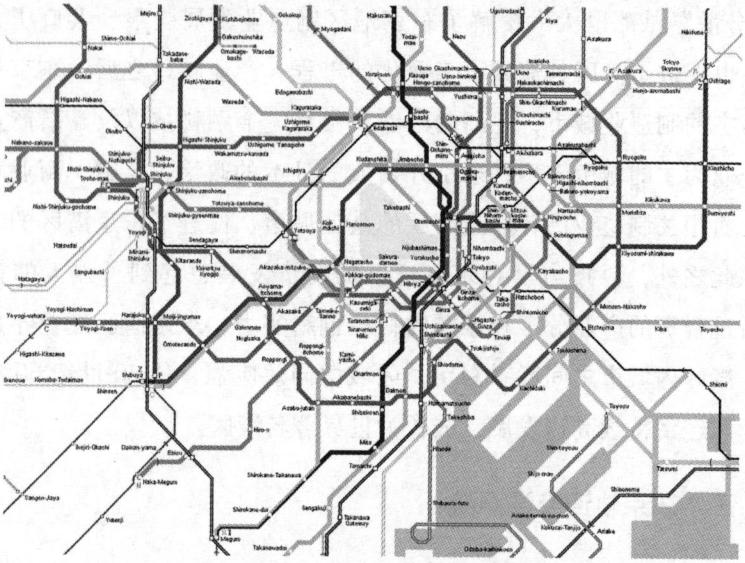

图 5-16　东京中心轨道交通

担率达 75%以上，城市公共交通体系依托轨道交通系统的高效快捷，年运送乘客约 158.5 亿人次。[①] 东京现有 380 个轨道交通站点，为日本 1/3 人口近 3000 万人提供轨道交通服务。每天有 1500 万人乘坐轨道交通，其中有 690 万人需要通勤或通学，支撑了整个城市轨道交通系统的运营。[②]

表 5-5　东京城市公共交通体系一览

营运主体	线路名	起讫站点	车站数量（个）	主要换乘站	长度（公里）	启用时间（年）	类型
JR国铁	东海道新干线	东京—新大阪	17	品川、新横滨	515.4	1964	高铁
	山手线	环线	29	新宿、涩谷	34.5	—	通勤
	京叶线	东京—苏我	18	新木场、西船桥	43.0	1986	通勤
	成田特快	东京—成田机场	6	成田、千叶	—	—	通勤

① 张壮云：《东京城市公共交通优先体系的经验及借鉴》，《国际城市规划》2008 年第 3 期。

② 杨佳璇：《城市轨道交通站点接驳体系时空效率研究》，天津大学硕士学位论文，2015。

续表

营运主体	线路名	起讫站点	车站数量（个）	主要换乘站	长度（公里）	启用时间（年）	类型
大手私铁	东急田园都市线	涩谷—中央林间	27	三轩茶屋	31.5	—	通勤
	东急世田谷线	三轩茶屋—下高井户	10	山下	5.0	—	有轨
	东急目黑线	目黑—日吉	13	大冈山	11.9	1923	通勤
	东急东横线	涩谷—横滨	21	中目黑	24.2	1926	通勤
	东急池上线	五反田—蒲田	15	旗之台	10.9	—	通勤
	东急大井町线	大井町—沟之口	16	中延、旗之台	12.4	1927	通勤
	京急本线	品田—浦贺	50	京急蒲田	56.7	1901	通勤
	京急空港线	京急蒲田—羽田机场	7	羽田空港国际航站楼	6.5	—	通勤
	小田急小田原线	新宿—小田原	47	代代木上原	82.5	—	通勤
	小田急江之岛线	相模大野—片濑江之岛	17	中央林间、湘台、藤泽	27.4	—	通勤
	小田急多摩线	新百合丘—唐木田	8		10.6	—	通勤
	西田池袋线	池袋—吾野	32	小竹向原	57.8	1915	通勤
	西武有乐町线	练马—小竹向原	3		2.6	1983	通勤
	西武新宿线	西武新宿—本川越	29	高田马场	47.5	1894	通勤
	西武丰岛线	练马—丰岛园	2		1.0	—	通勤
	东武东上本线	池袋—寄居	38	下赤冢、成増	75.0	1914	通勤
	东武伊势崎线	浅草—伊势崎	55	押上、北千往	114.5	1899	通勤
	京王线	新宿—八王子	32	明大前	37.9	1913	通勤
	京王井之头线	涩谷—吉祥寺	17	下北泽	12.7	1933	通勤
第三部门铁道	都电荒川线	三之轮桥—早稻田	30	王子站前	12.2	—	有轨
	筑波快线	秋叶原—筑波	20	浅草、北迁往	58.3	2005	通勤
	临海百合鸥线	新桥—丰洲	16	汐留、有明	14.7	1995	新交通
	临海线	新木场—大崎	9	国际展示场	12.2	1996	通勤
	羽田机场线	滨松町—羽田机场	11	天王洲岛	17.8	—	单轨
东京都交通局	浅草线	西马込—押上	20	日本桥、新桥	18.3	1960	地铁
	三田线	目黑—西高岛平	27	春日、日比谷	26.5	—	地铁
	新宿线	新宿—本八幡	21	市谷、神保町	22.5	—	地铁
	大江户线	新宿西口—都厅前	28	汐留、六本木	40.7	—	地铁
	日暮里—舍人线	日暮里—见沼代亲水公园	13	西日暮里、熊野前	9.7	2008	新交通

续表

营运主体	线路名	起讫站点	车站数量（个）	主要换乘站	长度（公里）	启用时间（年）	类型
东京地铁	银座线	浅草—涩谷	19	上野、银座	14.3	1927	地铁
	丸之内线	池袋—荻洼	28	后乐园、东京	24.2	1954	地铁
	丸之内支线	中野坂上—方南町	3		3.2	1962	地铁
	日比谷线	北千住—中目黑	21	霞关、东银座	20.3	1961	地铁
	东西线	西船桥—中野	23	饭铁桥、大手町	30.8	1964	地铁
	千代田线	绫濑—代代木上原	20	霞关、表参道	24.0	1969	地铁
	有乐町线	和光市—新木场	24	池袋、有乐町	28.3	1974	地铁
	半藏门线	涩谷—押上	14	永田町、锦丝町	16.8	1978	地铁
	南北线	目黑—赤羽岩渊	19	饭田桥、四谷	21.3	1991	地铁
	副都心线	和光市—涩谷	16	池袋、东新宿	20.2	2008	地铁

东京的城市轨道交通体系包括 JR（新干线）、通勤铁路（私铁）、地下铁、单轨铁路、新交通、有轨电车等交通类型，形成放射形环状结构的城市轨道交通网络。东京的城市轨道交通体系以东京区部的 JR 山手线环线铁路为纽带，山手线内部为网状结构交错布设的东京地下铁路网，与 JR 山手线充分对接；再通过 JR 山手线与外侧的各条向近郊和城际放射分布的私铁线和 JR 线有机地联系起来。JR 山手线已成为东京区部与近郊地区的分界线和交通转接点，但通过地铁线与通勤铁路（私铁）的直通运行，可以在有效提高市郊与都心联系效率的同时，使轨道交通线路分段点或运营交路分段点向郊区迁移，以避免线路在 JR 山手线断开，缓解 JR 山手线换乘枢纽的客流压力。这种放射形环状结构的城市轨道交通网络，既具有放射网状结构的优点，又克服了其客流过度集中的不足，方便了环线周围地区间的交通，增强了整个路网的连通性，对东京区部的客流起到了一定的疏解作用。同时，JR 山手线作为环绕东京区部的环线，在 29 个车站中，有 24 个与其他线路换乘，集中几个由多条私铁和地铁线共同汇集的大型换乘枢纽，引导了东京副都心的出现，形成了上野、池袋、新宿、涉谷等副都心，有效缓解了巨大

客流对都心的冲击。东京城市轨道交通运量大、效率高，很大程度上缓解了东京交通拥堵的问题。联系东京都市圈、东京都、东京区部及都心之间的轨道交通系统高效快捷、换乘便利，满足了城市居民的出行要求。

（四）东京湾区机场群

相较于纽约和旧金山湾区，东京湾区机场群机场组成较为简单。在地面交通网络发达的东京湾区仅以东京羽田国际机场、成田国际机场两家机场为主。距离市中心仅 12 公里的东京羽田国际机场，2016 年提供了超过 5000 万个可售座位，占区域总数的 67. 6%，对应的成田国际机场占比 32. 4%。从始建初，两个机场之间具有明确的分工和合作关系，1978 年开始运营的成田国际机场既有效解决了 19 世纪 70 年代开始就出现在羽田国际机场的容量限制问题，又成为日本对外国际航班最为重要的机场（见表 5-6）。

表 5-6　东京机场群概况

机场名	时间	位置	功能定位
成田机场(NRT)	1978 年	成田国际机场所在的千叶县位于东京市东北郊,与东京市区有 68 公里的距离,到东京市中心最快需要 60 分钟左右	主要国际航班,及部分配套国内航班
羽田机场(TYO)	1931 年	羽田机场位于东京南部,与东京市中心的距离为 16 公里,乘坐公共交通往来市区与机场需要 20 分钟	以国内航班为主兼营部分国际航班

资料来源：左伟伟，《基于骨干航线网络结构的京津冀世界级机场群建设研究》，中国民航大学硕士学位论文，2016。

（五）东京湾区港口

东京湾沿岸长达 170 多公里的海岸线已经形成由横滨港、东京港、千叶港、川崎港、木更津港、横须贺港 6 个港口首尾相连组成的马蹄形港口群，年吞吐量超过 5 亿吨，并且各个港口之间形成了特色鲜明的功能分工体系。在完整的港口产业链的带动下，大型工业生产原材料能够十分便捷地进入东京湾，同时工业制成品的出口运输成本也因为邻近港口群而十分低廉，因此东京湾港口群促进了京滨、京叶两大工业地带的形成。其中，根据日本港口功能和重要性分类，在京滨地区的东京港、横滨港和川崎港被定位为日本最重要的国际集装箱枢纽港。

东京港是典型的输入型港口。东京港的特点在于其独特的地理位置使其邻近日本首都东京这样一个主要的全球性消费市场，此外东京作为日本的首都在道路交通网络方面有着良好的基础设施，因此也成为日本的一个重要物流中心，承担了相当大比重的进口货物集散功能。与此同时，东京港也是重要的商品出口港，其大部分出口产品是高附加值的电子机械产品。虽然出口量仅占进出口总量的40%，但其出口贸易额占贸易总额的44.2%。

川崎港上接东京港下临横滨港，与湾区中另外两个核心港口首尾相连，三者被合称为京滨港。川崎港是京滨工业地带的中心工业港，也是能源的供应基地，能够为东京首都圈的工业生产以及居民生活提供能源支持，同时具有较多的冷藏设施，能够存放冰冻类货物。而川崎最重要的特点在于其位于东京港和横滨港之间，这样的地理位置使其成为一个综合性的物流分发中心，承接来至亚洲的货物，起到了帮助东京首都圈这个世界级消费中心分担物流压力的作用（见图5-17）。

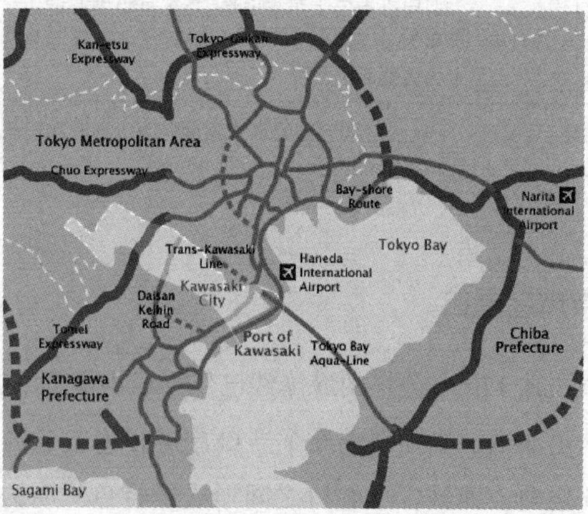

图5-17　川崎港区位

横滨港自1859年开始运作以来，一直就是日本的一座重要港口，二战结束后，更是被日本国土交通省定位为与东亚大型港口竞争的国际集装箱战略港。横滨港相较于东京港和川崎港而言，处于东京湾区更外沿的位置，更靠近湾岸的出入口意味着横滨港拥有更加宽阔和深的水道，为巨型集装箱货轮的停靠提供了条件，是一个高质量的天然良港。得益于此，横滨港成为日本的一个国际性物流运输中心，主要停靠往来日本和北美的巨型货轮。目前，横滨港已经发展成为日本最大、亚洲最深的集装箱码头，是世界著名的集装箱港口之一。

四 伦敦城市群交通发展案例分析

（一）发展条件

伦敦城市群以伦敦市为中心，由伦敦、谢菲尔德、利物浦、曼彻斯特、伯明翰等五大城市以及30多个中小城镇组成。城市群人口有4200万人，占英国总人口的24%；占地面积4.5万平方公里，占英国国土总面积的18.4%；制造业产值占全国的1/2，城市化水平达到87%。伦敦城市群是英国的经济中心和生产基地，其交通一体化与城市群的发展历程可分为3个阶段：第一阶段是1942~1944年，伦敦的人口数量快速增长，城市规模发展较快，其城市功能开始向外疏散，以伦敦市为中心，半径为48公里规划出4个同心圆，分成4个圈层：内环层、外环层（近郊）、绿带区（远郊）和乡村区。将伦敦市内的劳动力向外环层引导，将农村特色产业向乡村区引导，建设大都市圈，促进三四圈层的经济发展。第二阶段是1944~2000年，此时政府出台了一系列加强城市建设的规划方案，旨在将伦敦市打造成一个世界城市，加强伦敦与其他城市的经济联系，将产业与人口积极地向城市周边引导，以建立各中心城市的经济圈。第三阶段是2000年以后，伦敦城市群实施了大规模的发展规划，将伦敦城市群建设成在经济、环境、就业、交通等方面可持续综合发展的世界性城市群经济圈。在城市群发展中其交通一体化发展特点包括以下几点：一是交通一体化发展是城市发展规划的重要内容，在城市群经济圈形成中充分发挥了交通对经济发展的引导作用。如第一阶段中，以伦敦为中心的四圈层的构建，就是引导城市沿着以伦敦为中心向外辐射的 3 条快速交通干线向外扩张，先形成交通一体化网络，后催生经济发展圈层。二是在伦敦城市群构建中，随着中心城市从一个向多个发展，交通干线也从一个中心内部向外辐射发展成从多个中心内部向外辐射，并在多个中心城市之间建设了交通连接线，加强了中心城市之间及中心城市与周边城镇的交通线路建设。三是随着城市群的发展，人们的居住地渐渐从城市中心向郊区转移，造成每天会有大量乘客往返于城市中心与郊区之间，因此伦敦城市群内部交通以高速公路和轨道运输为主。从伦敦出发的高速公路有 9 条，呈放射状向外延伸，横穿城市群建设了一条环形高速公路，将 9 条纵向的高速公路相交连接，形成伦敦城市群中“一环九纵”的高速公路运输网络。伦敦城市群内的轨道交通比较发达，承担着大量的城际与城郊间的旅客运输。四是伦敦城市群内基本实现了高速公路与轨道交通的有效衔接、郊区铁路与市内地铁的有效衔接、私家车与公交车的有效衔接以及圈层内外交通线路的有效衔接，真正实现了城市群交通一体化。①

（二）伦敦铁路发展历程

在 18 世纪 60 年代工业革命的影响下，英国成为第一个从农业文明向工业文明转变的国家，逐步从农业社会走向工业社会。工业的长足进步带动了采矿业、冶铁业、建筑业、制造业以及其他行业的发展。这使得英国社会经济结构发生巨大变化，在国民经济中工业的比重首次超过了农业。据统计，“农业在国民生产中的份额从工业革命前的 40% 下降到 1851 年的 20. 3%，在相应的年份中，制造业、采矿业、建筑业却从 21% 上升到 34. 3%”。随着工业的迅速发展，当时的运河、马车已经无法满足物流的需求。与此同时，工业的巨大发展带来了大量的就业机会，加之农村产业结构变化使得大批农业劳动力

① 姜策：《国内外主要城市群交通一体化发展的比较与借鉴》，《经济研究参考》2016 年第 52 期。

涌入城市。其中作为英国政治、经济、文化中心的伦敦变化尤为显著。据统计，“1520 年英国农业人口占总人口的 76%，到 1801 年只有 36%”。然而短时间内大量人口的涌入使得伦敦的市政设施显得捉襟见肘，其中表现最明显的是伦敦的城市交通。原来的街道变得十分拥挤，路面常年失修坑坑洼洼，通常情况下走路比乘车更方便，城内主要交通工具像马拉的巴士、出租马车、四轮马车、二轮马车都难以承受人口增长的压力。同时，交通问题带来社区卫生环境的恶化，导致疾病、时疫蔓延。为寻求更舒适的生活环境，躲避疾病和时疫，大量的商人和中产阶级开始搬往伦敦西部郊区。然而人口的转移并没有改善市区严重的交通问题，郊区的居民每天在居住和工作地点之间的往返通勤反而给伦敦交通带来更大的压力。为此，1831 年英国议会通过一项法案，允许之前在郊区运行的公共马车进入市中心。但事与愿违，在道路交通基础设施没有得到改进的情况下，公共马车在伦敦市中心造成了更严重的交通堵塞。面对这样的境况，伦敦急需一种新的交通形式来满足快速发展的工业运输和日常通勤的需求，从而解决日益严重的城市问题。①

1808 年，世界上第一条载客铁路线由理查德·特里维西克修建，开启了铁路的时代，伦敦铁路最初的建设是为了将煤炭和其他货物运进城内。19 世纪中后期，世界上的一些国家均将铁路及车站的规划纳入了城市总体规划，而此时对于伦敦来说，铁路大规模重建多数为独立公司的个人行为。1938 年，世界上第一座现代性的交通运输枢纽帕丁顿建成，铁路、运河和伦敦第一条马车公交服务都汇集于此。随着铁路系统的不断发展，客运时代到来，铁路公司创建了通勤世界，铁路沿线先后建立起住宅和火车站。火车站的位置对于高密度开发地点的选择产生了巨大的影响。通过伦敦早期铁路的发展和火车站的建设可以看出，这些基础设施几乎均未进入伦敦的中心地区。②

伦敦的轨道交通方式包括铁路、地铁、轻轨、有轨电车等多种形式。地铁系统主要服务于市区（内伦敦范围），市郊铁路服务于外伦敦地区及与其

① 李剑华：《伦敦轨道交通 Crossrail 线规划设计研究》，北京交通大学硕士学位论文，2018。

② 特里·法雷尔、杨至德、杨军、魏彤春：《伦敦城市构型形成与发展》，《广西城镇建设》2013 年第 11 期。

他地区的连通。截至 2006 年，伦敦地铁共有 12 条线，总长 416 公里，市郊铁路共有 3071 公里。地铁与市郊铁路的比例为 1 ∶ 7.4。伦敦市郊铁路系统是英国国家铁路，伦敦的市郊铁路以伦敦中心区的地铁环线为终点，向整个东南地区辐射。地铁环线附近布置了 10 个铁路车站，实现国铁与地铁的换乘。伦敦大都市中心城内市郊铁路总长 788 公里，平均站间距为 2.5 公里；近郊区（50 公里交通圈）的市郊铁路总长 923 公里，平均站间距约 3.5 公里；远郊区（100 公里交通圈）的市郊铁路总长高达 1360 公里，平均站间距约 7.5 公里。市郊铁路占轨道交通的 88.1%。伦敦市郊铁路日客运量约为 700 万人次，约占本市轨道交通总旅客运量的 70%。历经 200 余年的发展建设，伦敦的市郊铁路已形成较为成熟的网络形态，且在整个交通系统中占据了重要的层级（见图 5-18）。①

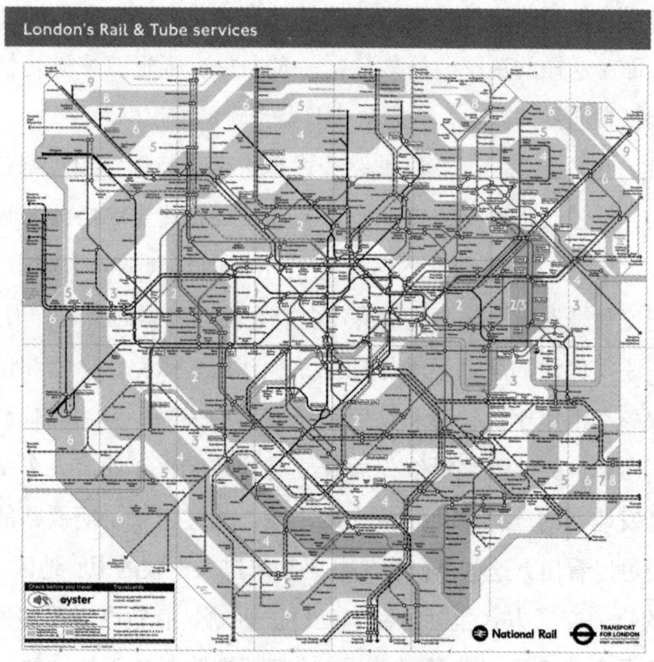

图 5-18　伦敦轨道交通

① 张喆、郑猛：《市郊铁路——城市发展及新城建设的引航——伦敦市郊铁路发展对北京的启示》，载《2016 年中国城市交通规划年会论文集》，2016。

（三）大伦敦规划及 Crossrail 线

2000 年大伦敦政府重新成立后，大伦敦市长于 2004 年 2 月发布了正式的伦敦规划——《大伦敦规划》（*The London Plan*），其中明确了伦敦成为欧洲主导城市和世界城市的发展定位，并提出了城市发展基本目标。本次规划中提出分区发展政策与优先发展地区，确立了中心伦敦、西伦敦、北伦敦、东伦敦和泰晤士河河口地区、南伦敦 5 个次区域来落实规划政策。提升伦敦的可达性是伦敦规划的六大目标之一。《大伦敦规划》对于轨道交通的线网进行了进一步优化，其中尤其引人关注的便是伦敦第一条横跨东西两侧的穿城线 Crossrail。

大伦敦轨道交通网络中，市郊铁路多为放射线，且站点多分布在中心区外围，缺乏穿越市中心的线路，由此产生的郊区新城至中心区的换乘客流给换乘车站带来很大压力。此外，伦敦中心区交通拥挤，高峰时段轨道交通供需矛盾突出，老旧的设施设备已逐渐不能满足部分乘客对服务质量的要求。在上述城市及交通的发展背景下，《横贯铁路法案 2008》（*Crossrail Act 2008*）通过国会审议，一条东西横跨大伦敦地区、穿越城市核心区的市郊铁路线应运而生。Crossrail 西起伯克郡雷丁，东至萨里郡谢菲尔德，横穿大伦敦地区，另有希思罗机场、艾比伍德两条支线，总运营里程为 118 公里。经过伦敦城的部分为地下线路（长度为 22 公里），其他部分为地上线路，共规划建设 41 座铁路站点，其中 10 座为新建车站。目前，帕丁顿至利物浦街城区段以及艾比伍德支线仍在建，其他区段已投入运营（见图 5-19）。

Crossrail 的建设模式较为灵活，既充分利用了既有铁路资源，又不受限于既有线条件。线路的市郊部分大多沿用既有的国家铁路轨道和车站，新建部分为从帕丁顿贯穿市中心至斯特拉特福的 42 公里专用隧道，以及白教堂东延至泰晤士河以南的艾比伍德支线。线路纳入伦敦轨道交通系统进行公交化运营，服务城市客运。Crossrail 线路服务沿线、伦敦郊区的人口超过 150 万人，这些地区都纳入“伦敦 45 分钟城市圈”。根据伦敦交通

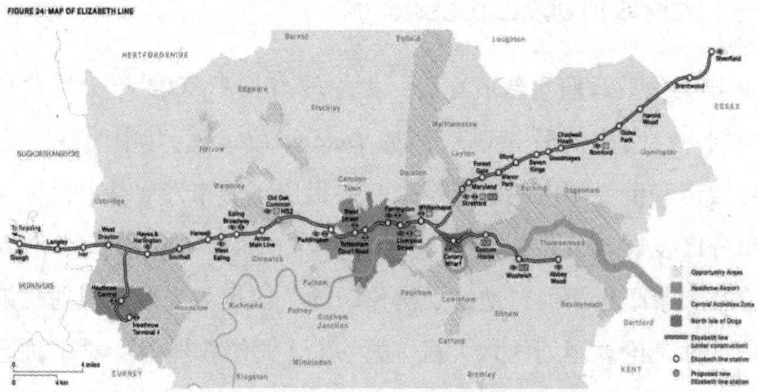

图 5-19　Crossrail 线路

局预测，未来轨道交通高峰期还有 580 万人次/公里的增量，而 Crossrail 将为伦敦轨道交通网络增加 10%的运能，可大幅缓解地铁网络的拥挤情况，降低地铁线路的局部拥挤度。Crossrail 与中央线在市中心区基本共通道，如图 5-20 所示。现状中心区范围内中央线双向早高峰已是超负荷运行；Crossrail 运营后，预计使线路西行（斯特拉特福至法院巷区间）的超负荷率从 38%下降至 19%，反方向（兰开斯特门至法院巷区间）从 10%下降至 0。①

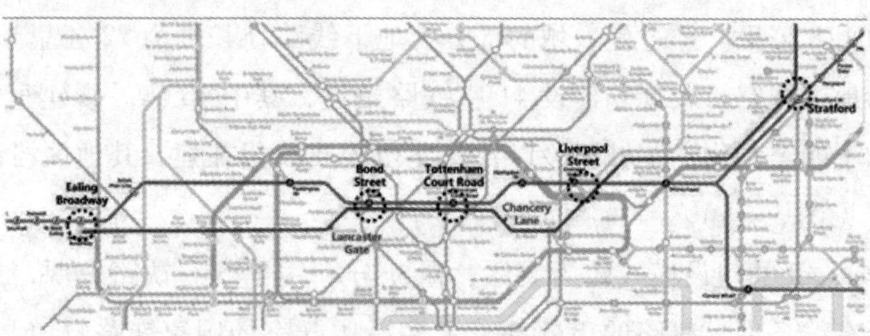

图 5-20　Crossrail 与中央线共通道的区段示意

① 赖艺欢、张源、王静等：《伦敦市郊铁路 Crossrail 规划建设运营经验及启示》，《现代城市轨道交通》2022 年第 5 期。

Crossrail 构建了贯穿东西的快速直达通道，大大缩短了通勤时间，提高了网络畅达度（见表 5-7）。它预计将平均减少约 15 分钟到伦敦市中心的出行时间，同时，为伦敦中心和东南地区等开拓新的出行通道。

表 5-7　Crossrail 的旅行时间及节省时间

单位：分钟

区段	Crossrail 开通前旅行时间	Crossrail 开通后旅行时间	节约时间
艾比伍德站—道格斯岛站	30	9	21
道格斯岛站—帕丁顿站	29	18	11
伊灵百老汇站—法林顿站	25	17	8
海斯站—托腾汉街站	34	24	10
邵锁尔站—海关大厦站	58	36	22
帕丁顿站—利物浦街站	17	11	6

综上，Crossrail 的社会效益显而易见，而其经济效益也非常突出。根据《伦敦市长交通战略》中的评估，根据当时物价，Crossrail 在未来 60 年将给英国国民生产总值带来至少 360 亿英镑的效益。① 伦敦 Crossrail 项目在市域（郊）铁路的线路规划、建设模式、运营服务等方面进行了有益的探索和尝试，为我国市域（郊）铁路发展提供了宝贵的经验借鉴。在都市圈发展、交通强国、“四网融合”等背景下，我国市域（郊）铁路发展正在不断摸索和尝试，需要进一步优化规划设计思路、创新运营管理和建设发展模式等，有序推动市域（郊）铁路建设，有效支撑都市圈更高质量发展。②

（四）伦敦机场群

2017 年伦敦机场群 5 个机场吞吐量首次突破 1.7 亿人次，分别是坐落于伦敦市区西部的希斯罗机场、南部的盖特威克机场、东北部的斯坦斯特德

① Cross London Rail Links Limited, Crossrail Environmental Statement, https://www.crossrail.co.uk/about-us/crossrail-bill-supporting-documents/?folder=/10/107#1.

② 赖艺欢、张源、王静等：《伦敦市郊铁路 Crossrail 规划建设运营经验及启示》，《现代城市轨道交通》2022 年第 5 期。

机场、西北部的卢顿机场和位于伦敦市中心的伦敦城市机场（见图 5-21）。伦敦希斯罗机场以 7798.4 万人次的旅客吞吐量位列全球机场 TOP50 的第 7。希斯罗机场是伦敦最繁忙的机场，这座机场有 2 条跑道、5 个航站楼，为全球 90 家航空公司服务，旅客吞吐量占整个伦敦市机场旅客吞吐量的 45.88%，为伦敦机场群贡献了近一半的旅客吞吐量。伦敦盖特威克机场主要为全球 37 家航空公司提供服务，航班目的地多集中在美国、加拿大和加勒比等地，旅客吞吐量 4556.17 万人次，是伦敦第二繁忙的机场。斯坦斯特德机场主要运营低成本航空航线，旅客吞吐量 2589 万人次。卢顿机场主要运营包机和低成本航空航线，旅客吞吐量 1579.92 万人次。伦敦城市机场主要运营商务机航线，旅客吞吐量 451 万人次。[①]

图 5-21　伦敦机场群分布

如表 5-8 所示，希斯罗机场作为核心机场，主要定位于长途旅客以及中转旅客，依旧是大部分旅客来往伦敦的首选机场；盖特威克机场作为希斯罗机场的辅助机场，主要目标是分担希斯罗机场的运输压力，以及吸引

① 刘彤彤：《昆明国际航空枢纽战略实施研究》，云南大学硕士学位论文，2019。

机场周边的旅客；斯坦斯特德机场则以低成本航空服务和货运服务成为大伦敦地区发展最为迅速的新兴机场；卢顿机场主要面向包机业务、低成本航空以及一些私人飞行业务，由于低成本航空近些年的快速发展，卢顿机场也获得较快的发展；和前面几个机场相比，伦敦城市机场虽然规模很小，但是其拥有最好的地理位置，伦敦城市机场就坐落于伦敦市的中心地区，距离伦敦市最繁华的地段只有5公里的路程，所以毋庸置疑，伦敦城市机场所面对的主要市场就是那些需要快速往来于伦敦市区的商务旅客。①

表5-8 伦敦区域五大机场分工定位

名称	市场定位	主要服务对象及航空公司
希斯罗机场	洲际、长途旅客、中转旅客	常规航空公司，是英航的主要枢纽机场
盖特威克机场	部分洲际、长途旅客、包机、低成本旅客	常规航空公司，包机公司和低成本航空公司
斯坦斯特德机场	低成本航空服务和航空货运	低成本航空公司和货运航空公司，瑞安航空、联邦快递、日本货运
卢顿机场	低成本航空服务和商务飞行	包机公司、低成本航空公司和私人飞机旅客
伦敦城市机场	商务旅客和私人飞行	商务飞机公司

资料来源：张越、胡华清，《区域多机场系统的英国模式》，《综合运输》2007年第6期。

五 首尔都市圈交通发展案例分析

（一）发展条件

首尔都市圈是韩国西北部地区的城市群，由首尔特别市、仁川特别市和全部的京畿道以及忠清南道天安市与牙山市还有江原道春川市组成。截至2016年，首尔都市圈人口达到2500万人，约占韩国总人口的49.1%，面积

① 刘旭龙：《京津冀区域机场系统协调发展研究》，河北大学硕士学位论文，2014。

约为 11726 平方公里，约占韩国国土面积的 11.8%，是韩国的政治、经济、文化、科技中心。首尔都市圈形成于 20 世纪 70 年代中期，1982 年颁布的《首都圈整备规划法》确定了这一区域的边界。首尔都市圈是韩国产业与人口最为密集的区域，是亚洲重要的都市圈（见图 5-22）。

20 世纪 60 年代以来，韩国政局趋于稳定，走上了快速工业化的道路。首尔特别市成为韩国经济发展的中心城市，拥有大量的建设项目和工作岗位，吸引全国人口向首尔市集中。城市空间越发紧张的情况下，首尔特别市的市域面积迅速扩张，外来人口急剧增加。在韩国第三共和国建立初期，政府就已经意识到首尔特别市人口过密的严重危害，出台了“防止大城市人口集中政策”，提出搬迁行政机构，遏制市区内建设工厂等措施。随后的 10 年，向首尔特别市及其周边区域的人口迁入数量占据了韩国全境人口迁移数量的一半以上，首尔特别市的人口增长率远远高于全国平均人口增长率。这一时期，韩国政府出台多个抑制局部人口增长的计划，收效甚微。首尔特别市发展成拥有超过 500 万人口的超大城市。随着首尔特别市人口持续增长，开始涌现诸如交通拥堵、住房紧张、环境恶化等一系列社会问题。20 世纪 80 年代，韩国政府意识到遏制人口的增长不能有效解决首尔特别市的各种“城市病”，开始转变人口管理政策。1982 年出台的《首都圈整备规划法》中首次明确了首尔都市圈的概念，将首尔、仁川、京畿道当作一个整体进行规划管理。针对首尔都市圈人口问题，提出迁出工厂、学校、行政业机构等人口密集的功能，遏制人口继续向首尔都市圈集中。到了 90 年代，韩国约 1/4 的人口都集中到首尔都市圈（见图 5-23），其城市化率达到了 96%，每平方公里的平均人口数达到 3240 人，远高于全国平均值。

2016 年，首尔都市圈的地区生产总值为 7700 亿美元，占全国生产总值的 48.2%。它是继东京、纽约和洛杉矶之后的世界第四大城市经济体，拥有 14 家被《财富》杂志评入全球 500 强的公司。首尔都市圈目前正在迅速向技术经济转型，为此韩国政府启动了建设多个高科技园区的计划。首尔都市圈拥有多个韩国重要的产业集群。例如，首尔特别市是“东北亚

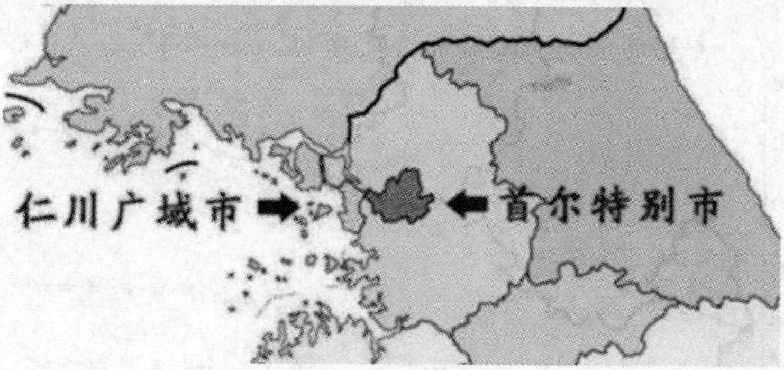

图 5-22　首尔都市圈

金融商业中心”，仁川市与水原市已经发展成为“国际物流与高新技术产业带”。首尔都市圈是韩国最富裕、最宜居的城市，但地区之间发展存在显著差异，特别是新城与旧城的基础设施和城市建设等差别较大。1960年，韩国经济起步阶段财力、物力、技术积累有限，在此情况下，韩国政府强调规模经济效益和对有限资源的有效配置，确立了“工业为主，大企业为主，大城市为主”的经济发展政策，首尔都市圈内的产业主要布局在首尔—仁川地区，这样的产业发展格局一直延续至今。都市圈范围内第一产业产值与从业人数一直处于极低水平，并呈现不断下降的趋势。第二产业发展经历了先急速扩张又逐渐衰减的过程，在这个过程中，首尔的主导产业从工业向金融、服务、贸易等转变。1990 年之后，首尔都市圈的第三产业产值已经占到了韩国全国的一半。首尔都市圈的经济发展有以下 3 个特色：第一，政府干预性强。韩国政府对国家经济发展一直采取强有力的行政调控手段，通过政府干预市场机制的方法引导和调控产业发展的方向。第二，第二、第三产业发达，第一产业相对薄弱。第三，海外投资对首尔都市圈经济影响较大。

（二）首尔都市圈交通体系

首尔都市圈半径范围约 80 公里，全境能够达到 1 小时通达。都市圈内建设以轨道交通为主导、辅以公共汽车的公共交通体系。目前，首尔都市圈

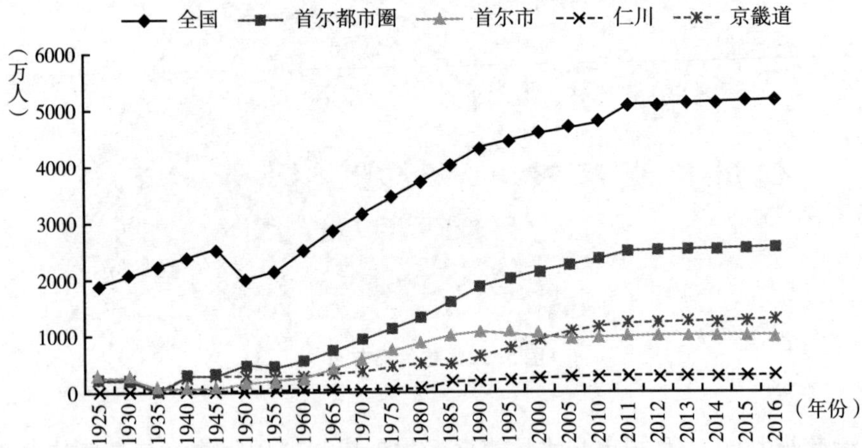

图 5-23　首尔都市圈人口变化折线图

的交通体系主要由两个层次构成，在都市圈范围内主要依靠城际铁路、地铁与区域公交车、小汽车共同承担出行需求，在首尔及其他城市市区内则主要依靠地铁、市内公交车和小汽车来承担出行需求。都市圈对外交通主要依靠铁路、机场和港口承担出行需求。

2011 年，首尔都市圈内公路总里程数超过 8200 公里，停车场、公交专用道、自行车道等配置齐全，高速公路网络四通八达。都市圈内公路路网结构主要为单中心放射状。1960 年开始，首尔进入飞速发展时期，人口猛增，小汽车通行率居高不下。这一时期的交通基础设施投入主要在提高公路等级与密度上，近 20 年首尔都市圈道路交通建设的重点放在机动车道、自行车道与公交专用道以及停车场的建设上，基本不再新增机动车道。小汽车的保有量也基本维持不变，依赖小汽车出行的比例基本固定，这与都市圈城市轨道交通体系的发达程度有关。

1974 年，首尔特别市地铁 1 号线开通。此后，首尔都市圈多层次轨道交通系统进入了快速发展时期，目前已经发展成为以轨道交通为主导的公共交通发达的城市。截至 2016 年 12 月 31 日，首尔都市圈内的轨道交通形式包括地铁、铁路、轻轨、磁悬浮列车，总里程数为 1331. 5 公里，共有站点 866 个。首尔都市圈的轨道交通建设仅仅进行了约 50 年，轨道线网长度已经位列世界第 2，仅次于东京都市圈，远远超过建设 100 余年的大伦敦都市圈和大巴黎都市圈。首尔都市圈的轨道线路还在生长期，逐年新增、延长和增加站点，其发展历程值得研究借鉴。图 5-24 是都市圈 2006~2012 年各类公共交通平均每日乘客人数，可以直观看出都市圈公共交通出行人数持续增加，其中轨道交通与私营小公交车乘客数上升，公交车乘客数下降。

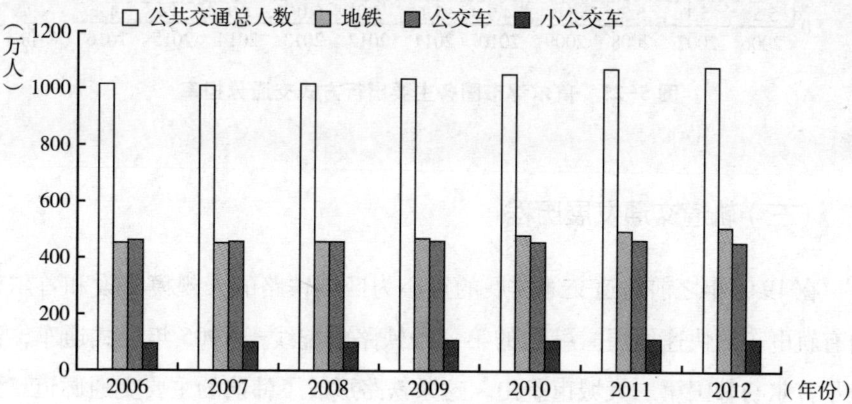

图 5-24 首尔都市圈公共交通每日平均乘客人数

首尔都市圈内的公共汽车系统也非常发达。1898 年首尔市区内率先通行有轨电车，并飞速发展，到 1941 年有轨电车线网长度达到历史最高峰。此后，随着城市发展，逐渐没落，最终于 1968 年全面废止，首尔以其原轨道为基础修建了地铁 1、2 号线。有轨电车退出历史舞台。随着都市圈人口的扩张与产业发展的需要，提高公共交通出行分担率一直是交通发展的重要目的。2016 年，都市圈公共交通分担率达到 65.1%，其中公交车、地铁的分担率分别为 28.0%和 37.1%（见图 5-25）。

首尔都市圈内的机场为仁川国际机场和金浦国际机场。其中仁川机场主要承担国际航运，金浦机场主要承担国内航运，是东亚地区的客运与货运枢纽。

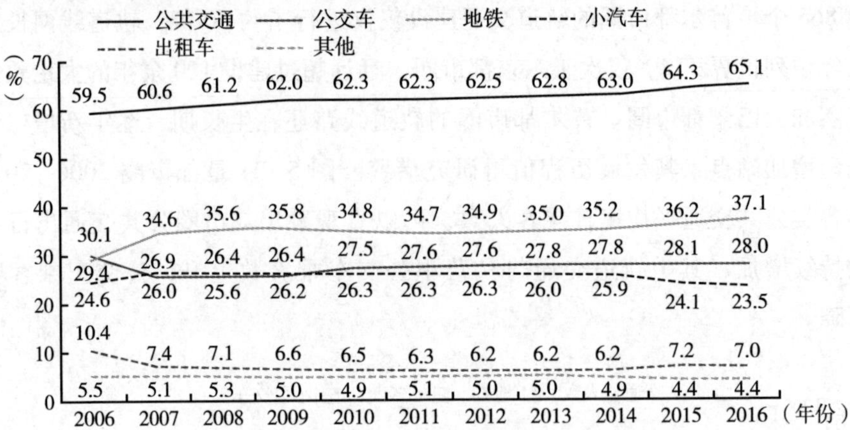

图 5-25　首尔都市圈各主要出行方式交通分担率

（三）轨道交通发展历程

在 1941 年之前轨道交通发展的重心为区域铁路的大规模建设和首尔市内有轨电车的快速发展。韩国的第一条铁路京釜线于 1905 年正式通车，沟通了首尔与韩国第二大城市釜山，这条铁路形成了韩国的主要交通廊道。到 1911 年，京义线、京元线开通，贯通韩国与今天的朝鲜与南满铁路相连。1898 年 12 月，首尔市内开始建设第一条有轨电车线路，运行于西大门到清凉洞之间。随后有轨电车迅速发展成轨道网络，线网扩大到覆盖市区范围。到 1941 年，有轨电车线路已经跨过汉江向江南发展，覆盖马坡顾和鹭梁津地区。首尔市区的有轨道电车对城市发展起到了重要的作用，为首尔市区预留了轨道交通发展廊道，也为首尔跨汉江发展、由单中心向双中心乃至多中心发展奠定了基础。铁路与有轨电车构成了二战前首尔都市圈的轨道交通体系。

1960~1970 年为多层次轨道交通全面电气化时期。这一时期首尔轨道交通发展的重心为铁道线路的新建、延伸和大规模电气化。1961 年韩国政局发生变化，新任政府制定了韩国第一个五年发展计划（1962~1966 年），这是韩国现代基础建设与国家发展的开端。第一个五年计划期间，多层次轨道交通建设主要的成果是对既有铁道线路的修整和延伸，京义线、中央线重新投入运营，京釜线连通至釜山。由于京元线联通了朝鲜，出于战备考虑一直未投入运营，直至2000年朝鲜半岛关系缓和才再次通车。第二个五年计划将铁路的电气化和提速作为轨道交通发展的重心。这一时期首尔都市圈的工业化进入起步阶段，对内和对外的客运、货运需求明显加大。到第二个五年计划完成时，首尔都市圈除京元线外其他线路均已实现电气化，经历了几次提速，列车运行速度达到110公里/小时。铁路的大规模发展对都市圈内部客运交通的影响力较低，薄弱的轨道交通运输能力与首尔都市圈特别是首尔市区的快速发展不匹配。这一阶段，都市圈内部交通基础设施建设的重点主要集中于高速公路的建设，到1970年，都市圈的对内、对外交通环境有了明显改善，都市圈内高速公路主干网络基本成形，同时首尔至釜山的高速公路也全线通车。这10年间，首尔市经济迅速发展、人口急剧膨胀，市区内小汽车数量猛增，交通压力增强。有轨电车运量小、对地面交通干扰较大，不再适应首尔市的发展，建设大运量的轨道交通迫在眉睫。因此，到1968年，市区内的有轨电车全面废止，首尔市开始规划地铁线路。

1970~1980年都市圈工业飞速发展，出行与货运需求量的猛增给城市交通带来了巨大的压力。首尔市开始兴建地铁以降低城市的交通压力。地铁具有运量大、环保等优点，但也存在建设资金需求量大的缺点。韩国政府在《首都圈整备规划法》的基础上，借鉴各国尤其是日本的发展经验，确定了以首尔为中心建设地铁的发展方向。首尔都市圈地铁的建设时间晚，吸收和借鉴了其他国家的经验教训，从诞生伊始就采用1435毫米标准重型轨道，同时由国家机关直接领导国有企业进行建设，政府对地铁的运营有直接有效的控制力，为之后各轨道交通方式间灵活的运营打下了基础。这一时期都市圈打造首尔、仁川双中心。1974年，首尔地铁1号线开通，从首尔市中心东北部出发穿过东大门到中心区、首尔站、清凉里等铁路换乘中心，永登浦等大型居住区，加山数码园区等重要产业区，分别连通到仁川、安养、水原几个首尔东部、北部最近的卫星城。线路全长150公里，成“人”字形。这一时期由于首尔都市圈的发展重点是首尔市区跨越汉江向江南发展，致力于建设江北经济中心、江南新城中心。为连通首尔市区的各处中心区，1978年，首尔开始修建地铁2号线并于1980年部分线路通车。2号线是在原有轨电车形成的轨道通廊上修建的环线，连通了城北中心区、城北开发区（新村、往十里）、城南新区永登浦、九老数码园区以及首尔大学、汉阳大学等教育中心区。

1980~1990年这一时期多层次轨道交通的发展重点区域是首尔市区，构建起首尔地铁的交通线网骨架。首尔为迎接1988年汉城奥运会，对首尔市的中心体系重新布局，由单中心发展模式转变为多中心发展模式，规划了永登浦、永东、蚕室、奥林匹克公园、木洞5处城市副中心，形成了首尔两主五副的中心体系结构。为促进各中心区的建设，规划了1号线贯通南北、2号线环绕市区、3号线和4号线交叉连通的轨道交通线网骨架。通过这样的线路布置将首尔市的各个中心区与居住组团、工业园区、体育中心、教育中心全部串联起来，有效引导中心区的形成。3号线由东南向西北贯穿首尔，4号线与之对称，两条线以"X"穿越首尔市区。与1、2号线配合，形成了首尔中心区与郊区之间的通勤线路，有效缓解了首尔市区的住房和交通压力。到1990年，首尔都市圈内城市轨道交通线网长度达到576公里。

1990~2000年这一时期首尔都市圈城市化快速发展，其城市轨道交通也经历了发展高峰期，实现了层次化、体系化，形成了首尔都市圈多层次轨道交通体系的基本构架。城市轨道交通建设的特征是轨道交通网络引导城市与都市圈的空间增长，轨道交通有效引导了首尔市区中心体系的发展与都市圈城市体系的建构。这一时期轨道交通的发展重点是完善首尔市轨道交通网络，修建了首尔地铁5、6、7、8号线和仁川地铁1号线。首尔地铁1~8号线的开通，标志着首尔市轨道交通网络搭建基本完成，干线、环线、支线均布置完成。首尔市内就业、居住、教育、交通枢纽等主要的功能核心均已通过轨道交通线路连接起来。同时，轨道线路尤其是站点附近的土地迅速开发，形成一个个区一级的核心区，纳入韩国首都圈地铁系统中统一管理。首尔都市圈多层次轨道交通体系的概念首次出现，多层次轨道交通开始向体系化、层次化、一体化方向发展。除了新建线路外，首尔都市圈开始对部分交通干线进行“双复线”轨道改造。在一条线路上运行急行、缓行两种线路，同时满足长距离通勤与短距离交通两种出行需求。此后，对多层次轨道交通的运营模式进行了不断探索，又增加了区间运营、分站停车等多种运营模式来满足各种出行需求。

进入21世纪后，首尔都市圈的城市体系发生了重大的转变。此前，首尔、仁川的极核作用极强，周边城市的发展受到限制。从1990年开始，政府调整了首都圈整备计划，扶持小城市的发展，都市圈涌现了一大批卫星城市。城市间的交通变得更加重要，轨道交通的建设迎来了高峰，为迎合都市圈城市体系的重大变革，轨道交通的建设重点也相应有所改变。首尔都市圈多层次轨道交通体系逐渐完善，表现为政府更加重视远距离通勤线路的建设、市区线路的新建、市区线路的延长以及探索轨道交通多样化运营模式。同时，韩国国家层面的交通战略也做出大力建设高铁的转变，对都市圈的交通也产生了重大的影响。为发展都市圈东部城市，韩国政府借鉴了京义—中央线的成功经验，2012年在首尔至春川间的铁路京春线的轨道上开通了地铁线路京春线。京春线以首尔北部的云光大学为起点，到达都市圈东部城市南扬州、加平郡，超出都市圈范围到达江原道的春川市。2016年又开通了京江线，从都市圈中部的光州市出发向东到达骊川市。现已计划将京江线向两端延长，未来将作为都市圈中部东西向的主要轨道交通干线。到2016年，市郊地铁线路已经覆盖了都市圈大多数城市，甚至部分线路超出了都市圈的范围。首尔都市圈多层次轨道交通市区线路、市郊线路主干线网搭建完成。除了发展地铁与铁路之外，首尔都市圈对多模式轨道交通也进行了多次探索。20世纪90年代，都市圈北部的议政府市依托首尔地铁1号线迅速发展，随着城市建成区面积逐渐扩大，其城市内部的交通需求增加，城市人民要求建设地铁。政府考虑资金来源、实际使用需求和管理等多方面因素后决定通过私营公司在议政府市建成区范围内建设轻轨，即议政府轻轨线。这是首尔都市圈灵活解决小范围区域轨道交通建设需求的一次重要尝试。这一时期，除仁川外还涌现出一批自给自足、发展迅猛的卫星城。其中水原、仁川、盆唐等城市的轨道交通承载力和通达性都不足，都市圈建设了仁川地铁

2 号线、新盆唐线、水仁线等支线线路。首尔都市圈的轨道交通转变为以首尔、仁川为核心，盆唐、水原、安养、高阳等周边城市为区域中心的双核多中心发展模式（见图 5-26）。①

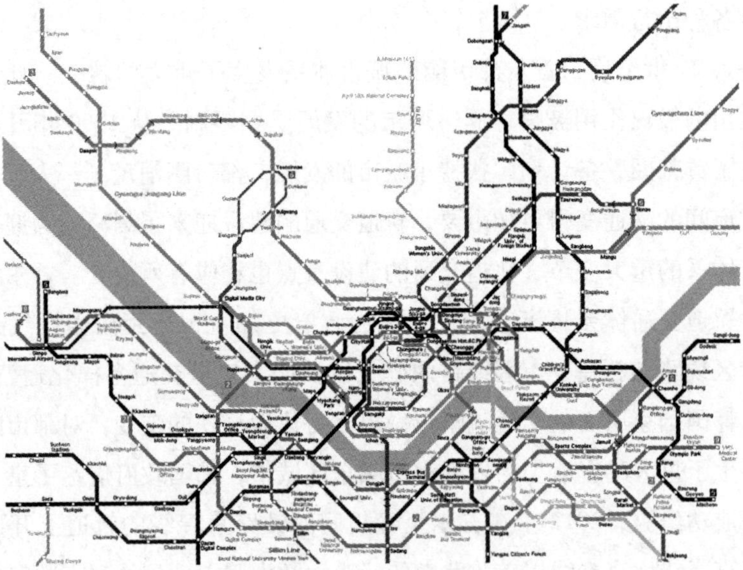

图 5-26　首尔轨道交通线路

首尔都市圈交通体系发展方向为构建规划确立未来以轨道交通主体化、绿色出行全覆盖为发展愿景，以人为本，着重改善人们的出行体验；环境友好，减少环境污染和资源浪费；交通共享，建设拥有共同所有权的公共交通体系，首尔都市圈的规划理念与做法值得研究和借鉴。

六　本章小结

本章主要通过对纽约湾区、旧金山湾区和东京湾区世界三大湾区以及伦敦城市群、首尔都市圈的发展条件、发展历程、城市轨道交通、机场群、港

① 闫厉：《多层次轨道交通导向下的都市圈空间结构发展研究——以首尔都市圈为例》，天津大学硕士学位论文，2018。

口等方面进行概述分析，了解各个湾区都有其各自的特点，特别是世界三大湾区对研究粤港澳大湾区交通发展有着重要的意义。

世界三大湾区在发展过程中，始终不断完善区域内的交通网络，密集的交通网络有利于湾区内的物流、人才、技术以及资金等在短时间内完成配置与投放，企业的经营效率和员工的工作效率在此基础上大大提高，增强了湾区的城市协同效应。

城市轨道交通系统在大都市圈中具有不可替代的作用，对城市形态、城市交通体系、城市居民生活均产生重大影响，且这种影响越来越被世人所认识和接受。分析发达国家的都市圈轨道交通系统发展模式，有助于我国粤港澳大湾区轨道交通事业的发展。

在三大湾区的港口方面，纽约湾区位于大西洋沿岸，成为欧洲和美洲之间最重要的联系纽带，与此同时，纽约湾区水道的天然优势以及后期开凿的伊利运河，使得货物能够通过纽约以低成本的方式进入美国内陆的许多地方。旧金山湾区中的三座核心城市通过差异化的产业布局和发展策略，避免了发展资源的恶性竞争，协调发展且合理分工使三座城市发挥了各自的产业优势，从而让湾区经济实现效益最大化。在东京湾区，地方当局建立了联合委员会等机制，以鼓励成员之间的协调和沟通，并确保地区发展政策顺利有效实施，使得各个港口的角色和职能分开，以便利用每个港口的特点和现有设施。这种协调分工定位的方式使得各个港口能够有效实现各自的经济实力和潜力最大化。

规划与政策

第六章　粤港澳大湾区交通发展方式与成效

根据《粤港澳大湾区发展规划纲要》，粤港澳大湾区将依托以高速铁路、城际铁路和高等级公路为主体的快速交通网络与港口群和机场群，构建区域经济发展轴带，形成主要城市间高效连接的网络化空间格局。其构建现代化综合交通运输体系包括以下内容。

按照规划到2030年，粤港澳轨道交通网络将全面衔接形成1小时生活圈。珠三角机场群将形成一个整体参与国际竞争，与伦敦和纽约机场群相抗衡。港口群将形成分工格局，实现错位发展，打造世界级航运中心。珠三角将形成世界规模的轨道交通网络，辅之以普通公路和高速公路等其他交通设施，珠三角都市区的综合交通网络基本形成，区内的出行、生活、工作将更为便捷。

一　铁路与高速铁路

粤港澳大湾区是我国开放程度最高、经济活力最强的区域之一。2019年底，大湾区总人口7265万人，创造GDP116035.7亿元，约占全国经济总量的11.7%，人均GDP达到16.0万元，以不足全国5%的人口创造约12%的经济总量。粤港澳大湾区城镇密集、通道资源紧张、生态环境压力大，参照东京湾区的发展经验，轨道交通应承担湾区内部的主要客运需求。根据国家发展改革委等部门印发的《关于推动都市圈市域（郊）铁路加快发展的意见》与整体推进三大区域城际铁路和市域（郊）铁路建设专题会议纪要，打造“轨道上的粤港澳大湾区”，需要加快推进城际铁路和市域（郊）铁路建设，打造内联外通、高效便捷的轨道交通服务体系，高起点、高质量推动大湾区形成多层次轨道交通融合发展体系。①

粤港澳大湾区很早就开始对市域（郊）铁路规划建设的探索，2009 年，国家发改委批复《珠江三角洲地区城际轨道交通网规划（2009 年修订）》，规划形成“三环八射”的路网形态，规划线路 16 条，线网总长度 1430 公里，其中规划珠三角城际铁路具有很强的市域（郊）铁路性质。

2020 年 7 月，国家发改委批复《粤港澳大湾区（城际）铁路建设规划》：规划近期到 2025 年，大湾区铁路网络运营及在建里程达到 4700 公里；远期到 2035 年，大湾区铁路网络运营及在建里程达到 5700 公里。其中近期建设项目包括深大城际、深惠城际、南珠（中）城际、佛广莞城际、芳村至白云机场城际、广州东至天贵城际等，主要承担广州、深圳中心城区与都市圈外围组团之间的交流功能，也具备市域（郊）铁路的功能。在《粤港澳大湾区（城际）铁路建设规划》中提到构建大湾区主要城市间 1 小时通达、主要城市至广东省内地级城市 2 小时通达、主要城市至相邻省会城市 3 小时通达的交通圈，打造“轨道上的大湾区”，完善现代综合交通运输体系。在《国家发展改革委关于培育发展现代化都市圈的指导意见》中提出：统筹考虑都市圈轨道交通网络布局，构建以轨道交通为骨干的通勤圈。在有条件地区编制都市圈轨道交通规划，推动干线铁路、城际铁路、市域（郊）铁路、城市轨道交通“四网融合”。

国家“八横八纵”高铁网规划颁布后，高铁大通道技术标准提升至 350 公里/小时，粤港澳大湾区对外空间尺度进一步拉大，但湾区城际铁路技术标准偏低，难以适应高铁大通道的发展要求。为进一步拓展湾区发展腹地，衔接国家高铁网，填补往成渝方向、长三角方向的对外高铁通道空白，同时强化湾区内部互联互通，需要提升既有技术标准，规划建设高标准城际铁路网络。

国家层面。采用“四向拓展”布局思路：东向沟通海西、长三角、山东半岛等城市群；西向沟通北部湾、滇中城市群；西南向沟通北部湾、海南国

---

① 杨鹏程、高继宇、杨文淇：《粤港澳大湾区市域（郊）铁路发展的思考》，《城市轨道交通》2021 年第 2 期。

际旅游岛、自由贸易试验区；北向沟通长江中游、中原、京津冀等城市群；西北向沟通成渝城市群等。通过衔接国家高铁网，增强湾区与城市群之间的直达性，节约出行时间与成本，扩大湾区的辐射范围。在既有京广、广深港、贵广、南广、赣深、深茂、广汕、广湛、广珠城际等高铁线路的基础上，为填补广州东北部铁路空白，带动沿线经济发展，串联珠三角、海西、长三角，打造广州至杭州的沿海第二通道，规划建设广河高铁。规划广永高铁，目的是衔接“八横八纵”中的呼南通道，打造广州对外的新通道，缓解京广通道压力，串联广州、清远、永州。规划远期，形成十大对外高铁运输通道。

湾区层面。粤港澳大湾区的区域开发模式由点轴式发展转变为多中心网络化格局。随着多层次铁路、高速公路、航空、水运等综合交通体系进一步完善，以及广深科技创新走廊、珠西先进装备制造带、国家自主创新区等加快建设，形成以中心城市、重要节点城市为主，特色城镇、重大功能平台有序协作的“多中心网络化”大湾区一体化发展格局，大湾区传统的发展核为广佛、港深双极，未来随着西岸的迅速崛起，多层次、网络化交通设施加快完善，以及国家级新区、广东自由贸易试验区、新城新区等高端发展资源往环珠江口湾区集聚，大湾区逐渐由“两极拉动”向“三极拉动、两圈拓展、轴带支撑”转变。其中三极为广州—佛山、香港—深圳、澳门—珠海三大发展极；两圈为环珠江口现代服务业集聚区（内圈）、珠江东岸知识密集型产业走廊和珠江西岸先进装备制造产业带（外圈）；轴带为六条区域经济发展轴带。粤港澳大湾区开发模式与空间格局的转变对轨道交通体系的线网规模与技术提出了更高要求。在既有16条长1430公里、速度标准为200公里/小时及以下的城际铁路网基础上，将重要通道规划建设为350公里/小时的高标准制式，提升城际客运效率。加密湾区内各个中心极点的交流通道，加强湾区内互联互通。为实现高铁进中心、提升广深港发展主轴、支撑广佛—珠澳发展极轴、巩固南沙副中心地位、打造湾区门户枢纽，提出以下规划方案。①延伸广深港高铁至广州站，实现深港至广州中心区1小时互达。延伸段线路由广州南站至广州站（23公里），西九龙至广州站长170公里，旅行时间约60分钟。实现广州南站、广州站、广州东站、棠溪站、北站5座大型枢纽互联互通，高效组织运营。②规划研究广深第二高铁，实现莞深至广州中心区 1 小时互达。新建线路始于深圳机场，经东莞松山湖引入广州东部新客站，深圳机场至广州东部新客站全长约 165 公里，旅行时间约 45 分钟。在广州东部新客站继续向北衔接广河高铁、经机场至北站衔接广永高铁；通过联络线衔接广深五六线至广州东站。③新建广中珠澳高铁，实现珠澳至广州中心区 1 小时互达。新建线路始于广州东站，经莲花地区、庆盛后引入南沙枢纽，继续向南延伸至中山、珠海、澳门。主线为广州东站至横琴，长约 165 公里，旅行时间约 45 分钟；支线延伸至知识城，长约 30 公里。在万顷沙与深茂铁路、在知识城与广河高铁贯通，在莲花站设联络线与琶洲支线衔接。④谋划南沙副中心至深圳、香港直达新通道，实现南沙副中心与香港 30 分钟互达。香港机场（城区）—前海—宝安机场—中南虎城际虎门站，利用中南虎城际过江至南沙站，新建线路全长 72 公里。将香港至深圳的规划西部快轨延伸至南沙枢纽，实现南沙地区与深圳机场、前海自贸区、香港的快速联系。

目前已建成的珠三角城际项目有穗莞深城际、佛肇城际、莞惠城际、广清城际（花都至清城）、广佛环线（北段）、新白广城际（广州东环城际花都段）、珠机城际（拱北至横琴段）等，在建项目有佛莞城际、广佛南环、广佛东环、新白广城际、琶洲支线、珠机城际（横琴至机场段）等，未开工项目包括广佛西环、广佛江珠、中南虎城际、肇顺南城际、深惠城际等。

粤港澳大湾区与世界三大湾区的数据对比如表 6-1 所示。粤港澳大湾区的人口规模、土地面积、经济体量及区域优势均毫不逊色，其经济总量（以 GDP 计）已超过旧金山湾区、纽约湾区，且总体经济增速依然在 7%以上，但在人均 GDP、交通优势等方面仍存在不小差距，具备较大的提升空间。其中，粤港澳大湾区人均 GDP 为 2. 31 万美元，仅相当于纽约湾区的 1/4、旧金山湾区的 1/5、东京湾区的 1/2；城际铁路和市域（郊）铁路的建设远远落后于其他湾区。[①]

① 温惠英、姜莉：《基于交通可达性的粤港澳大湾区城市腹地划分研究》，《华南理工大学学报》（自然科学版）2021 年第 12 期。

表 6-1 粤港澳大湾区与世界三大湾区的数据对比

项目		东京湾区	纽约湾区	旧金山湾区	粤港澳大湾区
面积（万平方公里）		3.69	3.7	1.79	5.65
人口（万人）		4400	2340	777	7264
GDP（万亿美元）		1.99	1.70	0.84	1.77
行政区域组成		1市+7县	31县	9县101市	9市+2特区
人均 GDP（万美元）		4.52	8.5	10.77	2.31
GDP 占全国比重（%）		41.4	9.3	4.0	12.5
线网里程规模（公里）	总量	3904	8937	1702	3193
	高速铁路	228	0	0	1019
	普通铁路	0	0	0	792
	城际铁路	1550	3248	511	368
	市域（郊）铁路	1758	5309	883	36
	城市轨道交通（地铁）	368	380	308	978
线网里程密度（百公里/公里^2）	总量	10.58	41.57	9.51	5.65
	高速铁路	0.62	0.00	0.00	1.80
	普通铁路	0.00	0.00	0.00	1.40
	城际铁路	4.20	15.11	2.85	0.65
	市域（郊）铁路	4.76	24.69	4.93	0.06
	城市轨道交通（地铁）	1.00	1.77	1.72	1.73
每万人平均里程（公里）	总量	0.56	3.82	2.24	0.46
	高速铁路	0.03	0.00	0.00	0.15
	普通铁路	0.00	0.00	0.00	0.11
	城际铁路	0.22	1.39	0.67	0.05
	市域（郊）铁路	0.25	2.27	1.15	0.01
	城市轨道交通（地铁）	0.05	0.16	0.41	0.14

注：面积、人口、GDP 和人均 GDP 数据为 2019 年的统计数据，道路网相关数据为 2018 年的统计数据；2018 年平均汇率，1 美元=6.6118 元人民币；2019 年平均汇率，1 美元=6.8967 元人民币。

经过多年建设，粤港澳大湾区已存在国铁干线、城际铁路、市域（郊）铁路、地铁快线、地铁普线等多个层次的轨道交通体系，各层次轨道交通网规划、实施主体相对独立，形成多个建设主体、多种技术标准、多功能通道交叠的现状。在推动都市圈内部多网融合的大背景下，对于互联互通的轨道交通线路，应在政府层面成立领导小组，负责统一规划、统一标准、统一运营管理规则的编制、发布，以及实施过程中的监督、协调；同时，在企业层面成立企业联盟，组织落实“三统一”的要求。①规划层面——统一规划。所谓统一规划，是从规划角度保障多网融合的实现。一是构建各层级联通的线网布局。统筹国铁干线、都市圈城际和城市轨道交通等各层级规划，在关键节点选择合理衔接方式。二是构建系统设施联通体系，包括调度、票务、云平台、供电、维修、救援等系统设施一体化布局规划。②技术层面——统一标准。所谓统一标准，是从标准体系方面保障多网融合的实现，涵盖技术标准、工程标准、维护标准、服务标准、运营标准等。技术标准包括车辆选型、供电方式、信号系统、通信标准等；工程标准包括建筑限界、站台长度、站台门设置等；维护标准包括修程修制、维修车间、维修工区设置原则等；服务标准和运营标准包括在沟通协调、运营组织和设备管理等方面各方参与者需遵循的标准规则。③管理层面——统一运营管理。所谓统一管理，是在大湾区层面建立满足一体化运营要求的管理体系、管理规则、协调机制，重点是统一调度指挥与清分清算。建议在广东省层面成立一体化调度指挥中心，协调各运营主体，负责互联互通线路的计划总制定、运营总协调、行车总监督、资源总调配、应急总指挥；在保留各城市客票清分中心的基础上，构建大湾区客票清分中心，负责大湾区各城市、各运营主体之间的票务清分和票务管理等工作。

2019 年 2 月，中共中央、国务院印发《粤港澳大湾区发展规划纲要》（以下简称《规划纲要》）。《规划纲要》指出，要充分发挥粤港澳综合优势，深化内地与港澳合作，进一步提升粤港澳大湾区在国家经济发展和对外开放中的支撑引领作用，支持香港、澳门融入国家发展大局。近年来，随着内地经济的不断发展，香港与内地之间的经济互动也日益频繁。其中，广深港高速铁路的开通更是起到了关键作用，不仅为大湾区“1 小时生活圈”注入活力，更是强化了香港与内地的交流。香港在金融、航运、贸易中心和国际航空中占据优势，澳门也积极打造世界旅游休闲中心，此时内地经济的迅速发展进一步促成了内地与港澳地区的合作。内地拥有潜在的“线下购买流量”，可以加速促进港澳地区房地产业、旅游业的发展，港澳也可以充分发挥地区优势，促进经济繁荣发展。香港、澳门想要融入国家发展大局，作为国家名片的高铁自然也要出一份力。

《规划纲要》明确了湾区的空间布局：以香港、澳门、广州、深圳四大中心城市为区域发展的核心引擎，同时发挥周边城市的辐射作用。通过以点带面的方式发挥各地优势起到功能互补作用。但港澳地区和珠三角地区的沟通还是数铁路最为方便。广深港高铁的开通，不仅促进了内地与港澳地区的经济交流，更促进了两地间的文化交流。开通广深港高铁后，深圳至香港只需 14 分钟，广州至香港只需 48 分钟，而与深圳、广州相连的铁路更是四通八达，港澳地区与内地的沟通之路也会四通八达。广深港高铁采用“一地两检”的方式，相比以前排长龙过关更是简化了出入关的程序，消除了两地之间的交流“障碍”，从而促进内地与港澳地区的交流。要充分发挥粤港澳综合优势，就要利用好铁路的“纽带”作用。“一带一路”建设，使得海铁联运成为新时代物流的“新宠”。珠三角地区作为内地向外输出的龙头，拥有过硬的装备制造产业带和电子信息等世界级先进制造业产业集群。只有充分发挥“纽带”作用，利用多式联运的方式促进各区域的经济交流，才能物尽其用，充分发挥优势。同时，《规划纲要》将创新放在重要的位置，并在产业布局、战略性新兴产业、现代服务业、国际金融枢纽、金融市场互联互通方面都进行了阐述，旨在促进内地与港澳地区的互融互通，达到共同进步的目的，进一步强化粤港澳大湾区在国家经济发展和对外开放中的支撑引领作用。交通强国，铁路先行。只有优化各地区之间的交流方式，使得各地之间的优势得到充分发挥，内地与港澳地区的经济、文化发展才能相互促进，香港、澳门融入国家发展大局之路才能更快、更顺畅。①

粤港澳大湾区包括广东省广州、深圳、珠海、佛山、中山、东莞、肇庆、江门、惠州 9 座城市以及香港、澳门 2 个特别行政区，面积 5.65 万平方公里，2017 年地区生产总值超过 10 万亿元，人口 6957 万人。轨道交通作为粤港澳大湾区发展的重要支撑，尽管经过多年发展，建设成就显著，但

① 周倩：《铁路助力粤港澳大湾区快速发展》，《现代物流报》2019 年 2 月 27 日，第 A02 版。

与世界一流湾区相比，在总体规模、网络层次、网络布局、技术标准等方面还存在诸多差距。①

1. 轨道交通网络规模总量不足，轨道交通体系构成不尽合理

网络规模方面，粤港澳大湾区轨道交通里程超过3000公里，总体规模高于旧金山湾区，与东京湾区相差不大，但远低于纽约湾区。线网密度方面，粤港澳大湾区仅为5.63百公里/公里^2，每万人平均里程仅为0.46公里，远低于世界三大湾区的水平。轨道交通体系方面，世界三大湾区均构建了层级合理、分工明确、衔接高效的轨道交通系统。与湾区发展相适应，纽约湾区、旧金山湾区重点辐射范围约100公里，其中核心区范围主要通过大运量的地铁、中低运量的轻轨和有轨电车系统开展服务，50~100公里范围采用市域（郊）铁路、通勤铁路等快速轨道交通系统，超过100公里则利用城际铁路开展服务。东京湾区拥有多种轨道交通系统，包括地铁、私人铁路、JR、新干线高速铁路，分圈层提供轨道交通服务，对外辐射日本大部分城市。以广州、深圳、香港、澳门为核心的粤港澳大湾区轨道交通体系由高速铁路、普速铁路、城际铁路、市域（郊）铁路、地铁组成，分别占比31.9%、24.8%、11.5%、1.1%、30.6%，市域（郊）铁路发展相对滞后，轨道交通体系构成不合理。

2. 城际铁路技术标准偏低、时耗长、端点布局不合理，与国家铁路干线连通度不高

城际铁路运营成效初显，对加强区域联系发挥了重要作用。广深线（广深铁路）于1998年完成准高速电气化，目前已实现“公交化”运营，平均旅客发送量超过23万人次/天，年客运收入最高近80亿元。地铁广佛线于2000年建成首通段，2018年底全线通车，以跨市地铁的形式承担城际通勤交通服务，跨市交换量达12.9万人次/天。广珠城际于2011年开通运营，平均旅客发送量接近10万人次/天，其中，中山往广州的客流量占绝对

① 景国胜、黄荣新、徐士伟、叶树峰：《粤港澳大湾区轨道交通体系发展的思考》，《城市交通》2019年第3期。

比例（70%）。城际铁路仍存在技术标准偏低、时耗长、端点布局不合理等问题。现状、在建及既有规划的城际铁路时速均在200公里及以下（广佛线为地铁制式80公里、广深城际160公里、广珠城际200公里），总体技术标准偏低。广佛肇城际铁路全长约110公里，但旅行时间超过60分钟（最长为90分钟），出行时耗过长，不具备竞争力（如果通过贵广、南广铁路，广州至肇庆旅行时间可以控制在40分钟以内）。部分城际列车止于城市外围车站，如广珠城际尽端站为广州南站，距离城市中心区较远，接驳时间较长，难以满足城际客流高时效性的要求。此外，根据2018年7月的运行图，广珠城际铁路开行跨线客车仅为19对，包括贵广7对、南广4对、武广5对、广深港3对。广佛肇、莞惠城际铁路与国铁干线尚无跨线客车，连通度不足，换乘成本增加。

3. 地铁规模领先其他湾区，市域（郊）铁路发展滞后

国际一流湾区的地铁基本服务于核心城市中心区，如东京地铁、轻轨线网主要服务于东京市区5~10公里范围，规模为358公里。旧金山地铁、轻轨主要服务于旧金山湾区核心10~15公里范围，线网总长308公里。纽约湾区地铁主要服务于纽约市区20公里范围以内，规模为380公里（铺轨里程为1370公里）。粤港澳大湾区地铁分布于广州、深圳、香港、澳门、东莞等区域，线网规模已达到978公里，地铁发展遥遥领先。但受限于行政管辖、城市发展规划，粤港澳大湾区内部城市间相对独立，相互间通过城市轨道交通的联系较少，具有跨市联系性质的市域（郊）铁路发展滞后，对连绵发展地区的轨道交通服务欠缺，导致湾区发展不够均衡。

二 公路

粤港澳大湾区是中国开放程度最高、经济活力最强的区域之一。2019年，湾区以占中国不足1%的土地，约5%的人口，创造了12%的国内生产总值，是中国经济发展的重要增长极。大湾区城市群联系密切，城际交通出行需求规模巨大，湾区正在推动深中信道等跨江信道的建设，沿江高速前海段、黄

茅海通道与南坪快速衔接工程正在规划建设中，关于伶仃洋和狮子洋通道的初步研究工作已经开始。① 当前大湾区 11 个城市之间的城际交通日均出行总量约为 980 万人次，常住人口城际交通出行率为 0.14 次/（人·日），机动车保有量为 1688 万辆。大湾区也是中国高速公路网密度最大的地区，至 2020 年底，大湾区内实现高速公路通车里程 5000 公里，且大多为双向六车道或以上标准，部分前期修建的双向四车道高速公路近期正开展改扩建研究。随着高标准高速公路网的全面覆盖，高速公路与地方道路相接的节点即互通立交通行能力不足问题日益突出。②

根据《广东省高速公路网规划（2020—2035 年）》，2035 年广东将建成总里程约 1.5 万公里的高速公路，新增高速公路 47 条约 2185 公里，广深港澳科技创新走廊合计新增 13 条高速公路。广深港澳科技创新走廊主要涉及广州、深圳、东莞、中山、珠海以及香港、澳门，除广州、深圳新增 10 条对外辐射通道之外，还新增了香海高速西延线、中山西环南延线、珠海机场高速北延线 3 条路线。

在规划布局上，广东将以“十二纵八横两环十六射”为主骨架，以 70 条加密线和联络线为补充，形成以珠江三角洲为核心，以沿海城市、港口、机场和铁路枢纽为重点，支撑粤港澳大湾区深度合作发展、引领东西两翼及沿海经济带发展、快捷通达周边省区的高速公路网络。

①出行交通量大且增速快。2019 年大湾区中广州客货出行总量最大、达到 206.1×10^4 pcu/d，其次深圳出行总量达 162.9×10^4 pcu/d，东莞出行总量达 99.7×10^4 pcu/d；近 20 年来，广州与深圳间的通道交通量增长幅度达 546%；同时，远景年预测交通量还将大幅增长。②小型车占比高。随着区域 GDP 和人口总量的快速增长，以及产业的转型升级，大湾区主要高速公路通行的车型比例，已逐渐演变为小型车（即一类车）占绝对多数。③高峰小时不明显。由于湾区已高度城市化，其全天交通量分布较为均衡，高峰

① 潘键帆、谢炫琛、黄远航等：《粤港澳大湾区交通一体化经济发展问题与对策》，《现代商业》2021 年第 36 期。

② 冯心宜：《粤港澳大湾区高速公路互通立交通行能力分析》，《中外公路》2021 年第 4 期。

小时系数小（广深、莞深、广珠东线分别为 0.068、0.074、0.078），多数项目均低于规范推荐值（0.085）；特别是在 8：00~21：00 时段，多数项目交通量均维持在相对高位，导致拥堵发生时，往往持续时间较长。④出行里程短。如 2019 年车辆在广深高速上的平均出行距离为 19.4 公里；出行距离小于 20 公里的车辆占总交通流的 2/3；其中东莞段平均出行距离为 8.19 公里，不到 2 个立交间距；深圳段平均出行距离为 13.8 公里，大致为 3 个立交间距。2019 年车辆在广珠东线上的平均出行距离为 26.3 公里；出行距离小于 30 公里的车辆也约占总交通流的 2/3。⑤互通立交密度大且出入口交通流量大。由于交通量大，且出行里程短，湾区内各典型高速公路互通立交布设密度大，且各互通立交出入口的交通流量大；部分高速公路互通立交出入口拥堵，经常引发主线拥堵，降低路网的服务水平。

根据以上交通流及路网特点分析，湾区各高速公路的服务水平，高度依赖互通立交的通行能力，而影响互通立交通行能力的因素主要包括以下几个方面。

①匝道本身的通行能力。根据现行《公路立体交叉设计细则》（JTG/T D21—2014），匝道基本路段单车道和双车道的设计通行能力如表 6-2 所示。

表 6-2　匝道基本路段的设计通行能力

设计速度（km/h）	通行能力（pcu/h）		设计速度（km/h）	通行能力（pcu/h）	
	单车道	双车道		单车道	双车道
80	1500	2900	40	1000	1700
70	1400	2600	35	900	1500
60	1300	2300	30	800	1300
50	1200	2000			

②主线和匝道分合流连接部的通行能力。由于湾区高速公路互通立交密集且交通流量大，主线和匝道连接部的通行能力是对路段服务水平及互通立交通行能力影响最大的因素；该部分通行能力主要受设计速度、主线外侧 1 和 2 车道的交通量、匝道交通量、变速车道长度等因素影响。在湾区的高速

公路，由于匝道分合流区域通行能力不足，主线外侧 1、2 车道拥堵，影响路段通行能力的现象时有发生，这在双向六车道高速公路上表现尤为明显。

③主线和匝道连接部存在交织区时的通行能力。根据湾区路网特点，其不可避免出现部分互通立交间距较近的情况；根据《公路路线设计规范》（JTG D20—2017）规定，互通立交最小间距不宜小于 4 公里，净距不应小于 1000 米；而受限于征地拆迁等客观建设条件，部分新建高速公路与已建高速公路间设置枢纽立交时，难免出现与已建高速公路上服务型立交净距小于 1000 米的情况，此时除了按规范要求设置辅助车道或集散车道外，还应验算两互通相邻出入口间交织段的通行能力。

④服务型互通匝道收费站的通行能力。服务型立交即与地方道路连接的一般互通立交，在交通运输部大力推行高速公路 ETC 收费之前，部分连接主要城镇的收费站常年拥堵，湾区多个高速公路的收费站均开展了改扩建。但随着 ETC 普及率逐渐提高，问题得到了极大缓解；2019 年底，湾区多数城市的 ETC 安装率已达到 80%，小客车 ETC 安装率更高，而大湾区高速公路通行的小客车比例多数已超过 80%；以通行小客车的收费车道为例，ETC 车道一般情况下平均通行时间不足 6 秒，而原有的人工收费车道平均通行时间为 18~20 秒，通行效率提高 3 倍多；原有车道数改造为 ETC 车道后，大多数匝道收费站通行能力已不再是瓶颈。

⑤服务型互通匝道与地方道路连接处的通行能力。在匝道收费站通行能力大幅提高后，随之而来的是匝道与地方道路连接处的通行能力不足，特别是部分采用平面交叉形式连接的交叉口；由于地方道路连接形式多样且各不相同，通行能力也与地方采取的交叉口管理措施相关。

三　水运

水运是发展对外贸易和保障经济安全的重要支撑，是对接世界、加强交流、提升国际竞争力的“先行官”。而大湾区经济开放性特点彰显了水运的功能。据统计，广东省 90%以上的外贸货物、95%以上的煤炭、99%以上的原油和铁矿石是通过水运来完成贸易的，水运起到了重要的载体和纽带作用。湾区“拥海抱湾”的独特地理条件注定湾区建设离不开水运的重要支撑。湾区经济发展依托湾区建设港口群，这是湾区经济区别于一般沿海经济的重要前提。在湾区“合群连河”的区域经济特征中，水运起到了枢纽作用。所谓“合群”，就是湾区与周边城市连成一体而成为共生经济体，湾区拥有一片共享的海域水体，内含多个不同功能的城市，从而形成相当规模的城市群。所谓“连河”，就是湾区各城市通过海湾水域连通内河。珠江是大湾区水运货物进出的主通道。①

港口经济、航运经济是海洋经济的重要组成部分，发展海洋经济必须重视海洋运输业。历史和现实都证明，经济强国必然是海洋强国，海洋强国必然是海运强国。推进生态文明建设的过程中，水运是创新绿色低碳发展模式的有效途径之一。水运具有运量大、成本低、污染少、不占地的优势，大力发展水运，有利于加快降低能源资源消耗，发展低碳经济，减少污染物排放，符合生态文明建设的总体要求。据测算，满足一定条件的背景下，水路运输成本约为铁路运输的1/2、公路的1/5、空运的1/20，能耗约为铁路的2/3、公路的1/6、空运的1/60。建设1公里复线铁路需占地50亩，1公里四车道的高速公路需占地100亩。同时，广东省物流量大，大量超限超载货车在公路上运行，导致国道、高速公路不堪重负，损害严重，道路维修费用高。相反，航道整治基本不占用宝贵的土地资源，一艘千吨级船舶的运量就相当于一列火车的运量或25辆载重40吨重型卡车的运量，而且单船吨位越大，单位货物的能耗越少，运输成本越低。

水运为建设宜居宜游的优质生活圈提供基础性和服务性条件。水运是经济社会发展的基础性、先导性产业和服务性行业，它具有社会性、公用性和公益性等属性，是国民经济发展的先决条件，是国民经济的重要生产部门。同时，水上旅游作为新兴的休闲旅游产品之一，因其类型多样性、休闲娱乐性、高度体验性、参与互动性等特征，广受大众欢迎。粤港澳大湾区经济发

① 梁建伟：《广东水运与粤港澳大湾区建设》，《珠江水运》2019年第6期。

达，拥有中国最长的海岸线和丰富的内河航线，海岛众多，风光优美，极适宜游艇航行旅游。与此同时，珠三角是中国游艇制造企业集中度最高的地区。从全球湾区发展的规律来看，湾区就是产业集聚地，因为它具有航运和港口这两大发展优势，这也符合生产力布局的趋优性规律。

2020 年 6 月，交通运输部办公厅和广东、广西、贵州、云南省（自治区）人民政府办公厅联合印发《关于珠江水运助力粤港澳大湾区建设的实施意见》（以下简称《意见》），贯彻落实《粤港澳大湾区发展规划纲要》，加快珠江水运现代化发展，助力粤港澳大湾区建设。《意见》提出 7 个方面 18 项政策措施，在水运基础设施建设、服务品质提升、对外开放、技术创新、绿色发展、安全保障、体制机制完善等方面精准发力，全面推进，旨在进一步发挥珠江水运在服务粤港澳大湾区经济社会发展中的作用，当好先行官。

广东水运的基本情况：2017 年，全省水路运输货运量完成 9.5 亿吨，全年水路旅客运输量完成 2612 万人次，全省港口货物吞吐量完成 19.71 亿吨，居全国第 2，港口集装箱吞吐量 6398.80 万标准箱，居全国第 1，在服务外向型经济发展和对外贸易中发挥了重要的支撑保障作用。广东省是全国水运资源条件最优越的省份之一。在全国规划重点建设的内河航道“两横一纵两网”中，广东拥有“一横”（西江航道干线）和“一网”（珠江三角洲航道网）。2017 年，广东省航道通航总里程 16850 公里。[①]

珠三角 7 个地市拥有 17 个内河二类货运码头、39 个营销网点，运营 40 条集装箱班轮航线、18 条散货航线、超过 100 艘内河货运船舶。珠江水运是粤港澳大湾区建设的重要组成部分，是西南内陆地区与粤港澳地区经济互补、协调发展的交通纽带。截至 2019 年，珠江水系内河航道通航总里程达 15552 公里，其中纳入《全国内河航道与港口布局规划》的高等级航道 3174 公里，三级及以上航道主要分布在西江航运干线、右江和珠江三角洲

① 蒋利、曾莹：《在服务粤港澳大湾区发展中当好先行——珠江航务管理局局长王建华解读〈关于珠江水运助力粤港澳大湾区建设的实施意见〉》，《珠江水运》2020 年第 14 期。

地区。总体来看，珠江水运基础设施互联互通仍有提升空间。[①]

《意见》从4个方面统筹推进基础设施建设。在推进航道网络建设方面，主要包括协调推进龙滩水电站和百色水利枢纽1000吨级通航设施建设，实施西江干线航道扩能工程、珠江三角洲航道网完善工程等工作任务。在推进港口网络建设方面，主要包括巩固提升香港国际航运中心地位，增强广州、深圳国际航运综合服务功能，加快实施内河主要港口、区域重要港口建设和升级改造等工作任务。在推进多式联运体系建设方面，主要包括加快推进东莞、深圳集装箱多式联运示范工程建设，推进南宁港、贵港港、柳州港、梧州港、来宾港和富宁港等多式联运建设等工作任务。在加快水运信息化建设方面，主要包括推进粤港澳智慧港口、智慧航道、智能船舶和智慧海事建设，促进北斗导航系统、物联网、云计算、大数据等信息技术在水运领域的集成应用等工作任务。

广东水运发展的主要短板：①社会对水运发展的意义认识不到位，重陆轻水倾向依然存在，没有做到宜水则水、宜路则路，突出表现为投入不足。珠江货运量约为长江货运量的1/3，但总体投入方面珠江仅约为长江的1/10。“十三五”时期，广东省共安排交通运输重点建设项目投资约14600亿元，其中港口航道约600亿元，仅占总量的4.1%。②水运规划不完善，落实规划不到位。一是广东水运缺少系统、完整、有效的发展规划。二是规划修编工作滞后。三是珠江水系各省区尚未配套相关珠江水运发展规划。③体制机制不完善。目前，广东省航道、锚地等港口配套公共基础设施下放地方政府管理，分区分段管理难以协调和统筹规划、开发与利用，一些地方由于财政困难，航道建设严重滞后，应急锚地资源极为紧缺。④水运基础设施薄弱，港口集疏运体系不完善。航道等级普遍偏低，航道维护保障能力不足，航道资源保护力度有待提升，部分跨河桥梁通航净空不足和出海口门不畅。港口集疏运体系建设滞后，大部分港口都没有进港铁路，港口与重要产业园

① 蒋利、曾莹：《在服务粤港澳大湾区发展中当好先行——珠江航务管理局局长王建华解读〈关于珠江水运助力粤港澳大湾区建设的实施意见〉》，《珠江水运》2020年第14期。

区、物流园区、干线公路之间缺乏有效衔接，疏港公路以二级及以下为主，部分还与城市道路混用。水路运输在综合交通运输体系中依然是“短板”，珠江水系内河货运量仅占全社会综合运输总量的13.7%，不仅低于长江的20%，更是低于欧美发达国家的水平。⑤水运企业“小、散、少、弱”，抗风险能力不强。据统计，全省水路运输企业共630家，其中总运力超过10万载重吨的仅有22家，占水路运输企业总数的3%，大多数水运企业（78%）拥有船舶数不超过10艘。全省水运企业普遍存在“小”（经营规模小）、“散”（货运不稳定且运力结构单一）、“少”（市场份额少、服务功能少）、“弱”（竞争力、融资能力弱）的现象，处于物流服务供应链的末端，议价能力弱，缺乏市场主导权。⑥港口同质化竞争严重。其根源在于现行“一城一港”管理体制下，各地各自为政，缺乏统一规划、建设和运营，造成资源利用率不高，港口重复建设、同质竞争、资源浪费等，码头能力结构性过剩。⑦高端服务业处于初步阶段，缺少现代水运人才。广东水运服务业主要集中在传统的产业链低端环节，以货物运输、港口服务、货运和船舶代理、报关报检等劳动相对密集的初级水运服务为主，多数水运人才集中在传统的水运服务业，现代水运高端服务业从业人员占水运人才比重小，造成航运金融、航运保险、航运法律、航运交易等水运衍生服务业发展滞后，与伦敦、香港、新加坡等地区相比差距巨大。政策配套滞后成为制约广东水运发展的明显劣势，造成大型航运企业落户较少，现代水运高端服务业从业人员不足。目前广东海船船员年培养人数1000多人，仅占全国的5%；年培养内河船员仅数百人，不足全国的1%，广东水运发展呈现后继乏人的局面，且逐年加剧，“有船无人开、有船不会开”的现象日益突出。⑧珠江黄金水道没有发挥应有的效能。主要表现为上游不通、中游不畅、下游不优、支流不连等问题。上游龙滩水电站、百色水利枢纽未同步建设通航设施，限制了云南、贵州两省船舶进入珠江水运大通道，云贵腹地内大量适宜水运的货物运输需求无法得到满足；中游航道存在枢纽通航设施通航能力不足、桥梁净高不够等问题，不能满足大型船舶通航需要，严重制约航运发展；下游珠三角虽然水运发达，但存在结构不优问题，需要加快转型升级，提质增效；重要的支流右江、贺江、东江等仍不能全线通航，干支衔接的航道网络尚未形成。珠江口出海航道受宽度、深度的限制，实行单向通航，大型船舶必须乘潮单向进出，通航能力严重受限。珠江口出海航道由广州港务局管理，导致深圳、东莞、珠海等港口在充分发挥自身能力方面受限。珠江水系内河货物运输主要集中在西江航运干线和珠江三角洲地区，占珠江水系总量的90%以上，但珠江支流内河货运量占比较小，仅为11.1%，水运潜能未充分发挥。

水运业是粤港澳大湾区经济社会发展重要的基础产业，在推进湾区建设、助力湾区经济发展、构建现代化综合交通运输体系等方面将发挥重要的作用。

1. 粤港澳大湾区建设要做好“水”文章

水是生命之源，也是人类文明的发源地。历史上，人类都是“择水而居”，城市都是“依水而建”，中国早期的城市无一例外都选址于水陆交通方便的地区。无论是自然形成的河流，还是人工开凿的大运河，都对城市的形成和发展起到了至关重要的作用。河流的兴废对城市空间格局的变迁产生重要影响。水运是决定大城市格局的重要因素。城市发展格局上，靠近江河有利于交易和贸易往来，“海洋文明”造就了因海而兴的“海洋帝国”。当今世界的35个国际化大都市中，有31个是因港而兴的城市，其中世界十大经济中心都是以靠海、靠江而兴盛起来的。湾区地理环境的最大特点是与水相连，临江临海布局产业。从人类文明发展史看，湾区与其他海洋地理空间一样，是人类海洋活动最频繁的地区，是海洋文明的重要发祥地。当今世界，发展条件最好、竞争力最强的城市群，都集中在沿海湾区，可以说，湾区已成为带动全球经济发展的重要增长极和引领技术变革的领头羊，实现湾区互联互通首先要考虑水路联网互通，制定水运发展规划要适应湾区发展的要求。水运因其自身具备的能耗低、运输能力强、相对污染少等优势，注定被冠以低碳、环保、节能、经济的标签，成为低碳经济发展的首选。目前，各国共同应对全球气候变暖，发展低碳经济的观念在世界范围内已达成共识，向低碳经济转型俨然成为世界经济发展的大趋势，而水运恰恰是低碳、低成本运输的载体。在建设粤港澳大湾区进程中，切实做好“水”文章，大力发展水运，有利于共建大湾区优质生活圈，把粤港澳大湾区建成绿色、宜居、宜业、宜游的世界级城市群。

2. 规划建设“粤港澳大湾区临港经济发展合作区”

粤港澳大湾区具有“一个国家、两种制度、三个关区”的特点，港澳同内地分属不同司法体系。建设国际一流湾区和世界级城市群，粤港澳大湾区需要一个自然条件优良的深水海港作为临港经济发展合作区，以大型产业集群为基础，全面开展供应链综合服务。珠海万山群岛地处珠江入海口，东邻香港，西接澳门，是目前广州、深圳、珠海、香港进港船舶的必经之地，具备设立合作区的区位条件与腹地优势。“粤港澳大湾区临港经济发展合作区”选取万山群岛中的主要岛屿作为建设区域，赋予自由贸易港政策，以对标国际上的成熟湾区，打造大型产业集聚区、国际重要中转枢纽，为粤港澳大湾区的协同发展提供重要物理支撑，疏散缓解粤港澳大湾区城市群的环境压力。其积极意义包括以下四个方面：一是融合粤港澳大湾区三地不同的体制机制，探索粤港澳合作的新渠道，为大湾区建设提供重要平台；二是为我国自由港建设积极探索、积累经验；三是弥补广东港口超大型船舶靠泊能力短板，优化珠三角产业结构与业态，实现珠江东西两岸港口及相关产业外移，拓展珠江口城市群发展空间，疏散缓解粤港澳大湾区城市群的环境压力，使河口港成为真正意义上的海港；四是有利于实现广东港口资源整合，实现港口大型化、深水化和专业化。

3. 积极探索湾区港口合作、建设、运营新模式，提升珠三角港口群国际竞争力

鼓励区域港口结成战略联盟。所谓区域港口战略联盟，是指两个或两个以上优势互补的沿海港口之间，遵循自愿互惠原则，以灵活多样的形式，为达到拥有市场、共同使用资源等战略目标，所形成的合作协议或组成的网络式协作关系，使港口具有更高的运作效率和更先进的服务水平。联盟形式：①干支线联盟。港口群中既有干线港，也有支线港。其中，干线港处于主导地位，支线港处于从属地位，它们之间既相互竞争又相互依赖。离开支线港

的喂给和补充，干线港就失去长期存在和发展的基础；同时，支线港也需要利用干线港的影响力及市场地位来赢得市场份额。②枢纽港联盟。每个枢纽港周围有众多支线港，围绕每一个枢纽港形成一个港口群，因此，它实际上是一种港口群之间协同发展的战略模式。通过区域港口战略联盟，实现“1+1>2”的效应。区域港口战略联盟有多种合作模式，如按管理主体分，有政府主导型和企业主导型；按互相渗透程度分，有紧密型、松散型和意合型；按管理主体与相互合作程度分，有港口一体化型、港口协会型和企业相互渗透型。

支持湾区各内河港口（港航企业）对接湾区内三大世界级枢纽港口。①港航与港航部门、企业与企业对接沟通，签订战略合作协议，实现目标协同。②内河班轮公司加强与香港港航业紧密合作。③建设一个覆盖珠江水系的网络化信息操作平台，通过对南沙港、深圳港及香港港码头信息操作平台的延伸，实现珠江水系航运、港口及货代信息与上述三大港口信息平台的对接。若条件允许，可将南沙、深圳港口口岸监管体系前移，打造大湾区各港口与上述港口的货物通关网络监管体系。重视内陆港（无水港）的建设，延伸大湾区港口群腹地。无水港是在内陆地区建立的具有报关、报验、签发提单等港口服务功能的物流中心，其选址于港口内陆腹地运输网络中货物的集散枢纽，是国际物流体系中多式联运的衔接点，是内陆地区国际供应链服务空间集。重视高科技在湾区港口中的开发和应用，将智慧港口建设作为港口转型升级的重要抓手。加快数字港口建设，加强港口大数据分析处理，整合港口信息化资源，推进湾区内主要港口的信息化、智能化、自动化建设，推进各方监管数据互联互通和航运公共数据的信息共享和交换，打造“互联网+”航运生态圈。

4. 大力发展航运高端服务业

建设全球邮轮母港。满足湾区高端消费需求，重视湾区邮轮母港建设，完善湾区邮轮航线网络体系，发展远洋、近海的邮轮航线，为湾区建设成为世界级国际旅游都市群创造条件。满足慢生活需要，邮轮市场广阔。中国邮轮市场接近亚洲邮轮市场的50%，居全球第8位，在过去的5年里保持45%

的增长速度。邮轮产品包括酒店、船舶、运输、娱乐等复合产品，属于资金密集型、人才密集型、技术密集型产业，各方面要求特别高，也属于高风险行业。推动湾区游艇自由行有效实施。加快完善软硬件设施，共同开发高端旅游项目。探索在合适区域建设国际游艇旅游自由港。支持澳门与邻近城市探索发展国际游艇旅游，合作开发跨境旅游产品，发展面向国际的邮轮市场。支持珠三角城市建设国家全域旅游示范区。促进滨海旅游业高品质发展，加快“海洋—海岛—海岸”旅游立体开发，完善滨海旅游基础设施与公共服务体系。探索以旅游等服务业为主体功能的无居民海岛整岛开发方式。

合力做大船舶登记。利用联合国改革方便旗制度的契机，香港与内地合力做大船舶登记。探索两步走策略召回内地船只。第一步，保留香港登记的内地船只，对海外船只全部召回。第二步，在条件成熟的情况下，实现全部船只召回。通过两步走战略，支持香港进一步做大做强，提高中国在世界海事方面的话语权，落实建设海洋强国的目标。共建湾区航运交易所。近年来，虽然全球货运险费率与全球船舶险费率都处于下降趋势，但亚太地区航运保险的市场规模却快速上升，份额已超过全球的 1/4，全球航运服务业中心逐渐东移。通过共建湾区航运交易，共建湾区银行、基金、海事仲裁院、离岸金融与贸易合作机构等形式，提升粤港澳大湾区航运高端服务的国际竞争力。加强航运高端人才培养。一是加强船员队伍建设；二是培养和引进高端航运人才；三是办好广州交通大学。

5. 高度重视珠江黄金水道开发、建设和使用，把珠江打造成为湾区名副其实的黄金水道，完善珠江水系综合交通运输体系建设

加大珠江水运发展投入，加强水运与公路、铁路、航空、管道等运输方式的有机衔接，发展多式联运，优化交通运输结构，构建现代综合运输体系。扩能升级，提高珠江水运能力。加快珠江高等级航道建设，研究解决桥梁净空适航问题，打通贵州、云南出海通道，促进港口转型升级。推进生态航道建设，注重把生态环保理念和要求贯穿于航道规划、建设、管理、养护的全过程，注重航道建设与周围景观、建筑物的协调，确保通航河流新建

跨、临、拦、过河建筑物满足内河水运发展要求；加强岸线资源和港口陆域保护，提高岸线规划标准和利用水平，防止重复建设；开展对碍航闸坝、桥梁改造的综合研究；实施船型标准化推进工程，有序淘汰老旧船舶。重视湾区水运公共服务保障能力建设，助推湾区港航国际竞争力提升。健全珠江水运管理体制机制，提升安全监管和航道保障服务能力，加强港口岸线管理，引导港航企业集约化发展，提升珠江水运公共服务能力。加强交通运输、海事、航道、港口等部门间的政策协调和工作配合，强化各级各地水运主管部门联动，形成分工负责、各司其职、协同推进的良好工作格局。打造数字珠江，建设珠江航运综合服务信息系统，实现珠江物流商贸、信息服务有机整合。当前，广东水运业应该抓住粤港澳大湾区建设这一难得的发展契机，以创新意识推动深化改革，在改革中树立全方位对外开放的工作视角，在打破城市间隔阂、形成城市联动和协同发展的良好局面基础上，更好地发挥水运在国民经济发展中的基础性、先导性作用，促进区域内资源流动和产业集聚，助力粤港澳大湾区经济社会全面健康发展。

四 民航

2020 年 7 月，《民航局关于支持粤港澳大湾区民航协同发展的实施意见》（以下简称《实施意见》）中提出以打造更高质量、更加协调、更可持续、更具国际竞争力的世界级机场群为目标，努力将粤港澳大湾区建设成为民航深化改革开放的排头兵和新时代民航强国建设的先行区，为建设世界一流湾区提供有力支撑。在此文件中还提出了两个阶段目标：第一阶段到 2025 年，基本建成粤港澳大湾区世界级机场群，大湾区民航整体规模、综合竞争力和创新能力持续保持国际领先。其中，至 2022 年基本形成多核支撑、多点互动、共建共赢的大湾区区域民航协同发展格局和政策体系。第二阶段到 2035 年，全面建成安全、协同、绿色、智慧、人文的世界级机场群，为全面建成宜居宜业宜游的国际一流湾区发挥战略性、基础性作用。粤港澳大湾区建成新时代民航强国先行示范区，创新能力、治理能力、可持续发展能力和国际影响力位居世界前列，在更高层次参与国家合作和竞争中发挥独特而重要的支撑作用。

《实施意见》从构建区域协调发展新格局、建设世界一流基础设施、打造更高水平航空服务、推进空地一体联程联运、推进民航产业互动发展等5个方面提出了11项具体任务，包括优化提升区域民航发展格局、凝聚区域民航协同发展合力、强化机场设施保障能力、提升空管体系保障水平、提升航空运输服务的竞争力、打造专业高效的航空物流体系、发展多元化的通用航空服务、强化机场综合交通枢纽建设、推进旅客联程运输一体化发展、促进粤港澳民航产业互补发展、提升大湾区民航国际影响力等。①

构建双循环新发展格局，粤港澳大湾区内全要素资源优势明显。在供给端，大湾区产业集群所涵盖的分工经济、规模经济、范围经济和集聚经济优势鲜明，在全国范围内显著领先，同时还具备通过降低全产业链成本和制度性交易成本等方式进一步提升大湾区核心产业全球竞争力的空间，尤其是在电子信息、智能芯片、集成电路、5G设备、物联网、人工智能、云计算、高端装备等领域，大湾区最终有能力先于全国其他区域形成科技主导、全球资源、本土智慧的供给侧双循环新发展格局。在需求端，截至2019年末，大湾区的总人口数已接近7300万人，以0.6%的国土面积吸纳了全国5%的人口，无论是人口密度还是年龄结构，大湾区具有扩大消费整体规模、优化消费产品结构、创新消费环节模式的天然优势，具备孕育新消费增长点、新消费标的物、新消费业态的需求潜能。毋庸置疑，粤港澳大湾区是国内、国外的制度、规则、市场结合的对接区，其高质量建设有利于促进我国经济内外双循环良性互动，更关系到我国双循环格局的长远发展，也必将在其中扮演重要角色。

聚焦民航业，航空客货运输作为促进构建双循环新发展格局的重要服务保障环节之一，粤港澳大湾区民航业按照《实施意见》要求，在“十四五”

① 《〈民航局关于支持粤港澳大湾区民航协同发展的实施意见〉印发》，《民航管理》2020年第7期。

期末实现“年旅客吞吐量3.3亿人次左右，货邮吞吐量超过1000万吨”的发展目标，就是服从和服务于最新国家战略。新实践亟须新思考。①

第一，构建大湾区协同发展新格局。优化区域机场功能定位是实现大湾区机场群多核驱动的前提，如何避免当前功能定位的“重叠”，需要香港、广州、深圳组成的A3在战略层面有意愿并最终实现目标的深度协同，也需要有澳门、珠海参与的A5在战术层面有动力并共赢共享的积极参与。要真正实现格局提升，就一定需要制度安排。笔者早在10年前就开创性地提出成立超越A5层面的粤港澳大湾区机场管理联席委员会机制构想，该制度创新在粤港澳大湾区建设和民航协同发展的当下显得更加迫切。凝聚区域民航协同发展合力，需要破解在“一国两制”框架下民航发展全要素资源在大湾区有序自由流动的难题。A5的物理联通不难实现，只是需要时间，A5的协同发展更难实现，更需要大智慧。

第二，建设世界一流民航基础设施。预计到2035年，香港机场将运行3条跑道，广州5条、深圳3条、澳门和珠海各1条，新建珠三角新干线机场，预计建设2条跑道。与2020年大湾区拥有的9条跑道相比，将新增6条跑道。以航站楼和地面运输中心为代表的地面保障资源也同步优化和增加。但大湾区世界级机场群建设的最大瓶颈不是在地面而是在空中，需要在“一国两制”框架下统筹和加速推动大湾区空管“一体化”工作。粤港澳空管部门深度合作，重新修订A5的进出港程序，减少彼此之间的干扰，在确保安全飞行的前提下深挖大湾区的空域承载潜力，真正发挥大湾区机场群增量地面保障资源的客货运输服务能力。

第三，推动大湾区民航产业一体化发展。发展民航产业就是促进大湾区世界级机场群的独特功能可持续性发挥的“助推器”。构建大湾区机场群需要创新大湾区民航产业发展模式，以促进其现有产业链协同重构，进而实现其潜在社会价值和经济价值有效转化与充分释放。在现有大湾区各主体优势

① 綦琦：《基于服务双循环格局的粤港澳大湾区民航高质量发展路径浅析》，《空运商务》2020年第9期。

产业分工背景下，力争进一步强化与区域社会经济发展的紧密结合，根据各产业发展对民航产业的依存程度，加速推进并实现具有强民航依赖性的相关产业地理位置再集聚、协同势能再释放，最终实现大湾区民航产业一体化发展目标。大湾区机场群分工定位是区域社会经济分工的延续，机场群与产业经济的紧密结合是社会发展的必然要求，也是服务促进双循环格局形成的必然需要。综上所述，粤港澳大湾区民航业亟须摒弃竞争、务实合作、共克时艰，毫不动摇地服务国家促进形成双循环格局战略，实现自身高质量发展，如期实现建成国际一流湾区和世界级城市群的国家战略宏伟蓝图。

粤港澳大湾区拥有世界上最大的机场群，仅大型机场就有广州、深圳、珠海、香港、澳门等 5 个，此外还有惠州机场。广东省在《广东省综合交通运输体系发展“十三五”规划》中提出将重点打造珠三角地区+粤西北地区的“5+4”骨干机场，并在《广东省通用机场布局规划（2020—2035年）》中提出 2025 年前新增 23 个通用机场布点，2026~2035 年新增 25 个通用机场布点，结合功能布局需求，构建以珠三角地区为核心、覆盖粤东西北地区的通用机场布局。

2018 年，粤港澳大湾区机场群航班起降量约 141 万架次，旅客吞吐量超过 2 亿人次，超越全球三大湾区，创造了卓越的社会和经济效益。在 2019 年 5 月 28 日召开的粤港澳大湾区空域协同发展研讨会上，民航局、民航局空管局、空军参谋部航空管制局，广东、香港、澳门等各民航单位共同商议，形成“倡议书”，探索协同合作机制，为粤港澳大湾区民航业蓬勃发展奠定了良好的基础。①

建设粤港澳大湾区，既是新时代推动形成全面开放新格局的新尝试，也是推动“一国两制”事业发展的新实践。大湾区规划纲要明确提出要建设世界级机场群，对加强空域协调和空管协作、优化调整空域结构、提高空域资源使用效率、提升空管保障能力等提出了明确的要求。粤港澳大湾区内汇

① 《三地民航协同共建大湾区世界级机场群——粤港澳大湾区空域协同发展研讨会在广州顺利召开》，《空运商务》2019 年第 6 期。

聚香港、澳门、广州、深圳等 7 个机场，机场密度国内最高。湾区内空域小、流量大，是全球空域最复杂的地区之一。对空域资源的优化提升，是粤港澳大湾区民航“供给侧”优化提升的重要“命题”。

1. 率先破题：M503航线打通空中“快车道”

空域资源有赖于政策上的不断开拓。空域协同发展研讨会上，民航局空管局空域管理中心空域管理室刘瓓对粤港澳大湾区空域发展合作历程进行了介绍，M503 航线是其中的重点。M503 航线是近年来民航空域协同发展的有力尝试，是切实服务民航用户的重点空域项目。从 2015 年 3 月 29 日启用，到 2018 年 1 月 4 日 M503 北向航线和衔接线顺利启用，M503 不断拓展升级，已成为港澳往来华东地区的海上“快车道”。M503 航线开通前，华东地区往返粤港澳大湾区及东南亚的航班延误突出，航班正常率较低。M503 航线双向运行后，每日约分流 A470 航线上 100 架次的航班量，大大缓解了 A470 航路拥堵状况。

2. 科学解题：“空域建模”找准发展着力点

解开空域资源紧张这一世界性难题，有赖于科学理论的支撑和解构。此次会议的另一个聚焦点是“空域建模”——利用真实的大数据，构建精确的算法模型，以便对粤港澳大湾区空域优化进行“沙盘推演”，提供精准的决策依据。早在 2004 年，民航局、香港民航处及澳门民航局已组成三方工作组，共同协调珠三角地区的空域管理安排。在推动粤港澳大湾区建设的历史性发展契机下，2017 年，内地与港澳三方共同决定搭建空域模拟仿真评估平台及开展数据共享，推动粤港澳大湾区空域仿真建模工作。在民航局空管局空域中心牵头下，港澳两方及内地中南空管局共同参与，仿真建模工作于 2017 年 11 月正式启动。民航数据公司与香港民航处分别承担了不同区域的仿真建模和粤港澳大湾区整体基线模型融合技术工作。中南空管局、香港民航处、澳门民航局共同提供了运行数据和管制运行业务支持。多方深度合作结出累累硕果。此次搭建的空域基线模型，是粤港澳大湾区迄今为止空管数据最为完整、仿真度与实际最为接近的空域模型。此次建立的基线模型仿真时间共计 32 小时，涉及广州、深圳、珠海、香港及澳门五大机场，共 9

条跑道、35个管制扇区、167个飞行程序、320个航路点、1744条班机航线走向、6491条模型规则。通过该模型，可以对空中交通管理多个范畴进行科学分析，为未来的仿真应用打好坚实基础。未来，内地、香港、澳门三方将共同协商确定空域调整方案，并以基线模型为基础进行修改优化，开展模拟仿真，预测未来可能出现的运行效果，为大湾区空域优化调整提供科学的决策支持。

3. 统筹答题：精细化管理推动可持续发展

广州地区是全国空域精细化管理的示范区，是近几年空域优化、航路优化取得最大成绩的地区。空域协同发展研讨会在广州召开，就是要为解决世界性难题做出榜样。针对目前粤港澳大湾区民航空域发展面临的供需矛盾突出、空地资源不足、协同机制不强、质量效率不高等突出问题，重点要加强“三个协同”，即促进军地运行协同、资源管理协同以及智慧人文协同。近年来，在民航局空管局的统筹下，空域精细化管理的实际效能已经充分体现。中南空管局作为试点，通过建立健全“空域使用审批”“空域动态调整使用”“空域释放应急响应机制”等8项空域精细化管理措施，努力推进珠三角地区调整与新辟等待航线和等待区工作，促进运行容量的提升。技术创新也成为推动三地民航统筹发展的强劲“引擎”。协同决策放行系统（CDM）成为联结三地民航各方的重要平台，目前中南空管局自主研发的CDM系统与香港、澳门机场ACDM数据互联对接工作正不断推进，空管、机场、航空公司的信息沟通和决策更加顺畅，运行效率不断提升。此外，基于性能的导航（PBN）、连续下降运行与连续爬升运行（CDO/CCO）等新技术的广泛应用，也使粤港澳大湾区民航发展走在世界前列。民航局空管局坚持“真情服务理念”，以技术创新深耕天路，更好地平衡容量效率和运营效益间的关系，让旅客真切感受到真情服务带来的实效。有赖于这一系列“实招”，2018年中南空管克服复杂天气和大流量挑战，辖区内各机场放行正常率达到84.04%，同比提升6.03个百分点，空管原因占比仅为0.26%。经过深入研讨，汇聚多方意见，最终形成了《共同倡议书》。《共同倡议书》指出，要以大湾区规划纲要创新、协调、绿色、开放、共享大原则为指引，各方致力于合作推动大湾区航空业的政策沟通。以前期珠三角空管合作机制为基础，持续完善大湾区空管合作机制。以提高大湾区空域资源使用效率为出发点，加快推进大湾区空域结构优化调整。以围绕提升空域运行效率的关键技术为手段，积极推进技术创新。

五　海运

2020 年 6 月交通运输部发布《关于推进海事服务粤港澳大湾区发展的意见》，回应了香港业界近年来提出的诸多意见，为加快落实《粤港澳大湾区发展规划纲要》《交通强国建设纲要》，促进粤港澳大湾区水上交通安全治理协同发展，更好地服务粤港澳大湾区的发展，提出了具体的指导性意见。①

粤港澳大湾区涵盖珠三角“9+2”城市，经济总量跻身全球第三大湾区，区内高科技产业集聚，自主创新能力强，是典型的科技创新驱动型湾区。中央政府期望粤港澳大湾区成为国际区域发展战略的新布局、国家整体转型发展的新动力以及国家扩大对外开放的新门户。强化广东作为全国改革开放先行区、经济发展重要引擎的作用，构建科技、产业创新中心和先进制造业、现代服务业基础。巩固和提升香港国际金融、航运、贸易三大中心功能，推动专业服务和创新及科技事业发展，建设亚太区国际法律及解决争议服务中心等。

粤港澳大湾区作为中国南大门的重要门户，区域内港口的发展始终是湾区发展的最大优势，湾区邻近全球的黄金航道，太平洋和印度洋航运要冲，是直接带动中国中南和西南地区发展及辐射南亚、东南亚的前沿。②粤港澳大湾区滨江临海，经济发达，拥有得天独厚的港口发展条件，是世界上通过能力最大、水深条件最好的区域性港口群之一，是全球港口最密

① 冯佳培：《粤港澳大湾区建设与香港航运的未来发展定位》，《中国远洋海运》2020 年第 12 期。

② 张国强：《粤港澳大湾区港口群优化协调发展研究》，《综合运输》2019 年第 1 期。

集、航运最繁忙的区域，区域港口吞吐量位居世界各湾区之首。港口是国际物流链中的重要一环，也是带动腹地经济发展、加快大湾区建设的重要组成部分。

大湾区共拥有广州港、深圳港、香港港、东莞港（虎门港）、珠海港等5个亿吨大港，此外还有中山港、惠州港、佛山港、澳门港，是一个实力雄厚、合作紧密、分工明确、服务泛珠三角地区经济发展的国际航运中心和世界级港口群。目前，莲塘/香园围口岸已计划运行，横琴口岸、青茂口岸等新口岸建设加快推进，罗湖口岸的整体改造已提上日程，广州南沙港铁路等疏港铁路改造建设已有所推动，西江、北江干线至珠江口航运主通道建设已得到提速。

湾区港口中深圳港、香港港、广州港发展迅速，已成为全球国际集装箱吞吐量排名前10的世界性重要港口。2020年三港的集装箱吞吐总量达到6768万标准箱，其中深圳港以2655万标准箱位列世界港口集装箱排名第4，紧随其后为广州港，集装箱吞吐量2317万标准箱，位列全球第5，香港港以1796万标准箱集装箱吞吐量位列世界第9，珠海港、东莞港的规模也突破100万标准箱大关。伴随着湾区港口吞吐量的迅速提升与基础设施建设的大量投入，以港口群为整体综合考虑集群发展历程与内部港口间的优化协调发展情况，成为实现粤港澳大湾区港口从世界大型港口区向综合港口群跨越的重点关注内容。①

粤港澳大湾区包含众多港口，其中广州港、深圳港和香港港的发展水平和发展速度明显高于其他港口。除了深圳港在2009年有所回落外，总体而言广州港和深圳港的集装箱吞吐量一直保持上升趋势。进入21世纪，得益于对外贸易的蓬勃发展、集装箱专用港区的不断建设以及多家船运公司在此开辟远洋航线，深圳港在2000~2007年快速发展，集装箱吞吐量增长4倍，2010年后进入平稳增长期。广州港历史悠久，自古以来就是我国对外贸易

① 王琪、陈炜、韦春竹：《粤港澳大湾区港口群参与全球航运网络特征》，《热带地理》2022年第2期。

的重要口岸。随着南沙港区的兴起，广州港的增速已经超过深圳港，2017年广州港集装箱吞吐量首次突破2000万标准箱，共完成2037万标准箱，近3年增长22%。此外，南沙港铁路在2020年基本建成，将进一步优化货运路网布局，增强港口竞争力。香港港是全球供应链上的重要枢纽，20世纪90年代以来，香港港的集装箱吞吐量一直位居全球前3，直到2012年被深圳港超越。香港港的集装箱吞吐量1995~2008年维持稳定增长，2011年以来则不断下跌，直到2017年才有所回升。与深圳港和广州港不同的是，香港港的大部分箱量都是国际中转箱量，其比例超过60%。①

当前，珠三角港口群的集装箱运输市场主要集中在广州港、深圳港和香港港，近20年上述3个港口占港口群集装箱吞吐总量的比重一直保持在80%以上。针对广州港、深圳港和香港港3个港口的出口货流分布情况，除了澳大利亚和南美东岸外，广州港与另外15个海运区域建立了联系，而深圳港和香港港则与17个海运区域建立了联系，深圳港和香港港的海运区域通达性高于广州港。在货流量方面，广州港的出口货流总量为8655209标准箱，主要集中在新加坡港、丹戎帕拉帕斯港和巴生港；深圳港为44565290标准箱，货流主要集中在东亚、北美东岸地区；香港港为34919703标准箱，货流主要集中在东亚和北美地区。由此可见，东亚和北美是上述3个港口的主要出口货流分布地区。此外，与深圳港对比，虽然香港港与更多港口建立了联系，但是产生的货流量却低于深圳港，仅为深圳港出口货流总量的78.36%。在港口节点方面，3个港口共和195个港口建立了海运联系，其中广州港与67个港口存在联系，占比34.36%，而深圳港和香港港分别为160个和169个港口，分别占比82.05%和86.67%，明显高于广州港，香港港的通达性最高。此外，在涉及的195个港口中，与3个港口都存在出口货流联系的有53个，占比27.18%。仅与其中1个港口存在联系的有47个港口，占比24.10%，其中仅与广州港有联系的港口为3个；仅与深圳港有联系的港口

① 张小玲：《粤港澳大湾区三大港口集装箱货流的空间分布》，《广州航海学院学报》2018年第4期。

为15个，主要分布在西亚地区，如贝鲁特港、朱拜勒港等；仅与香港港有联系的港口为29个，主要分布在东亚和澳大拉西亚2个海运区域，包括那霸港、敦斯维尔港等。

对于进口流，广州港只和东亚、欧洲地中海、西北欧、西亚、东非、北美西岸、南亚和北非等8个地区有货流联系；除了东非、北美墨西哥湾、南美东岸和南部非洲外，深圳港与另外13个海运区域建立了联系；而香港港则与除了东非、北美墨西哥湾、西非以外的14个海运区域都有货流联系。由此可见，香港港涉及的海运区域最为广阔，值得注意的是3个港口在北美墨西哥湾地区都没有进口货流生成。在货流量方面，广州港的进口货流总量为8954405标准箱，主要集中在新加坡港、杰贝阿里港和釜山港；深圳港的进口货流主要集中在东亚、西北欧、欧洲地中海3个地区，货流总量达45243343标准箱；而香港港为34681666标准箱，货流主要集中在东亚和西北欧两个海运区域。由此可见，无论是出口货流还是进口货流，东亚都是最主要的货流生成地区，而另一个主要的进口货流生成地区是西北欧。与出口货流相类似，虽然香港港相对深圳港而言与更多港口建立了联系，但是产生的货流量却低于深圳港，仅为深圳港进口货流总量的76.66%。虽然大湾区内港口众多，但是在国际海运实践中，与其他海运区域之间的货物进出口可能仅由广州港、深圳港或是香港港中的某个港口承担。

虽然近年香港在航运发展方面，已经被上海、深圳、宁波—舟山以及新加坡等城市超越，但香港仍拥有其他城市不可替代的独特区位优势，平均4小时的飞机航程就能直达亚洲主要市场，5小时的飞机航程就能覆盖全球逾半数人口。此外，香港还具有独特的制度优势——“一国两制”，全球最自由的经济体系，与国家紧密的经济联系，司法独立并使用国际通用的普通法，以及国际公认的自由港地位。另外，低税率及简单税制、清关简易便利、港币可以自由兑换等都是香港独特的优势。同时，香港在航运方面与内地有着十分密切的联系，香港的知名私营船东多数来自江浙地区。香港的贸易及物流作为支柱产业，占香港GDP的22%，其中航运物流占3.2%，在香港经济发展中有着不可替代的地位。据香港政府的统计数据，香港从事航运物流业的人员近17.5万人，占香港劳动力的4.6%，为香港社会提供了大量的就业机会。香港港还是全球最繁忙的港口之一，2019年处理了近1900万标准箱，占香港总货运量的90%，香港是天然的深水港、转运枢纽，还是所谓的“补时港口”，即班轮在运输过程中耽误的时间，可以通过香港高效的装卸能力得到补偿。此外，香港的班轮覆盖广泛频密，每周320班次，联系全球470个目的地。香港已与40多个国家和地区签订了避免双重课税的协议，包括共建“一带一路”国家和地区及其他经济体。与航运行业最关心的巴西和澳大利亚等国家的课税宽免谈判也正在积极推进中。香港的海运服务业包括船舶拥有、船舶管理、海事保险、海事法律、船舶租赁、船舶注册、船级社、船舶维修、海运设备、船务代理以及船务经纪等。香港有超过800家与海运相关的公司，全球十大会计行中的7家在香港设有公司，国际保赔协会13家会员中的12家在香港设有公司，香港有近90家船舶保险公司，拥有及管理全球约9.6%的商船船队。香港还是国际金融中心及区内的船舶融资中心。香港特区政府于2020年6月通过了备受期待的《2020税务（修订）（船舶租赁税务宽减）条例草案》，为在香港的船舶租赁公司提供优惠的税务条件，有助于促进香港成为国际船舶租赁活动的首选地。

必须承认，香港近年来的航运发展也遇到了瓶颈，集装箱吞吐量近年来连续下跌，15年不到的时间，从全球第一大港跌落到“保八”境地；基础设施以及自动化、信息化建设相对滞后，对国际知名航运公司吸引力降低，加上2020年以来社会动荡以及美国单方面宣布终止香港特区政府与美国政府1989年8月签署的船舶国际营运收入税务宽免的协定等，对海外投资者的信心造成了一定的打击。昔日的世界第一大港——香港，如今不仅国际航运中心地位被新加坡超越，也面临中国内地港口包括上海等自贸区及海南自由贸易港的严峻挑战。香港与新加坡相比，已经在各个航运领域无优势可言，有些方面已经远远落后于新加坡。

香港海运合作未来的最大市场在粤港澳大湾区，香港航运界在湾区内的业务发展，得到中央和地方政府的大力支持。香港航运界可提出自己的诉求，积极参与大湾区的港口及海事发展规划，实现香港港航产业的转型升级。在建设成为具有国际最高标准、最好水平的自由贸易港的同时，辐射和带动整个大湾区航运业的发展，形成一中心（香港）、三平台（前海、南沙和横琴）、三枢纽（香港港、广州港和深圳港）的大湾区航运业整体发展格局，注重与内地在航运业务合作领域的错位协同发展，重点推动大湾区航运要素以香港为中心集聚。香港还可以考虑与广州、深圳合作成立相关服务机构，满足高端航运服务的需求，探索航运金融创新，发展航运金融与航运保险。与深圳前海共同打造海事特色的仲裁平台，短期内在珠江三角洲实行检验结果互认、费用减免合作。香港应在航运人才培训与交流引进方面与院校合作共同组建高等海事大学和航运学院，探索建立奖学金和实习制度，以校企合作的方式培养高端航运人才，拓展航运人才引进渠道，推广前海经验，支持港资企业在内地设立船员外派企业，打通内地船员输出香港的直接通道。《关于推进海事服务粤港澳大湾区发展的意见》，为香港积极参与上述发展提供了政策保障，从而最终形成粤港澳大湾区资源共享、标准互认、执法互助的合作共赢新格局，推动大湾区航运协调发展。此外，大湾区建设为香港未来的航运发展提供了广阔的空间，可以解决香港本身土地资源不足的困难，同时促进港澳与大湾区其他城市的航运文化发展，培养未来的航运人才。此外，大湾区建设也为香港参与发展绿色航运、推进清洁能源和新能源在船舶领域的应用提供了广阔的合作空间。香港目前虽然遇到了一定的困难，但是随着粤港澳大湾区建设的推进，香港航运获得了宝贵的发展空间，香港社会及航运界应该牢牢把握这个千载难逢的机遇，团结一致，为巩固和提升香港国际航运中心地位添砖加瓦。

六　城市交通

在经济社会发展的前提下，城市是必然产物，也是我国经济社会发展最重要的载体。当前，积极推进城市化建设进程是我国国民经济以及社会发展的重要内容。然而一个城市的不断发展以及完善，离不开相应的基础设施支持，我国城市的基础设施仍然是城市经济发展中最基础的物质保障，而城市交通便是其中之一。从我国城市经济发展的轨迹来看，城市交通与城市经济发展之间有着直接的关系，城市的交通是推进城市经济活动井然有序开展、推进城市经济发展的前提。①

粤港澳大湾区的城市交通发展主要体现为区域城市内地铁轻轨的发展。

在香港，2019 年 2 月，香港铁路有限公司官网显示，港铁运营线路 11 条，其中包括铁路线路及地铁线路 10 条、机场快线 1 条，港铁在建线路共 2 条，分别为屯马线和东铁线过海延线，在建里程共 17 公里。截至 2018 年，港铁运营里程共 230.9 公里（包括市区线、机场快线和轻铁线路）。

在深圳，目前深圳地铁在建里程 273 公里，包括地铁三期和四期多条线路同步建设。地铁四期工程包括 6 号线支线、12 号线、13 号线、14 号线和 16 号线 5 个项目，预计到 2022 年建成通车后，市轨道交通总里程将达 580 公里。根据 2020 年编制的《深圳市国土空间总体规划（2020—2035 年）》要点，至 2035 年深圳将建成 33 条线路总里程 1335 公里的轨道网络。

在广州，截至 2020 年 5 月，广州地铁现已建成开通 14 条里程 514.8 公里的地铁线路，以及海珠区环岛新型有轨电车试验段（7.7 公里），共设车站 271 座，共有换乘站 31 座，运营里程 513 公里，正同步推进 12 条 308 公里地铁新线建设。根据《广州市城市轨道交通第三期建设规划（2017—2023 年）》，至 2023 年广州城市轨道交通累计开通里程将突破 800 公里。②

在佛山，2016 年 12 月，佛山首次对外披露《广佛两市轨道交通衔接规划》，未来佛山将有共计 10 条地铁线与广州地铁线网中的 11 条地铁线实现无缝对接。其第一条线路广佛线（佛山地铁 1 号线）于 2010 年 11 月 3 日正式开通运营，是中国大陆第一条通入地级市的地铁线路。根据《佛山市城

---

① 张弛、袁菁：《浅析城市交通对城市经济发展的影响》，《城市建设理论研究》（电子版）2013 年第 17 期。

② 参见网址，https：//www. maigoo. com/goomai/233975. html。

市轨道交通建设规划（2017—2022年）》，佛山市远景共规划建设城市轨道交通线路14条，总里程562公里，包括市域骨干线6条、市区加密线4条、外围补充线4条。

在澳门，截至2019年12月，澳门轻轨运营线路共1条，即12月10日正式通车的澳门轻轨氹仔线（海洋站至处仔码头站区间），运营里程为9.3公里，共设11座车站，均为高架站。截至2019年7月，澳门轻轨在建线路2条，为澳门轻轨（海洋站至妈阁站区间）、澳门轻轨石排湾线。

在东莞，第一条线路东莞轨道交通2号线于2016年5月27日正式开通运营，运营里程37.8公里，共设车站15座。按照《东莞市城市轨道交通线网规划调整（2017—2020年）》，东莞地铁由8条线路组成，线路总长286.3公里，设站95座。其中2号线已运营，1号线正在施工中。2017年9月，东莞拟规划7条地铁线路对接广州（1条）、深圳（6条），加快实现东莞与广州、深圳城市轨道交通的衔接。

在珠海，《珠海市综合交通枢纽布局规划及重点枢纽交通详细规划》批前公告显示：未来珠海将规划7条轨道交通、4条城轨线路。①

在中山，中山地铁共规划8条地铁线路，规划总里程接近300公里，规划已经通过了专家评审，计划于2020年内报批。2018年省会上中山市市长透露将推动广州地铁18号线、佛山地铁11号线延伸到中山核心区。

在惠州，2010年，惠州就发布城市总体规划，开启城市轨道交通的规划编制，到了2015年惠州重新规划轨道交通。2017年，惠州市发改局称惠州城市轨道交通1号线、深圳地铁14号线惠州段、16号线惠州延伸段被纳入近期建设规划并有序推进。2020年11月，深圳市交通运输局举行新闻发布会，积极争取将深圳10号线东延至东莞凤岗、深圳14号线东延至惠州惠阳等部分跨市城市轨道项目纳入深圳市城市轨道交通第五期建设规划，并适时推动建设。

---

① 参见网址，https：//www.maigoo.com/goomai/233975.html。

七　综合交通枢纽

在全球化、信息化、城镇化的时代背景下，生产要素在城市间快速流动，区域化特征愈发明显，城市群逐渐成为新的竞争单元。城市群理论表明，以大城市为核心、辐射并带动一批中小城市，使其成为在世界范围内有一定影响力、竞争力的区域性城市群是未来的发展趋势。粤港澳大湾区建设是习近平总书记亲自谋划、亲自部署、亲自推动的国家战略，是新时代推动形成全面开放新格局的新尝试，是推动“一国两制”事业发展的新实践。《粤港澳大湾区发展规划纲要》作为指导大湾区未来区域协调与发展格局的战略性、纲领性文件，将构建现代化综合交通运输体系作为促进大湾区融合发展的重要举措。粤港澳大湾区如何构建适应双循环新发展格局要求、有效支撑世界级城市群建设的综合立体交通网络，成为大湾区核心城市亟待深入探讨的问题。粤港澳大湾区正处于由服务经济向创新经济发展阶段跃迁的关键期，人口、创新资源等多种要素高密度集聚，使得大湾区交通联系呈现总量规模快速增长、需求特征网络化分布、关键走廊内多元需求高强度叠加等发展特征。①

第一，区域协同国家战略要求世界级枢纽集群予以支撑。双循环新发展格局下，世界级城市群成为承载国家高质量发展的基本空间单元，国际性综合交通枢纽集群成为提升世界级城市群辐射带动作用的基本交通组织模式。2021 年，中共中央、国务院印发的《国家综合立体交通网规划纲要》，首次明确“国际性综合交通枢纽集群”的功能层级，提出将城市群作为国家发展的战略性基本单元；要求建设面向世界的京津冀、长三角、粤港澳大湾区、成渝地区双城经济圈四大国际性综合交通枢纽集群；面向大湾区内部，要求形成以广州、深圳、香港为核心联动珠海、澳门等城市的大湾区枢纽

① 邵源、黄启翔、易陈钰、罗韧：《粤港澳大湾区综合立体交通网战略构思》，《城市交通》2022 年第 2 期。

集群。

第二，粤港澳大湾区成为各类要素高度集聚的战略高地。粤港澳大湾区作为国家重点谋篇布局的世界级城市群，具备经济体量大、人口密度高、创新资源集聚等发展特征。世界级城市群基于全球化与城镇化两大核心动力形成，其历史使命是服务经济社会发展大局。目前，大湾区已发展成为中国经济、人口、创新资源等要素高度集聚的战略高地。经济方面，粤港澳大湾区2020年人均GDP达到2.08万美元，在中国三大重点城市群中处于首位，成为中国经济最发达的区域。人口方面，大湾区人口高密度集聚效应不断加强，2020年粤港澳大湾区常住人口达到8610万人，接近东京、旧金山、纽约三大世界级湾区人口之和，成为全球人口密度最高的城市群。创新资源方面，粤港澳大湾区拥有世界上最齐全的数字经济产业集群和产业链体系，专利合作条约（PatentCooperation Treaty，PCT）专利密度排名自2010年开始连续多年稳居全球第2，已经实现由世界工厂向全球创新高地的角色转型，初步构建了“全球创新理念汇聚—大湾区创新应用与转化—腹地市场规模化组装生产”的全球产业链组织模式。

第三，大湾区初步建成系统完备、体量巨大的综合交通系统。粤港澳大湾区资源禀赋优越，对外综合交通格局初步形成，具备发展世界级湾区的交通基础。纵观世界发达湾区，大致经历港口经济、工业经济、服务经济、创新经济4个发展阶段，粤港澳大湾区正处于由服务经济向创新经济跃迁的阶段。顺应大湾区港口经济、工业经济、服务经济发展要求，大湾区内各城市积极推动，构建了依托港口和机场的国际客货运联系网络、以高速公路和干线铁路为主导的客货运联系网络，拥有由香港、深圳、广州三大港口以及香港、广州、深圳、澳门、珠海五大机场组成的世界级枢纽集群，高速铁路里程与密度均居全球首位，高速公路密度达8.16百公里/公里^2，高于东京、巴黎、伦敦。

第四，双循环新格局下，大湾区交通联系结构与需求快速升级。双循环新格局要求畅通创新要素流通网络，大湾区应积极发挥交通“先行官”作用，构建畅通双循环的战略枢纽。双循环格局要求以人民为核心，将满足国内需求作为经济发展的基本出发点和落脚点，要求拉动内需、推动消费升级。为此，客货运输呈现新需求和新特征。①中国主要城市群之间的联系日益紧密。产业链国产化进程加速，长三角、京津冀、粤港澳大湾区等城市群间产业分工合作将进一步深化，跨区域跨产业商务往来将更加频繁，预计到2035 年，粤港澳大湾区铁路对外旅客发送量将达到 3.7 亿人次，是 2020 年的 3 倍，同时对时效性也提出更高要求。②核心城市与腹地之间的联系日益紧密。以深圳为代表的外向型城市，与泛珠三角乃至北部湾、滇中、海西、中原、成渝等城市群的核心城市之间的联系将进一步加强，预计到 2025 年，深圳铁路发送旅客量将超过 1.2 亿人次，年均增长 10%。

第五，多元出行需求在大湾区内关键走廊高强度叠加集聚。大湾区内部多样化出行需求特征凸显，亟须推动客货运交通运输服务向多样化升级。随着产业格局的重构，产业链布局将进一步突破行政边界的约束。以华为、大疆为代表的企业在都市圈甚至城市群范围内重新布局研发、设计、生产、制造、销售和服务功能。由此，在城市群空间范围内，尤其是在一些重要廊道上将会叠加通勤、商务、物流等多种需求。以粤港澳大湾区内的科技创新走廊为例，目前，走廊同时承载着城市群对外长距离联系及区域内跨市交换的多种功能，走廊内既有的广深港客专和广深铁路四线，作为国家对外运输的干线铁路，其承担的区域交换量分别达到 61% 和 39%。预计至 2035 年，大湾区城际出行需求将趋于城市化、网络化，大湾区日均机动化出行量达到1.8 亿人次，其中，轨道交通出行量达 4600 万人次，科技创新走廊、沿海走廊等关键走廊的交通需求将翻倍增长。[①]

湾区交通基础设施体系逐步完善，拥有连通国内和世界各地的机场群、港口群以及连通泛珠三角和东南亚的铁路枢纽，开通运营铁路和城际轨道超过 2500 公里，城市轨道交通接近 1000 公里，公路通车里程约 6.5 万公里。

未来，多层级轨道交通［高速铁路、普速铁路、城际轨道、市域（郊）

---

① 朱世强：《构建大湾区一体化综合交通运输体系》，《小康（中旬刊）》2020 年第 12 期。

铁路、城市轨道交通等］规划建设稳步推进，高快速路网进一步优化完善，将为粤港澳大湾区互联互通奠定良好基础。

大湾区初步具备体量巨大的综合立体交通网络，但对标世界级湾区发展目标，既有的交通网络在枢纽协同效应发挥、通道引领带动作用、大湾区“快进快出”网络建设等层面仍面临诸多挑战。

第一，海空枢纽对外辐射能级不足，尚未形成枢纽集群效应。粤港澳大湾区已初步具备完整的综合交通枢纽体系，但大湾区战略性枢纽的全球辐射带动能级不足，且枢纽集群效应尚未充分发挥，难以高效落实国家战略要求、支撑面向国内国际资源要素便捷流通的需要。①枢纽的对外辐射能级层面，大湾区海空枢纽面临设施通过能力强、全球竞争力弱的发展困局，以港口领域为例，2020 年深圳港集装箱吞吐量全球排名第 4，但波罗的海国际航运发展指数排名仅为第 18 位；广州港集装箱吞吐量全球排名第 5，但波罗的海国际航运发展指数排名仅为第 13 位，在全球竞争力方面略显不足。②传统的单一枢纽服务单一城市发展模式下，枢纽间缺乏有效的协同发展模式，使得枢纽集群效应仍未发挥。粤港澳大湾区的国际通航城市数较其他世界级机场群有较大差距，空中资源紧缺是大湾区航空发展面临的瓶颈；由于缺乏枢纽之间的协同，各枢纽在航线网络布局方面存在同质化竞争，尚有较大的枢纽集群效应增长空间。

第二，对内缺乏高速直达通道，难以改变强中心弱腹地局面。强中心、弱腹地是粤港澳大湾区及其辐射带动的泛珠三角地区乃至更广阔腹地范围的主要发展挑战。以广东省在泛珠三角地区的经济占比为例，该比例由 2010 年的不足 20%上升至 2020 年的 34%，中心集聚性不断加剧，尚未实现带动泛珠三角地区协同发展的战略目标。交通战略通道缺失是导致该局面的重要原因。目前，粤港澳大湾区与长三角、京津冀等城市群的铁路联系均超过 10 小时，难以实现与战略城市群之间的协同发展。粤港澳大湾区承载了辐射带动泛珠三角乃至更广阔地区协同发展的战略使命，要求着眼于完善大湾区至泛珠三角地区其他省区的交通网络，深化区域合作，促进区域要素流动和产业转移，形成梯度发展、分工合理、优势互补的产业协作体系。粤港澳大湾区核心引擎城市亟须发挥综合交通多方式组合优势，打破跨边界、跨方式、跨主体约束，沿交通干线构建经济发展带，大力拓展经济腹地，实现更大范围内的协同发展，面向广阔的国土空间携手打开粤港澳大湾区对外战略通道，助力大湾区改变强中心、弱腹地的局面。

第三，城际轨道交通网络仍处于初期阶段，无法满足区域“快进快出”出行需求。粤港澳大湾区内生产、生活性货运交通与旅游、商务、通勤性客运交通等多元出行需求叠加，区域出行特征已经由低频次、长距离、低时间价值向高频次、中短距离、高时间价值转变。以铁路客运出行特征为例，粤港澳大湾区铁路平均运距由 2010 年的接近 400 公里降至 2020 年的不足 300 公里。对标国际湾区，目前粤港澳大湾区供给层面仍延续传统以公路为主导的模式，全社会客运、货运结构中公路占比仍然分别超过 70%和 60%，难以契合“快进快出”发展诉求。粤港澳大湾区轨道交通设施短板明显，人均轨道交通里程 0.46 公里/万人，仅约为纽约湾区的 1/8、旧金山湾区的 1/5；轨道交通线网密度 5.65 百公里/公里^2，约为东京、纽约、旧金山湾区的 1/2、1/7 和 3/5。

第四，尚未围绕核心引擎城市构建一体化交通网络，难以满足同城化联系需求。粤港澳大湾区核心引擎城市呈现区域交通城市化、城市交通区域化发展特征，深圳、广州等城市亟须进一步增强都市圈交通基础设施连接性、贯通性，高质量打造 1 小时通勤圈。城市空间不断拓展、沿轴带演化，进一步“拉伸”生产生活功能与职住空间布局，大量在罗湖、福田、南山三大核心区上班的人口居住在外围城区甚至临深片区。高端生产性服务业在强中心聚集，普通生产性服务业、生活服务业在区域各级次中心就近发展，各城镇节点之间的横向水平交通联系将大幅增长。以毗邻深莞惠地区为例，2020 年三地日均跨市出行量为 160 万人次，其中通勤出行量超过 20 万人次。华为、比亚迪等创新企业由初期在深圳市域内职住平衡转向在都市圈内多个城市间实现职住平衡，成为推动跨市通勤出行的主导因素。以华为松山湖终端总部为例，该总部 1.9 万通勤人口中，约 50%为深莞跨界通勤者。另外，既有跨市联系中 80%的出行发生在边界街镇间，距离不足 5 公里，对照东京、伦敦等一流都市圈日均超过百万人次的长距离通勤需求，未来深圳都市圈联系需求仍存在大幅提升空间。

八 多式联运

2021 年 2 月，中共中央、国务院印发《国家综合立体交通网规划纲要》，提出要建设面向世界的粤港澳大湾区国际性综合交通枢纽集群。推进粤港澳大湾区交通一体化是建设综合交通枢纽集群的必经过程，而多式联运，即由两种及以上的交通工具相互衔接、转运而共同完成的运输过程，能满足经济社会对交通运输质量、效率、成本等方面的更高需求，促进交通运输效率整体水平提升，正是交通一体化融合发展的重要体现。①

例如，深圳机场东临大亚湾和大鹏湾，西濒珠江口和伶仃洋，南隔深圳河与香港连接，北与东莞、惠州接壤，地处粤港澳大湾区核心位置，是中国境内海、陆、空、高铁、城际、地铁“六位一体”的现代化国际空港，综合枢纽和大交通体系建设已经形成基础，拥有得天独厚的发展多式联运区位条件，是实现粤港澳大湾区交通一体化的有力支撑。同时，在“双区驱动”战略下，深圳机场将承担湾区国际门户、区域联动枢纽的新使命。目前，深圳机场正着力推进“六位一体”多式联运体系规划建设，但是对标纽约机场、东京机场等世界先进机场和国际航空枢纽的功能定位，深圳机场海陆空铁综合交通枢纽的作用仍然需要强化，在实现多式联运高质量发展的道路上，深圳机场在以下方面还需加快脚步。一是广深第二高铁（深永铁路）仍处在规划阶段，在深茂铁路还有 5 年建成的背景下，深永铁路项目开工过晚将导致联运效能减弱。二是深大城际延伸至中山市的规划研究进展较慢，目前深圳机场 T4 航站区规划建设已进入设计方案选择阶段，深大城际位于

① 黄西勤：《关于加快推进粤港澳大湾区多式联运高质量发展的提案》，《中国科技产业》2021 年第 3 期。

T4 航站区正下方，亟须尽快明确城际线走向以避免影响深圳机场 T4 航站区建设实施进度。三是滨江大道建设速度尚需加快，滨江大道南接在建中的深中通道，规划难度较大，目前滨江大道机场段填海工程仍待国家审批。四是机场码头价值未被充分利用，深圳机场码头地处粤港澳大湾区中宝安“西部活力海岸带”的中心位置，与珠西片区（南沙新区、珠海、中山等）隔江相望，紧邻前海中心蛇口自贸区及全球金融中心香港、澳门，交通网络发达。目前因码头附近海域使用权与泄洪规划等问题，机场码头功能价值仍待进一步开发。①

粤港澳大湾区是我国开放程度最高、经济活力最强的区域之一，在国家发展大局中具有重要战略地位。2019 年 2 月，《粤港澳大湾区发展规划纲要》正式公布。规划中 16 处提到关键词“物流”，涉及国际交通物流枢纽、空海港口群之间内河航道与铁路公路物流、多式联运现代物流体系、第三方物流、冷链物流、物流与供应链管理技术等层面，建设粤港澳大湾区物流大通道，香港、澳门、粤东、粤西互补式发展，香港着重发挥国际航运中心功能，广深提升国际航运综合服务功能，在港口、航道基础设施建设方面着力发展，多式联运代码共享，提升香港国际航空枢纽地位，提升广深机场国际枢纽竞争力；大湾区内将推行“一卡通”服务和“一票式”联程，打通城际客运交通，提升客货运输服务水平等重要内容。《粤港澳大湾区发展规划纲要》给物流领域发展带来了新形势，加速现代综合交通运输体系形成，推进粤港澳物流合作发展。

其主要体现在以下方面：①提升珠三角港口群国际竞争力，形成优势互补、互惠共赢的港口、航运、物流和配套服务体系，以沿海主要港口为重点，完善内河航道与铁路、公路等集疏运网络。②建设世界级机场群，推进大湾区机场错位发展和良性互动。依托香港金融和物流优势，发展高增值货运、飞机租赁和航空融资业务等。③畅通对外综合运输通道，加快构建以广

① 黄西勤：《关于加快推进粤港澳大湾区多式联运高质量发展的提案》，《中国科技产业》2021 年第 3 期。

州、深圳为枢纽，以高速公路、高速铁路和快速铁路等广东出省通道为骨干，连接泛珠三角区域和东盟国家的陆路国际大通道。④构建以高速铁路、城际铁路和高等级公路为主体的城际快速交通网络。⑤大力发展第三方物流和冷链物流，提高供应链管理水平，建设国际物流枢纽。[①]

1. 区域物流协同发展

广东省综合交通运输“十三五”规划要求，到 2020 年，交通基础设施总体达到国内领先、世界先进水平，基本建成覆盖全省、辐射泛珠、服务全国、连通世界的现代化综合交通运输体系，国际综合交通门户地位基本确立，实现“12312”交通圈，即广州与珠三角各市 1 小时通达，珠三角与粤东西北各市陆路 2 小时左右通达、与周边省会城市陆路 3 小时左右通达，广东与全球主要城市 12 小时通达。根据广东省人民政府办公厅印发的《广东省现代物流业发展规划（2016—2020 年）》，广东省物流服务能力不断提升，各类物流企业约 20 万家，大多积极应用最新科技以强化物流管理，提升物流服务水平。伴随粤港澳融合发展进程加深，在运输、储存、装卸搬运、包装、流通加工、配送、信息处理等各个物流环节，粤港澳三地逐步形成优势互补、协作互动的良好关系。粤港澳三地目前已开展多个合作项目，港珠澳大桥这个区域重点项目建成通车，打造便捷的大湾区交通圈，畅通人流和货流；而广东省也积极提升省内跨区交通运输设施水平，包括建成通车的虎门二桥，以及规划在 2024 年完成连接深圳与中山的深中通道等。在这些发展背景下，粤港澳三地企业及物流商可以在大湾区甚至整个广东省地区，根据各自需要及不同地方优势，更有效地选择所需交通运输通道，优化物流管理，提升营运效率。

2. 跨境物流迅猛发展

广东省统计局数据显示，2014~2017 年，粤港澳大湾区 GDP 实现“四连增”，经济总量已经超过 10 万亿元，超过同期韩国的 GDP，超过旧金山湾区，接近纽约湾区水平，进出口贸易额是东京湾区的 3 倍以上，区域港口

① 黄海盈：《粤港澳大湾区现代物流发展新格局探究》，《中国储运》2019 年第 12 期。

集装箱吞吐量约是世界三大湾区总和的4.5倍。2018年，粤港澳大湾区的香港港、深圳港、广州港三大港口集装箱吞吐量共计约6700万标准箱，在全球十大集装箱港口中独占三席。建设粤港澳大湾区多式联运现代物流园区，是推进大湾区跨境物流、落实交通运输部《“十三五”综合客运枢纽和货运枢纽（物流园区）建设方案》的具体行动。目前已取得以下成效：广州海关在南沙自贸试验区首创粤港跨境货栈，搭建起跨境货物的空陆快速通道，实现香港机场与南沙保税港区物流园区之间一站式“空陆联运”。2017年已在广州海关关区内的佛山国通保税物流中心（B型）复制推广。在这一模式下，海关叠加“粤港两地海关监管互认”“跨境快速通关”等便利措施，货物运抵香港机场后，可以直接装车安排转运至国通保税物流中心，省去了货物在香港机场和仓库、货主仓库及运输代理仓库之间的环节，最大限度降低仓储和物流成本，提高运输效率。深圳海关整合了粤港澳大湾区物流资源，集中推出建设“海运国际中转分拨集拼中心”“离港空运服务中心”“保税+社区新零售”三项改革新举措。企业可在前海湾保税港区实现全球揽货、中转分拨、进出口集拼等一站式业务，该模式是深圳海关“深港陆空联运”的全面升级。粤港澳大湾区多式联运现代物流园区项目落地肇庆四会，将投资100亿元，实现公、铁、水、空智能多式联运，建设粤港澳大湾区中欧班列始发站，深度参与“一带一路”亚欧物流新通道建设，打造成为粤港澳大湾区与东南亚、南亚、欧洲联结的重要节点。

3. 电商物流蓬勃发展

中国科技的进步以及互联网电商的发展改变了人们的生活方式。根据2017年统计数据，近年来，粤港澳大湾区的总体经济增速一直保持在7%以上。其中，2017年上半年大湾区9市以3.4万亿元的经济总量占据了广东省81%的份额。统计数据显示，2017年上半年广东全省实现社会消费品零售总额18437.11亿元，同比增长10.5%，而大湾区9市的社零额占七成之多。交通物流高速发展撬动湾区消费升级。以京东在线消费为例的数据也充分证明了这一点，在大湾区9市居民的在线消费中，2015~2017年，广州、深圳、东莞订单量同比增长率（不分品类）和订单金额同比增长率一直排名前3，成为大湾区核心城市。通过数据发现，粤港澳大湾区城市居民消费观念在过去3年也发生改变，食品生鲜、鲜花农资等类目成为湾区居民在线消费新选择。生鲜及鲜花这一品类对冷链物流、末端配送等基础设施的环节要求异常苛刻。5年前，冷链配送与仓储建设尚未完成，在线销售难以满足消费体验需求。自2016年起，京东到家与达达合并，随后沃尔玛又战略投资新达达，通过打造生鲜商超O2O等一系列举措，使冷链、众包物流遍地"开花"，进一步助力湾区消费升级。随着物流的发展，大湾区也进阶"分钟级配送"，京东"分钟达"率先在广州试点，未来将在大湾区全面铺开，继续带动在线消费的增长。

4. 供应链物流联合发展，保税仓建设促使湾区形成境内外供应链物流网络

以京东物流为例，已构建从供应商到消费者，包含10余个跨境口岸、110多个海外仓，近1000条全球运输链路以及中国全境的配送网络。另外，发展供应链物流能降低企业整体物流成本，提高行业运营效率。众所周知，华南珠三角是全国重要的家电产业基地，对家电物流包括仓储、干线运输、末端配送、安装服务等有着强烈的需求。京东物流通过多层级的仓网布局、供应链全链条服务、集约化管控、大数据管理分析等，减少家电搬运、周转次数，精准预测需求提前备货，带动企业销售额提升。

粤港澳大湾区规划发布之前，三地已经针对互通做了许多铺垫工作，其中，"跨境一锁"计划2016年3月开始运作，主要针对粤港两地通过多模式联运转运的货物，如外地经空路到香港再经陆路转运至内地的货物，或内地经陆路到香港再经空路转运至外地的货物。粤港海关应用同一把电子锁及全球定位系统监控货物运输过程，减少重复检查，简化清关手续，加快货物转关流程。2018年港珠澳大桥全线通车，2019年珠海设立清关点，进一步提升香港与内地之间的货物通关便利程度。粤港澳三方政府已达成共识，港珠澳大桥三地口岸自开放通行之日起，实施24小时通关，直接通过该大桥将货物运送到香港机场或港口，节省的运输成本达三成多，有利于粤港澳大湾区的物流和货运代理利用港珠澳大桥拓展物流业务。

智慧物流是指将物联网、大数据、云计算、人工智能等信息技术和现代

管理，广泛应用于物流的运输、仓储、包装、装卸搬运、流通加工、配送、信息服务等各个环节，实现物流的自动化、可视化、可控化、智能化、信息化和网络化，提升物流运作效率和服务水平的新兴业态。

随着人工智能技术的发展，以及大湾区对外开放窗口的重要性凸显，物流行业迎来了新一轮的发展机遇和挑战。早在 2014 年 6 月，京东集团就在东莞市麻涌镇螺村东环路易商物流园内，启动了京东自建的麻涌分拣中心，它是京东亚洲范围内建筑规模最大、自动化程度最高的现代化智能物流项目之一。主要承接 3C、小家电订单生产，直发广州、东莞、河源三大城市，拥有超过 200 个站点，是华南第一个矩阵分拣中心，也是全国第一个拥有全自动机器人设备的分拣中心。京东物流目前已经实现仓储、分拣、运输、配送、客服全供应链环节的无人化，运用科技创新促进供应链降本增效，助力湾区产业升级，向世界展示智慧物流的探索和应用。

2018 年底，有信达集团智能物流园正式签约，该园区位于深圳市盐田综保区，预计投资 10 亿元，开展粤港澳物流通关平台、湾区综合服务贸易平台、物流信息服务平台、保税仓储、国际陆港、冷链物流、保税展示交易、粤港两地人才培养等服务，预计投入使用时间 2023 年。将开展冷链物流业务，利用大数据和云计算，建立深度感知的仓储管理系统、科学有序的冷链物流分拨调配系统。国际陆港服务中心将与梅州、潮州、赣州等内陆城市联动，有利于盐田港增加货源集散地，提供分流通道，减少货柜堆放存量和货柜拖车进出量，改善综合交通环境问题。

可以看到，粤港澳大湾区通过打造一个面向全球的综合物流通道和网络体系，构建多元化的新物流格局，有利于形成功能完备、及时可靠、通关便利、流转顺畅、经济高效、海陆空并进的全球门户和全球枢纽，进而推动粤港澳大湾区经济社会的融合发展。

第七章　粤港澳大湾区交通发展战略与规划

一　广东交通发展战略与规划

2000年，经过20多年的改革开放，珠三角地区通过东岸地区“三来一补”的外源型发展、西岸地区“上下联动”的内源型发展模式形成了一个快速发展的城镇群，城镇群之间人员往来的联系需求越来越大，迫切需要大运量城际轨道交通建设，广东省发改委、省铁投集团组织编制了第一版《珠江三角洲经济区城际快速轨道交通线网规划》，提出建设以广深、广珠为主轴放射状的1072公里长的城际铁路网。2005年，广东省人民政府印发《珠江三角洲城镇群协调发展规划（2004—2020）》，提出打造世界级制造业基地和城镇群的目标，并提出构建“构筑与世界级的制造业基地和城镇群相适应的高效率、低能耗、多层次、一体化的区域综合交通运输体系”，规划了京广客运专线（南延）、国家沿海快速客运专线两条高速铁路，以及广深（港）城际轨道、广珠城际轨道、深圳—珠海城际轨道、顺德—南沙城际轨道、广州—肇庆城际轨道、东莞—惠州城际轨道、中山—江门城际轨道等“两主三联三设”的城际轨道网格局。①

2007年11月，国务院批准的《综合交通网中长期发展规划》将广州确定为全国性综合交通枢纽。2008年12月，国务院审议并原则通过的《珠江三角洲地区改革发展规划纲要（2008—2020年）》要求广州“充分发挥省

① 王果、武鹏、罗勇：《“轨道上的粤港澳大湾区”建设三阶段》，载《面向高质量发展的空间治理——2021中国城市规划年会论文集》，2021。

会城市的优势，强化国家中心城市、综合性门户城市地位，提高辐射带动能力，携领珠江三角洲地区打造布局合理、功能完善、联系紧密的城市群”。

（一）广州交通发展战略与规划

从《广州市城市总体规划（2001—2010）》中的广东交通中心到《广州市城市总体规划（2011—2020 年）》的国际综合交通枢纽，作为广州城市性质之一的交通目标，在规划年末都得到很好的实现，交通已经成为广州的发展优势，体现了广州的生活品质。广州交通发展的成就与广州市历来重视交通与城市规划的协调同步甚至提前编制交通规划有着密切的关系。1993 年，在世界银行的支持下，广州市在国内率先开展第一轮交通发展战略规划，推动了内环路的建设，缓解了中心区交通拥堵问题，将成果纳入城市总体规划。2006 年，第二轮交通发展战略规划构建了以高快速道路和轨道交通为主体的“双快”体系，支撑了城市空间的拓展，成果被纳入同步编制的城市总体规划。同时广州也是国内特大城市中唯一独立开展总体规划交通专项实施评估的城市，对交通规划起到了监督实施的作用，确保了交通建设的推进力度。打造良好的交通环境形成城市品牌在城市中已成为共识，2019 年公布的《广州市国土空间总体规划（2018—2035 年）》（草案）将第三轮交通发展战略提出的交通目标“全球重要综合交通枢纽”简化为“国际综合枢纽”继续纳入城市性质之中。

本轮交通发展战略规划与上轮规划组织编制最大的区别在于，本轮规划编制的团队由原来城市交通规划的单学科上升到多学科，邀请 13 家研究机构开展了 11 个专题的研究，专题研究的主要特点如下：①将城市发展意图与航空、航运、铁路等国家交通运输网络的战略结合起来，邀请专业部门的设计单位参与。②体现交通对国土空间的锁定效应，开展公共交通与土地利用规划，交通与生产、生活、生态空间协同等专题研究。③充分利用科技手段，开展交通大数据、新技术等专题研究。④开展实施评估、咨询、建设资金来源和投资策略等专题研究，确保规划的可实施性。多学科背景、深层次互动不仅符合目前国际流行的“移动性规划”理念，也实现了三大思路之一的“体现更权威的政策性”。第三轮交通发展战略规划的众多成果被直接纳入政府文件中，如建设“全球重要综合交通枢纽”的总目标被纳入《中共广东省委全面深化改革委员会关于印发广州市推动“四个出新出彩”行动方案的通知》；核心指标等内容被纳入交通部门《关于贯彻落实〈交通强国建设纲要〉的实施意见》；核心内容被纳入市规划和自然资源局组织编制的《广州市国土空间总体规划（2018—2035 年）》（草案）和市发改委组织编制的《粤港澳大湾区协同发展视角下广州国际性综合交通枢纽发展战略规划》等。

第三轮交通发展战略规划的主要成果有以下特点：①强化网络效应和锁定效应，多维度多层次融入国土空间规划。网络化的交通设施、系统性的交通运营决定了交通体系是科学组织生产空间、生活空间、生态空间的主体脉络，是解决各级各类用地矛盾的“导引”。在规划的上游阶段协调好交通设施与其他设施空间资源分配问题，可以从源头上保障交通用地规模和交通设施布局，奠定城市的发展脉络。尤其是像广州这类将交通作为城市品牌之一加以打造的城市，“交通”意味着城市未来发展的主要依托和重要突破口。本轮战略规划提出强化交通网络效应和锁定效应，重点依托高速铁路、城际铁路和城市轨道，打造串联中心城区、副中心和外围区的通勤化轨道交通系统。依托交通设施优化产业布局，依托轨道站点引导人口汇聚，强化交通与土地利用的协调力度。在国土空间总体规划成果中，交通专项的内容贯穿于整个报告中；但主要集中在“粤港澳大湾区协同发展”和“综合交通体系”两章，既全面分散又相对集中，这是由交通的网络化、流动性、系统性特征所决定的，体现了交通专项规划不同于其他专项规划的重要特点。

②践行交通一体化理念，切实提高市民出行幸福感。党的十九大以来，为实现人民美好生活需要，提高市民出行幸福感已经由交通问题上升到城市发展问题。本轮战略规划基于交通一体化融合发展的理念，从枢纽和网络两个方面展开。枢纽方面，积极介入以往由国家、省主导的大型交通枢纽规划，共同打造国际一流航空枢纽、国际航运枢纽、国家铁路主枢纽、华南公路枢纽中心，通过融入高标准的城市设计，强化枢纽对外交通功能、城市服

务功能和综合运输协同水平，提升全球辐射能力和内在服务品质，实现国家门户和城市客厅的双重目标。网络方面，构建“高速地铁—快速地铁—普速地铁”的城市轨道系统，提高市域通勤效率及公共交通服务水平，推进广州境内城际轨道公交化运营，将轨道交通建设成为通勤交通的坚固底板，实现市域90%的居民公共交通通勤时间控制在50分钟以内的目标。通过枢纽和网络双向发力，改善市民的出行体验，并缩短市民的出行时间，切实提高市民的出行幸福感。

③完善交通分析模型，夯实交通大脑建设基础。为了精准判断交通态势，广州交通规划模型尽可能地强化对数据的全面整合，所采用的数据包括传统调查数据、交通信息数据和基于移动互联的大数据，数据总量超过1050亿条。传统调查数据方面，涵盖3次交通综合调查数据（1984年、2005年、2017年）、20余年对全市656个道路断面交通流量的持续观测数据、50万个地块的用地信息等；交通信息数据方面，包括全市500多万张公交IC卡数据、地铁闸机进出站数据、全市2144个卡口交通流量检测数据、全省480万辆客货车高速公路出行数据、广州至全国的铁路票务数据、全国“200+”机场间的航空客流分析数据等；大数据方面，包括腾讯用户出行数据、高德车速数据等。基于海量数据，广州构建了更加精细化的区域综合交通运输与城市交通一体化模型平台，共包含5200个交通分区，涉及18万个路段、1.5万个交叉口，涵盖粤港澳大湾区城市群全域，将对外交通和城市交通的所有方式集结到一个平台上，通过算法建立起内部联系，从而保证优化对外交通的方案更容易为行业部门所接受。同时，进一步加强与政府各交通相关部门和社会企业的交通分析模型对接，为最终形成统一的城市交通大脑奠定基础。

④打造绿色出行示范区，率先实现交通治理体系和治理能力现代化。丰富伦敦、上海“中央活动区”的城市概念，在城市功能的基础上融合“绿色交通”的理念。本轮战略规划提出在主城区范围内选取人口岗位密度大于2.5万人/公里^2、商务休闲活动驻点大于5.5万次/公里^2、面积约93平方公里的区域，规划为广州的中央活动区，又叫绿色出行示范区。在这个区

域内将轨道交通打造为市民出行的首选，将道路打造成为市民健康生活的交往空间，先行开展交通需求管理政策，鼓励使用清洁能源交通工具，强化智慧交通管控，到 2035 年实现绿色出行（公共交通、步行和非机动车交通）占比达到 90%，树立“行在广州”的城市品牌，发挥交通对于城市功能的引领作用。同时，将绿色出行示范区作为交通规划、建设和运营管理同步行动、综合施策的先行区，率先实现交通治理体系和治理能力现代化，根据实施经验逐步向主城区、副中心城区推广。①

（二）发展目标

根据“国家中心城市、全国交通枢纽”的定位和广东省“首善之区”的发展目标，以“区域共享”和“低碳”理念为发展导向，以“双港双高”（以世界级的空港、海港为龙头，以内外衔接的高速铁路、高速公路网络为支撑）为核心，通过重点建设高速和城际铁路，形成低碳、开放的现代综合交通运输体系，成为立足珠三角、服务全国、面向世界的南方交通中心。②

1. 航空：亚太地区大型复合航空枢纽

巩固白云机场作为全国三大枢纽机场之一的地位，建成以广州市、广东省、泛珠三角为依托，辐射东南亚和太平洋地区的大型复合式航空枢纽机场；建设国际、国内航线均衡发展的干支线航线体系，强化白云机场在泛珠三角地区的枢纽机场地位，形成以白云机场为核心的“枢纽—干线—支线”机场网络；完善高速铁路、城市轨道、高速公路、城市道路等多种交通方式的衔接，把白云机场建设成为泛珠三角地区多种交通方式的换乘中心和交通枢纽。

2. 水运：亚太地区现代化综合枢纽港

强化广州港区域性枢纽港口和广州市、广东省、泛珠三角对外贸易口岸地位，成为华南地区最大的综合性枢纽港、我国沿海集装箱运输干线港；加

① 马小毅、张海霞：《国土空间规划构建期大城市交通实践与探索——以广州市第三轮交通发展战略规划为例》，《城市规划》2020 年第 9 期。

② 马小毅等：《广州市综合交通规划（一期）》，广州市交通规划研究所，2009 年 11 月。

快南沙港区码头、泊位、出海航道建设，成为广州港核心增长点；完善南沙港区对外交通衔接，加快推进南沙港铁路建设，加强港口与周边地区的陆路联系。

3. 铁路：国家铁路主枢纽

确立全国四大铁路客运中心地位，成为辐射湖南、广西、贵州等泛珠三角地区的华南铁路主枢纽，国家高速铁路、城际轨道等干线铁路中心；建立以新客站为核心枢纽，对外联系周边城市，对内联系白云机场、南沙港、城市重要发展区的高速铁路（客运专线）、城际轨道、城市轨道网络体系。

4. 公路：华南地区公路运输中心

构筑以广州为中心的区域高速公路格局，成为华南地区高速公路网络中心、公路客货运输枢纽；加强机场、港口、铁路枢纽与高速公路的联系，强化高速公路、公路与城市道路的衔接，构筑一体化综合运输网络；实现广州市区至泛珠三角任一省会城市和广东省任一地级市的高速公路直达。

（三）规划方案

1. 推进“双港”运能建设，强化交通衔接功能

适应运输需求快速增长和枢纽进一步发展的要求，在全力推进空港、海港扩建工程的同时，改善双港交通衔接条件。分别形成空港“双五”（5 条高速公路、5 条轨道）和海港“八一”（8 条高速公路、1 条铁路）的高速衔接系统，将双港的腹地由传统的两广地区扩展到整个泛珠三角，为国家中心城市建设提供支持和保证。

2. 构筑高速铁路网络，加快城际轨道建设

构筑由武广、广深港、贵广、南广 4 条高速铁路（客运专线）组成的高速铁路网，向北辐射湖南联系武汉、北京，向东辐射粤东联系深圳、香港，向西辐射粤西及泛珠三角的贵州、广西，形成以广州为中心的 2 小时全省轨道交通出行圈。

建立开放互联的珠三角城际轨道网络，打造以广州为中心的珠江三角洲 1 小时交通圈。城际轨道交通线在广州境内长度约 353 公里，包括珠江东岸

通道 4 条、珠江西岸通道 7 条、粤北方向 1 条。

3. 拓展出省公路通道，完善高速公路网络

构建以广州为核心、覆盖珠三角、辐射华南地区的环型放射状区域高速公路主骨架网络，形成“三环十五射”的环形放射状路网系统。实现广州市区至广东省任一地级市以及泛珠三角任一省会城市均有高速公路直达，打造以广州为中心的珠三角高速公路 90 分钟交通圈。①

（四）广州“十四五”综合交通发展目标

“十四五”期间，广州将坚持国际性综合交通枢纽这个立市之本、强市之基，坚持目标导向与需求导向相结合，统筹考虑政治、经济、社会、生态、安全等方面的要求，按照“统、合、联”的布局思路，完善综合交通枢纽港站、枢纽城市、枢纽集群“三位一体”的综合交通枢纽系统（见图 7-1）。以提升综合交通枢纽港站的能级为切入点，高水平提升国际航空枢纽、国际航运枢纽，加快建设世界级铁路枢纽，国际综合交通枢纽功能大幅增强。高标准建成畅通全市、贯通全省、联通全国、融通全球的现代化立体

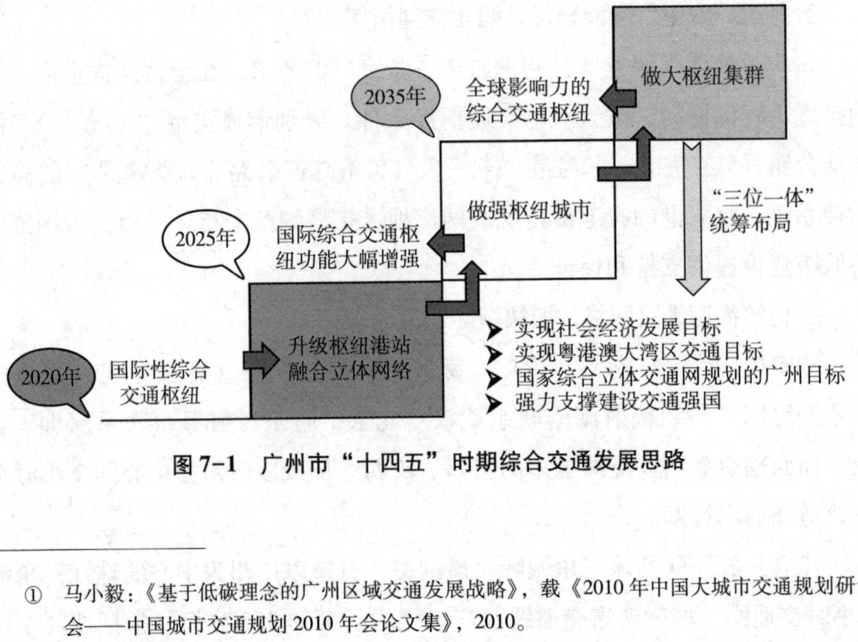

图 7-1　广州市“十四五”时期综合交通发展思路

① 马小毅：《基于低碳理念的广州区域交通发展战略》，载《2010 年中国大城市交通规划研讨会——中国城市交通规划 2010 年会论文集》，2010。

交通网络（见图 7-2），支撑广佛全域同城化、广清一体化及穗莞联动发展格局，推动粤港澳大湾区建成国际一流湾区和世界级城市群。实现《广州市国民经济和社会发展第十四个五年规划和 2035 年远景目标纲要》的发展目标，实现《粤港澳大湾区发展规划纲要》的交通目标，实现《国家综合立体交通网络规划纲要》的广州目标，成为建设交通强国的强力支撑。至“十四五”末，旅客联程联运便捷顺畅，货物多式联运高效经济，对外交通基本实现 3 个时空圈。“12312”出行交通圈：与珠三角地区城市 1 小时通达、与泛珠三角地区城市 2 小时通达、与全国主要城市 3 小时通达、与全球

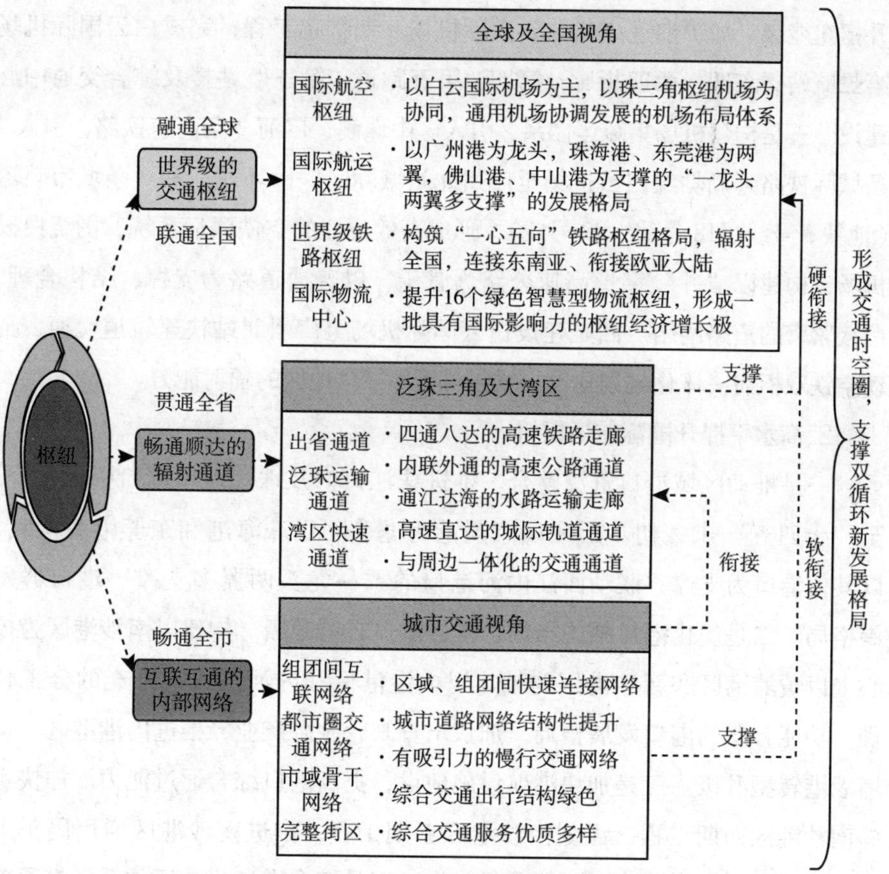

图 7-2　广州市“十四五”时期综合交通发展任务

主要城市12小时通达。“3060”城市通勤圈：广佛、穗莞中心之间30分钟互达，广州中心城区与外围区30分钟互达，副中心、外围城区之间60分钟互达。“123”快货物流圈：省内1天送达，国内及东南亚主要城市2天送达，全球主要城市3天送达。

（五）广州“十四五”综合交通发展任务

1. 打造全球领先的国际航空枢纽

一是完善枢纽布局，谋划推动珠三角枢纽（广州新）机场建设，构建以白云国际机场为核心的多机场体系，引领大湾区世界级机场群发展。二是提升枢纽能级，加快推进广州白云国际机场三期扩建工程，完成白云国际机场第二航站楼东四、西四指廊，第四、第五跑道，第三航站楼及综合交通中心建设。三是构建机场集疏运体系，引入广中珠澳、广河2条高速铁路，引入2条城际铁路（新塘经白云机场至广州北站城际、广佛环线）和3条城市轨道（地铁3号线、18号线、22号线），形成高效便捷的空铁联运系统；围绕白云机场，构建以“井”字形高速公路为骨干，以普通道路为支撑，结构合理、衔接紧密的道路网络。四是建设白云国际机场至广州北站快速轨道交通，推动空铁双枢纽一体化规划建设，增强对泛珠三角地区的辐射能力。

2. 高水平提升国际航运枢纽

一是推动区域港口资源整合。推进珠江口内及珠江西岸港口资源整合，至“十四五”末，初步形成以广州港为龙头、以珠海港和东莞港为两翼、以其他港口为支撑、联动西江内河港口的“一龙头两翼多支撑”港口群发展格局。二是优化港口结构布局，推进港口转型升级。构建以南沙港区为核心、以黄埔港区和新沙港区为辅、以内港港区和内河港区为补充的分工合理、功能分明的港口发展格局，加快培育邮轮旅游产业，推进内港港区、黄埔老港转型升级。三是加快港航设施建设，提高港口综合通过能力。加快实施南沙港区四期工程，谋划南沙港区五期工程，推进南沙港区通用码头工程、南沙港区近洋码头工程等项目建设。四是健全港口集疏运体系，打通多式联运全程各环节。大力推进海铁联运体系建设，推进南沙港铁路及配套站场建设；完善江海联运网络布局，增强珠江三角洲、西江、北江内河集装箱驳船运输服务；优化公路集疏运体系，优化疏港道路网络，加快建设南沙港区连接周边地区的快速通道。

3. 加快建设世界级铁路枢纽

一是畅通“四通八达、四面八方”的高铁通道。加快建设广汕高铁、广湛高铁、深圳至江门铁路、南沙港铁路等项目，规划建设广州至珠海（澳门）高铁、广州经清远至永州高铁、柳州至广州铁路等项目，推动形成10条出省高铁通道格局，实现1小时直连大湾区、2小时互通省内、3小时互达泛珠三角、5小时联通长三角和成渝地区双城经济圈。二是打造轨道上的都市圈。加快建设广佛环城际、佛山经广州至东莞城际、南沙至珠海（中山）城际等，围绕形成大湾区“一张网、一张票、一串城”轨道交通格局，促进干线铁路、城际铁路、市域（郊）铁路、城市轨道交通“四网融合”，以城际铁路为骨架，打造以广州为中心的1小时轨道都市圈。

4. 增强华南公路主枢纽功能

一是扩容对外联系通道。推进佛清从、佛江高速北延线、惠肇高速、增佛高速、番禺至南沙东部高速、南中高速等项目建设，加强粤港澳大湾区内部衔接，提升对外辐射能力。二是加密珠江口过江通道。加快莲花山通道、狮子洋通道、深中通道等跨江项目规划建设，积极谋划海鸥通道建设，促进珠江口东西两岸协同联动。三是完善市域高等级路网结构。加快机场第二高速南段工程建设，谋划机场高速公路改扩建，与机场高速形成白云机场至中心城区的“双高速”通道系统，提升机场道路通达效率；推进北二环高速扩建工程，谋划西二环高速改扩建，提高中心城区环形道路系统容量；加快从化至黄埔高速等高速公路建设，加密中心城区与外围组团联系通道，支撑广州城市空间格局拓展，加强市域组团及产业平台间联系。实现2小时覆盖大湾区、5小时连接粤东西北、8小时可达周边省区中心城市，市域高速公路通车里程达1300公里。

5. 打造国际物流中心

一是优化现代物流枢纽网络。依托重大交通枢纽和重大产业园区，构建

“5+10+N”物流枢纽布局，推进广州港港口型国家物流枢纽试点；围绕铁路货站、高速公路、产业园区、商贸集聚区，规划建设区域性物流枢纽；完善生产服务型骨干物流节点和局部商贸服务型骨干物流节点布局。二是完善物流通道。织密以广州为重要节点的“国际空中丝路”，开通国际通航点110~120个；拓宽“海上丝绸之路”国际航运通道，开通集装箱航线超过260条；构建连通欧亚的国际铁路大通道，着力建设大湾区国际班列集结中心；构建通达重要城市群的物流通道，完善“双环八射”对外高速公路货运主通道。打造全球效率最高、成本最低、最具竞争力的国际物流中心，加快发展成为国内大循环中心节点城市和国内国际双循环战略链接城市。①

二 深圳市交通发展战略与规划

根据规划，到2025年，深圳将基本建成“开放畅达、立体融合、低碳智慧、安全宜行”的交通强国城市范例。到2035年，全面建成“三个1000公里”骨干交通网，率先建成高品质的现代化综合交通运输体系，打造未来交通新范式，引领全球交通运输发展创新。

（一）打造全球湾区核心枢纽海港，推进深圳至东南亚国家“飞机+邮轮”业务

加快盐田港东作业区、西部出海航道二期、小漠国际物流港、亚洲东部LNG加注中心等重大项目建设。共建粤港澳大湾区组合港体系，大力发展“水水中转”“海铁联运”。加快推进前海、南澳等客运码头规划建设，发展深惠汕东部海上航线，加快推进南澳码头规划建设，研究在坝光、新大等片区规划选址海上休闲和客运码头，打通东部海上交通廊道。丰富邮轮旅游国际国内航线，推进深圳至东南亚国家“飞机+邮轮”业务。推进“海上看湾区”主题旅游项目，开通以蛇口邮轮母港为基地的直升机“空海游”观光

① 崔昂、苏跃江：《广州“十四五”时期综合交通发展思考》，《交通与港航》2021年第5期。

航线。创建品质卓越的国际邮轮枢纽港。促进现代航运及服务业集聚发展，吸引航运金融、法律服务等航运要素落户深圳。到 2025 年港口集装箱吞吐量达 3300 万标准箱，LNG 接收规模达到 1600 万吨，邮轮旅客吞吐量达到 60 万人次。重点任务包括：①码头航道工程，盐田港区东作业区集装箱码头、小漠国际物流港一期、西部港区出海航道二期工程、小漠国际物流港防波堤一期工程、深圳港东部政府码头（引航基地）工程、大铲湾港区集装箱码头二期工程、深圳机场福永码头升级改造。②LNG 建设工程，国家管网深圳液化天然气应急调峰站、深圳市天然气储备与调峰库二期扩建、城市天然气输配工程、天然气枢纽城市配套项目。③港口集疏运完善工程，平盐疏港铁路、小漠港疏港铁路、平湖南内陆港；妈湾跨海通道、机荷高速改扩建、宝鹏通道、坪盐通道等疏港通道项目。

（二）构建高品质创新型国际航空枢纽，打造都市圈“2+2”机场群体系

推动深圳机场第三跑道、T1 和 T2 航站楼等基础设施建设。有序推进国际客货运航线恢复及拓展，打造面向亚太、连接欧美澳、衔接“一带一路”的航线网络。持续优化航空口岸营商环境，推进国际生鲜冷链和国际普货 7×24 小时通关保障。完善深圳机场轨道集疏运网络，打造机场东空铁联运枢纽，实现航空、高铁、城际、城市轨道、公共交通等多种交通方式便利换乘。打造都市圈“2+2”机场群体系。加快南头直升机场迁建至龙华樟坑径，启动深汕通用机场规划选址工作，加强与惠州机场合作，切实发挥深圳第二机场作用。优化通用航空设施布局，加快建设涵盖医疗救护、交通救援等功能的公共服务类起降点，逐步建立区域低空飞行服务体系。到 2025 年机场年旅客吞吐量超过 7000 万人次，货邮吞吐量超过 210 万吨。建设重点工程包括：①运输机场工程，深圳机场卫星厅、第三跑道、T1 和 T2 航站楼及其配套设施、T3 航站楼站前商务区一期。②通用航空工程，南头直升机场迁建至龙华樟坑径、深汕特别合作区通用机场、马峦山通航综合体、观澜导航台迁建等。③机场集疏运完善工程，深茂铁路、深大城际铁路、穗莞深

城际铁路深圳机场至皇岗口岸段、机场东枢纽、城市轨道12号线和20号线，深惠城际铁路引入惠州平潭机场。

（三）拓展立体畅达的综合运输通道网络，广深第二高铁争取“十四五”时期开工

完善“南北终到、东西贯通、互联互通”的高铁通道布局，优化深圳铁路多枢纽体系。东部方向，加快建设深圳至深汕特别合作区高铁，谋划深圳至河源高铁、衔接杭州至广州高铁，形成深圳与长三角地区联系的新通道。中部方向，建成赣深高铁，加快推进广深第二高铁规划建设，争取“十四五”期间开工，形成深圳联系长江中游城市群的新通道。西部方向，加快深茂铁路深圳至江门段建设，积极推动深圳至南宁高铁前期工作，打通深圳面向大西南的战略通道。完成平盐铁路复线和电气化改造工程。研究推进与国内超大城市间高速磁悬浮通道布局。

加快穗莞深城际深圳机场至皇岗口岸段、深大城际、深惠城际、大鹏支线等城际铁路建设，加快构建“多向直达、互联互通”的城际铁路网络。开展深莞增城际、深广中轴城际（常龙城际）、塘厦至龙岗城际等前期研究。

运输通道建设重点工程包括：①国家铁路工程，赣深高铁、深汕高铁、深茂铁路深圳至江门段，规划研究广州至深圳第二高铁、深圳至南宁高铁、深圳至河源高铁等。②城际铁路工程，深大城际、深惠城际、大鹏支线、穗莞深城际深圳机场至皇岗口岸段，规划研究深广中轴城际（常龙城际）、塘厦至龙岗城际等。③枢纽工程，西丽站、机场东站等，改造提升深圳站、光明城站、坪山站、平湖站。

建成深中通道及深圳侧连接线，规划预留伶仃洋通道、外环高速西延等跨江通道，促进珠江东西两岸资源要素便捷流通。开展河惠汕高速公路连接线规划研究，规划预留深汕跨海高速。加快推进外环高速三期、机荷—惠盐高速改扩建、深汕第二高速、宝鹏通道、罗沙路复合通道改造、妈湾跨海通道、侨城东路北延等建设，完善“八横十三纵”高快速路网体系。发挥轨

道交通骨干作用，引领深港两地“双城三圈”发展新格局。到2025年，铁路通车里程达到300公里，高快速路里程达到670公里。

路网建设重点工程包括：①高速公路工程，深中通道及深圳侧连接线、深圳外环高速公路深圳段二期和三期、清平高速公路北段、广深高速深圳段改扩建、机荷高速改扩建、惠盐高速深圳段改扩建、深汕第二高速公路。②快速路工程，宝鹏通道、罗沙路复合通道改造、坪盐通道、滨海大道（深圳湾总部基地段）交通综合改造、东部过境通道及连接线、春风隧道、妈湾跨海通道、侨城东路北延、龙坪盐通道、望海路快速化改造、广深沿江高速前海段下沉改造、梅观高速公路清湖南段、深华快速路、葵涌环城西路、沙河西路快速化改造、深东大道、望鹏大道、盐港东立交、深华快速路—福龙路立交、新城立交等。

（四）强化更具竞争力的公交出行体系，全面推行“准点公交”，建成1~2条自行车高速路

加快推进城市轨道四期、四期调整工程建设，加快推进五期建设规划编制及落地实施。全力建成5号线西延、8号线二期、6号线支线一期、12号线、13号线、14号线、16号线、20号线一期、3号线四期、6号线支线二期、7号线二期、8号线三期、11号线二期、12号线二期、13号线二期（南延）、13号线二期（北延）、16号线二期等线路，在主要线路和站点全面推行公交准点服务。构建连续成网的公交专用道体系，规范引导公交专用道智能化监督与管理。以重点客流走廊为试点探索公交优先出站、间歇式公交专用道、公交信号优先等模式，全方位保障公交准点率，提升公交吸引力与竞争力。健全公共交通运行指数体系。探索全市地面公共交通资源一体化整合，精准推动公交优先发展，构建随需而至、品质高效的公交服务体系。建设“安全、连续、便捷、舒适”的高品质自行车交通系统。规划建设自行车高速公路和慢行骨干网，完成1~2条自行车高速公路建设，打通12条慢行骨干网节点。以轨道站点为中心、主次干道为重点，完成1500公里非机动车道建设目标，至2025年，绿色交通出行分担率达到81%，非机动车

道里程达到3500公里。

公交体系建设重点工程包括：①轨道交通工程，城市轨道5号线西延、8号线二期、6号线支线一期、12号线、13号线、14号线、16号线、20号线一期、3号线四期、6号线支线二期、7号线二期、8号线三期、11号线二期、12号线二期、13号线二期（南延）、13号线二期（北延）、16号线二期等轨道四期及四期调整线路。②枢纽站场工程，前海、岗厦北、黄木岗、大运、平湖、鹭湖、白坭坑、五和等综合交通枢纽。③综合车场工程，民治、凤凰山、观澜大水坑、盐田北、龙城北、南湾、大田洋、西乡固戍、龙华、梅林、石岩东、布吉、公明等综合车场，福田下沙、南山科技园、南山中心区立体钢结构公交车库试点等。

（五）创新发展数据驱动的智慧交通体系，建设交通运输一体化智慧平台

建设交通运输一体化智慧平台，打造综合交通“数据大脑”，实现“监管一张网、决策一张图、出行一张脸、运输一张单”，提升交通运输管理精细化水平。加快推进CIM平台建设，推广交通领域BIM应用，完善交通数字空间底座。

培育智慧交通创新主体，加快发展智能网联汽车应用，探索完善与交通新技术应用适配的行业标准规范。打造智能网联示范工程。加快基于5.9GHz频段的车联网专用通信网络建设，建设城市道路、建筑、公共设施融合感知体系，打造智慧出行平台“车城网”，实现跨部门数据共享与管理协同，促进智慧城市与智能网联汽车协同发展。加快坪山车联网先导区、南山妈湾港和西丽湖科教城、宝安机场和尖岗山、大鹏坝光等区域的示范应用建设。

智慧交通建设重点工程包括：①新型交通基础设施建设，深圳智慧机场、妈湾智慧港、盐田东智慧港、小漠智慧港、机荷智慧高速、宝鹏通道、穗莞深城际、福田口岸、皇岗口岸智慧化等。②交通运输服务智慧化提升，交通运输一体化智慧平台、政务服务全流程全自动办理平台、深圳智能网联

交通测试示范平台、深圳智慧交通指挥项目、深圳市普通国省干道治超非现场执法监测点建设工程、深圳城市轨道 NOCC 二期项目、深圳城市轨道 BIM 全生命周期智慧应用示范线、轨道 10 号线智慧地铁等。

（六）提升超大城市交通现代化治理能力，提升重点科技区域的对外交通辐射能级

滚动实施治堵工程，打造 15 分钟社区生活圈。构建安全、连续、平整的全龄友好交通出行网，实现新建及改建交通设施无障碍建设率达到 100%。

研究优化调整小汽车增量指标类型结构，探索建立中长期可持续发展的小汽车总量控制机制。开展道路使用管理政策技术储备研究，研究在交通拥堵重、环境保护要求高的重点片区设置机动车低排放区，提高准入车辆的排放标准。针对交通拥堵严重的主要通道及片区，研究通过经济、技术等手段提高设施利用效率的可行方案。

优化调整实行政府定价的社会公共类停车区域划分，合理扩大一类及二类停车收费区域比重。推动全市机械式立体停车设施建设，推动智慧停车系统建设，探索推进错时共享停车。

提升重点科技区域的对外交通辐射能级，完善重点区域次支路规划建设模式，提高重点片区出行与服务体验。实现科技发展重点片区与大湾区核心机场、高铁枢纽、主要大学园区、大科学装置等之间的快速直达。重点保障光明科学城、西丽湖国际科教城、坪山高新区、河套深港科技创新合作区、大运深港国际科教城、燕罗国际智慧制造生态城等全市科技发展高地的战略通道规划建设，实现重点片区间 45 分钟互联互通。

完善交通运输安全风险防控体系，提升应急响应能级与水平。逐步提升交通服务共建共治共享水平，探索超大城市交通现代化治理新标杆。

（七）深圳视角下的粤港澳大湾区发展战略

将大湾区发展成为世界一流超级交通枢纽，打造湾区交通融合发展新典范。基于粤港澳大湾区交通发展基底，以支撑世界一流城市群和宜居宜业宜

游大湾区为核心要求，提出深圳视角下的湾区交通发展愿景：以世界级港口群、机场群为核心，以连通全球主要城市和辐射泛珠三角区域的对外战略通道为纽带，形成互联互通的城际服务网络，重构大湾区在全球化发展中的时空格局，提升大湾区在国际竞合中的首位度，将大湾区发展成为体量巨大、世界一流的超级交通枢纽，形成湾区交通融合发展新典范。

立足大湾区与深圳交通发展实际，基于粤港澳大湾区世界一流的超级交通枢纽发展愿景，围绕重构时空格局核心任务，研究从枢纽功能定位提升、腹地联系范围拓展、湾区融合一体发展、智慧交通先行先试等层面，提出四大发展战略。

枢纽升级战略：依托深圳海港、空港功能与服务升级，助力大湾区形成全球链接新格局。以深圳机场国际化为主攻方向，全面提升深圳机场与国际创新城市、全球枢纽城市连通度，形成与亚洲城市 4 小时航空交通圈，与全球主要城市 12 小时航空交通圈。强化深圳港口在“一带一路”建设中的积极作用，建立与“一带一路”沿线战略高地 100%覆盖的高效直达航运服务网络，推动深圳经验和模式在“一带一路”沿线港口输出，提升深圳在全球航运供应链、产业链中的影响力。

腹地拓展战略；实现大湾区与国家核心城市群的等级联系。以高速铁路建设为核心抓手，积极拓展面向长株潭城市群、长三角城市群、海西城市群、北部湾城市群以及云贵地区等方向的战略通道资源，形成泛珠三角区域 5 小时高铁联系网络、广东省内 2 小时高铁联系网络，提升湾区对于战略协同城市群、区域发展核心腹地的辐射带动作用。

湾区集聚战略；公铁水多式并举，重构大湾区时空联系格局。因地制宜开展大湾区公路、铁路、水路等多元交通方式规划建设，构建覆盖整个大湾区的多功能城际联系网络，形成内湾半小时商务交通圈和湾区 1 小时交通圈。重点围绕穗莞深港科技创新走廊、跨江通道等未来重要增长极，构建多元一体的城际联系服务体系。

智慧体验战略：智慧交通提质增效，打造创新科技体验湾区。推动“互联网+交通”在粤港澳大湾区先行先试，面向未来湾区交通发展新方式、新技术、新服务，营造无处不在的“共享化”体验、车路协同的“网联化”体验、全程无忧的“一站式”体验，提升湾区出行品质。①

三　珠海市交通发展战略与规划

为贯彻落实珠海市第九次党代会提出的指导思想和奋斗目标，落实“产业第一、交通提升、城市跨越、民生为要”的工作总抓手，珠海市“十四五”综合交通运输体系规划发展目标如下。

到2025年，基本形成以珠海机场、珠海港为枢纽，高速公路、铁路、水路为主骨架，城际铁路、普通国省道为干线，农村公路为支线的多层次、枢纽型、网络化的综合立体交通体系，初步建成全国性综合交通枢纽，形成“3060城市通勤圈”和“12312交通时空圈”，为珠海打造大湾区畅通国内国际双循环的门户枢纽城市、珠江口西岸综合交通新枢纽，支持澳门经济适度多元和横琴粤澳深度合作区发展提供坚实保障。

“3060城市通勤圈”：中心城区30分钟时空圈全覆盖，高峰时段东西城区60分钟互达。“12312交通时空圈”：港、澳、湾区西岸城市1小时可达，湾区东岸城市2小时可达，省内其他城市和全国主要城市3小时可达，全球主要城市12小时可达。

（一）完善便捷综合交通网络

1. 高速公路

进一步织密内联外拓高速路网，建成香海大桥、鹤港高速二期、金海大桥、黄茅海跨海通道、香海大桥西延线先行段，动工建设香海大桥西延线、高栏港高速扩建及北延线，协调推动中山东外环高速二期建设，实现与深中通道的快速对接；协调推进中山西外环高速南延线对接洪鹤大桥和广澳高速公路南沙至珠海段改扩建。积极谋划伶仃洋公路通道及深南高速（珠海

① 邵源、黄启翔：《深圳视角下的粤港澳大湾区交通战略规划思考》，《交通与港航》2019年第1期。

段）。配合研究经港珠澳大桥与湾区东岸城市群加强衔接，更好发挥港珠澳大桥作用。“十四五”末期高速公路通车里程达到 271 公里，较“十三五”末期增加 73 公里，增长 36.87%。“十四五”期间高速公路项目计划投资约 273.3 亿元。

2. 高铁和城际轨道

围绕珠江口西岸轨道交通中心的目标，建成珠机城际二期，形成香洲—横琴—机场的城际铁路大通道，力争实现公交化运营。开工建设珠海至肇庆高铁（珠海段）、广州至珠海（澳门）高铁（珠海段）、南珠中城际、广佛江珠城际（珠海机场至鹤洲站段）、高栏港疏港铁路专用线二期。启动深圳至珠海城际（珠海段）、珠斗城际前期研究，力争“十四五”末期启动深珠城际建设工作。“十四五”末期铁路网规模达到 117.8 公里，较“十三五”末期增加 22.8 公里，增长 24%。“十四五”期间高铁和城际轨道交通项目计划投资约 227 亿元。

3. 机场

围绕复合型区域枢纽机场的目标，建成珠海机场改扩建工程、机场综合交通枢纽、空港国际智慧物流园，新建塔台工程，开通国际口岸和国际航线，机场客运保障能力提升至 2750 万人次/年。建成莲洲通用机场二期工程，完善珠海航空发展体系，打造珠海通用航空综合示范区。启动第二跑道扩建和 T3 航站楼工程前期工作。“十四五”期间机场项目计划投资约 108.6 亿元。

4. 港口和航道

围绕全国沿海主要港口的目标，重点推动高栏港区集装箱码头三期、高栏港区港弘码头扩建工程等项目建设，推动高栏港区小型船舶锚地建设（5#锚地）、高栏港区 20 万吨级主航道建设，进一步完善陆岛交通设施。完善港口集疏运条件，推动“江海联运”“海铁联运”等综合运输体系发展，推动珠海港内河 A 级航区申报，保障高栏港“江海联运”集疏运优势。谋划粤港澳大湾区超级枢纽港。研究直湾岛 LNG 接收站配套码头工程。“十四五”期间港口和航道项目计划投资约 116.6 亿元。

5. 国省道及农村公路

推进南门大桥新建工程、珠海大桥维修加固、S272 北段改线工程、上横大桥改建、淇澳大桥提升、湖东社区新建路桥工程等项目建设。协调推进新建斗门大桥工程。加快低等级公路升级改造，逐步消除干线瓶颈制约，推动国省干线与城市道路融合成网，提高市际路段通行能力，提升普通国省道的交通服务水平。围绕农业农村现代化的乡村振兴战略总目标，继续从“农村公路+产业”融合方面实施农村公路提质升级工程，加快构建全面覆盖的“四好农村路”。“十四五”期间国省道及农村公路项目计划投资约 46.7 亿元。

6. 城市道路

建成兴业快线、金琴快线北延段、珠海隧道、珠海大道（珠海大桥西至泥湾门大桥西段）扩建、机场北快线、京珠高速连接线改造、情侣北路北段、横琴第三通道、金溪大道、环山路、高栏港快线、人民路快速化提升、珠海大道金湾互通以西段快速化提升、港珠澳大桥珠澳口岸人工岛市政管线上岛等工程。推进兴业快线南延段、金港大桥、环岛北路西延线、斗新跨江通道（珠峰大道西延线）、机场北路南延线、香山大道、香海北路先行段、白石路北延、银桦路西延等骨干道路前期工作。进一步推进珠中跨界道路建设。“十四五”期间市投资市政道路项目计划投资约 311.6 亿元，各区投资市政道路项目计划投资约 227.76 亿元。

（二）建设一体化综合交通枢纽

“十四五”时期，推进珠海中心站（鹤洲）枢纽、横琴高铁枢纽、珠海北站枢纽、金湾枢纽、茂盛围枢纽等五大综合枢纽的新建和提升工程。结合高铁项目引入，动工建设珠海中心站（鹤洲）枢纽。结合横琴粤澳深度合作区建设，继续完善横琴口岸综合交通枢纽建设，形成珠澳联动、面向区域的关键枢纽。积极推进珠海北站枢纽的规划建设，打造对接广深莞的北部门户枢纽。围绕青茂口岸的开通，建设茂盛围枢纽进一步促进珠澳的交通衔接。结合珠机城际北延和公交化运营的需要，加快推进金湾枢纽的规划建设工作。“十四五”期间综合交通枢纽项目计划投资约 112.1 亿元。

（三）推进高品质客运出行服务体系建设

1. 公共交通

一是推动公交服务设施建设，提升公交服务水平。推进形成以公交专用道为网络的公交快速走廊服务体系，规划在 G105、南湾大道、港湾大道等主干道路设置公交专用道，全市公交专用道总里程达到 91.14 公里。规划新增、改建 13 个公交枢纽、首末站及综合车场。重点综合开发上冲综合车场和香洲总站，重点扩容提升湖心路口公交场站，规划新建包含翠微西公交首末站在内的 4 个公交首末站，包含十字门枢纽、金融岛枢纽、横琴口岸在内的 3 个公交枢纽站，包含南屏综合车厂、横琴西综合车厂和夹马口综合车厂在内的 3 个公交综合车场。二是针对早晚上班族，推出快线公交、高速公交线路。通过新增和延伸公交线路，开通短距离接驳“微公交”，消除公共交通盲区。开辟公交“家校专线”“复工专线”“通勤专线”，满足市民多样化的出行需求。根据大数据计算结果，针对每月每周每日不同时段，灵活安排班线，适应出行需求情况。比如增加人口聚集区线路，提高上下班时段的发班密度，延长晚班车的运行时间，增加晚班车运行班次等。

2. 对外客运

深化道路客运供给侧结构性调整，优化长途客运运力结构，坚持跨省出行以民航、铁路为主原则，引导道路客运企业逐步将省际客运班线调整为中短途省内线路，依托市域公路快速通道，继续推动珠中江市际短途班线公交化改造，努力构建以服务 400 公里以内旅客出行需求为主的道路客运市场格局。引导龙头企业整合公路客运运力资源，建立行业发展联盟，对接旅游、商务等上游市场需求，加强与民航、铁路、水运企业合作，发展定制客运、联程联运等客运服务新模式。鼓励长途汽车客运站在保障运输服务基本功能的前提下开展综合开发利用，延伸拓展增值服务功能。优化拓展连通珠海与澳门、香港的高速水上客运航线网络。

（四）推动高效率货运物流服务体系建设

提高货物多式联运发展水平。“十四五”期间，推进“珠海港通达全球、联通西南—粤港澳大湾区集装箱铁江海联运示范工程”创建工作。聚焦促进物流降本增效，构建有利于促进珠海市现代物流业发展的政策法规环境，以发展多式联运为综合运输服务体系建设的主导战略，着力构建设施高效衔接、枢纽快速转运、信息互联共享、装备标准专业、服务一体对接的多式联运组织体系。推进物流公共信息服务平台和大数据平台设施建设。

加强货物运输结构调整。加快港口主要港区集疏运铁路、物流园区铁路专用线规划建设，为大宗货物及中长距离货物运输向铁路和水运转移提供基础条件。支持企业加快运载单元、快速转运设备、专用载运机具升级改造，推广内陆集装箱，促进集装化、厢式化、标准化装备应用。

推进货运珠澳同城。论证和推进对城市物流及货物通关口岸的重新组织布局，结合城市干线网，将货运组织于城市外围地区，相应的陆路货运通关口岸安排在城市外围的港珠澳大桥口岸和横琴口岸，实现珠澳间货运“北进北出、南进南出”的跨境交通格局。优化珠海东、西部水运口岸的协同发展关系，推动斗门港口岸确保资质和改造升级，促进洪湾港打造澳门海陆空货物通关转运中心，巩固高栏港能源、原材料等大宗散货运输功能。深化珠澳港口合作，探索澳门自由贸易港功能向珠海港延伸。将澳门航空打板、澳门生活物资及葡语系国家商品集散作业延伸到洪湾码头，支持澳门机场仓库分拣、理货、仓储、打板等业务延伸到内地。利用粤澳货物“一单两报”平台，实现珠澳两地陆运和空运申报数据转换对接，支持陆空产业联运发展。

（五）完善“交通+”服务体系

1.“交通+互联网”

结合目前珠海智慧交通数据平台的基础条件，由政府牵头、引进互联网企业进行资源整合，大力发展 MaaS 平台、整合交通信息资源，“十四五”期间初步实现市民出行无缝对接、安全、舒适、便捷的目标要求；利用互联网整合网约车、共享单车、共享汽车平台和资源，提升共享交通给市民出行带来的便利程度和效率；支持定制公交发展，形成对常规公交的补充和延续。

2.“交通+物流”

以产业转型升级为基础，把握信息技术发展契机，打造集原材料供应、中间产品和产成品储运、分销等于一体的现代物流供应链服务，以高质量的物流服务吸引和承接产业转移。支持物流企业开展服务化转型，适应以个性化定制、柔性化生产、资源高度共享为特征的虚拟生产、云制造等现代供应链模式，为制造企业提供供应链一体化服务。

鼓励物流企业利用港珠澳大桥的引流作用，主动对接粤港澳物流业务，发展跨境物流。全面提升港口物流发展能级，携手探索澳门自由贸易港功能向珠海港延伸，共同打造珠江西岸门户枢纽和国际集装箱中转港。支持开通国际、省际集装箱班轮航线，以及内河、沿海集装箱驳船快线。扎实推动铁路物流提质增量，发挥广珠铁路疏港大动脉的作用，推动铁路物流上规模、高水平发展。推动广珠铁路站场物流中心建设，不断完善铁路物流基础设施。支持揽货体系建设，支持开通铁路运输班列，重点支持开通省内外至珠海铁路站到发的“五定”班列或直达专列。

3.“交通+旅游”

强化客运枢纽、公路服务区等交通设施旅游服务功能，推动符合条件的客运枢纽建设旅游客运集散中心或旅游客运超市，为游客提供运游服务，高速公路服务区增设游憩、娱乐、购物等功能，鼓励在公路路侧空间充足路段建设驿站、营地、观景设施和厕所等。

四　佛山市交通发展战略与规划

目前，佛山空铁区域交通设施仍然薄弱，全市空铁客流依赖广州枢纽出行均占比 70%以上，佛山到京津冀、长三角、成渝三大城市群的出行时间较长。

为此，在“十四五”规划中，佛山将构建覆盖全市、通达湾区、联络世界的国际化现代化一体化综合交通运输体系，力争将佛山市打造成为省级交通强国示范城市和省级综合交通运输高质量发展领头羊。

具体来说，佛山将向东联系广州、深圳等湾区核心城市，向西联系肇庆、江门等珠三角城市和更远的粤桂黔地区，形成湾区西部和大西南联动发展的重要枢纽。

在航空建设方面，“十四五”期间，佛山将推进珠三角枢纽（广州新）机场建设，构建与广州白云国际机场的快速联系通道，共建国际航空枢纽，协力打造粤港澳大湾区世界级机场群。佛山还将开展候机楼布局规划研究，重点加强与深圳宝安机场、香港机场和珠三角枢纽（广州新）机场的联系，新增杏坛候机楼、北滘候机楼、新城候机楼、乐平候机楼 4 处候机楼，覆盖顺德、三水主要镇街，增加乘机选择性。

通过搭建对外交通体系，到 2025 年，佛山将实现与京津冀城市群 6 小时可达，与长三角和成渝城市群 5 小时可达，与泛珠三角地区 4 小时可达，融入全国城市群发展。

“十四五”期间，交通依然是广佛全域同城化的“先行军”。鉴于轨道交通具有方便、快捷、大运量等特点，佛山将加速轨道交通网络化建设。“十四五”规划提出，佛山将开展广佛轨道快线衔接的详细方案研究，包括广州市城市轨道交通 17 号线、33 号线引入顺德详细方案研究，广州市城市轨道交通 10 号线支线、19 号线引入南海详细方案研究等；适时开展佛山城市轨道交通第三期建设规划的编制工作。

同时，佛山将加快推进广湛高铁、珠肇高铁（珠三角枢纽机场—江门段、高明—肇庆东段）、广州南至广州站联络线三条国铁线路和广佛环线（佛山西站至广州南站段）、广佛环线（佛山西站至广州北站段）、佛山经广州至东莞城际、广佛江珠城际四条城际线路的建设工作，进一步融入国家、湾区铁路网络，实现区域交通的快速通达。

在路网方面，佛山将加快完善路网基础设施，包括推进 10 条对外衔接快速路的研究及建设工作。在这 10 条快速路中，桂丹路接肇庆规划快速路、三花公路接肇庆大旺工业大道是为了加强佛山与肇庆的快速联系，三善大桥扩建、禅炭路快速化、一环北拓、广佛新干线快速路等工程是为了加强与广州的快速衔接。

在“十四五”规划中，佛山将持续推进19条对外主次干道前期研究及建设，其中16条衔接广州、1条衔接中山、2条衔接肇庆，不断完善与周边城市的联系；推进11条跨区道路和区内22条主次支路的前期研究及建设，提升五区内外部路网连通性，落实“全域同城”发展战略；另外，全市持续打通71条“断头路”，提高路网连通性，畅通微循环，分担主要干道交通压力。①

（一）“十四五”发展目标

构筑辐射全国、通达湾区、服务全市的多层次一体化轨道交通网络体系，创新轨道交通可持续发展机制，实现佛山轨道跨越式发展，实现支撑城市高质量发展的目标。

目标一：实现与京津冀城市群8小时可达；与长沙、武汉、贵阳、南宁等临近省会城市3小时可达，真正融入全国城市群发展；与粤港澳大湾区主要城市实现1小时互达，强化湾区互联互通。

目标二：到2025年，实现强中心战略和城市主要发展轴线的轨道服务支撑，实现30分钟中心城区内部互达、中心城区至外围城区直达，佛山市域外围组团60分钟互达的出行目标。

目标三：通过站点综合开发和运营服务，实现轨道交通引领交通出行结构转变，到2025年轨道交通占公共交通的比例达40%，凸显骨干作用。

目标四：构筑完善的轨道交通可持续发展体系。

（二）“十四五”重要任务

①加快推进广湛高铁、珠肇高铁（江门至珠三角枢纽机场段、高明至肇庆段）、深南高铁（珠三角枢纽机场至省界段）、广州站至广州南站联络线的建设。②推进广佛环城际（佛山西站—广州南站）建设，积极推动广佛环城际（佛山西站—广州北站）开工建设，尽快发挥环线铁路的规模和

① http：//sino-german. foshan. gov. cn/xwzx/yw/content/post_ 5151817. html.

网络效益，强化广佛中心城区的交流。③推进佛穗莞城际前期研究及建设，构建广佛莞市中心的直达快速联系通道。开展广佛江珠城际、肇顺南城际的前期研究。④推动南海—汽大众铁路专用线、南沙港铁路、广茂—广珠铁路联络线建设，积极配合推进柳广铁路前期工作，完善佛山铁路货运基础设施。⑤推动佛肇城际和在建广佛环城际（佛山西站—广州南站）等城际线路与城市轨道交通站点付费区换乘改造工程方案研究。⑥做好规划佛穗莞、广佛江珠城际与城市轨道交通的运营一体化服务预留工程。⑦提前谋划布局战略性通道研究。将佛山提升为京广通道上的重要节点。⑧广佛两市联合印发《广佛两市城市轨道交通互联互通行动细则》，为广佛轨道交通衔接线路规划、建设和运营管理提供政策指引。⑨优先考虑跨广佛边界的城市轨道线路纳入近期实施项目，推进城市轨道交通近期建设规划项目的广佛两市联动。⑩开展“珠三角枢纽（广州新）机场城市轨道专线专题研究”等专项研究工作，为近期建设项目、机场枢纽的规划和建设提供技术支撑，提出线路规划方案和控制要求。⑪鼓励各区及三龙湾高端创新集聚区，结合自身发展情况及客流需求情况，自主积极开展各自片区内的有轨电车线网规划。⑫加强轨道交通站点周边 800 米范围土地管理控制及收储。

五 惠州市交通发展战略与规划

“十三五”期间，惠州完成以《惠州市“丰”字道路交通主框架总体布局规划》为龙头引领，以《惠州市高速公路网规划（修编）》《惠州市城市轨道交通线网规划》《惠城中心区过江通道规划》等专项为支撑的一批重大规划，开创“交通带动产业、产业支撑城市”发展新模式，奠定未来发展新格局。新规划的 1 号公路（惠霞高速）、惠坪高速、机场高速、惠肇高速、环稔平半岛高速、莞惠城际小金口至惠州北站段等项目成功纳入上位规划。

近年来，随着赣深铁路惠州段、广汕铁路惠州段动工建设，潮惠高速惠州段、汕湛高速惠州至清远段、河惠莞高速惠州段、从莞高速惠州段、武深高速博罗至新丰段建成通车，惠州纵横东西、贯通南北交通主骨架基本成型。作为惠州市规划建设的干线机场，惠州机场完成干线机场规划建设方案论证研究，完成扩建航站楼及配套设施工程。惠州港和深圳盐田港创新实施“惠盐组合港”运作，主动承接盐田港集装箱货运市场的分流。惠州港与马来西亚关丹港缔结友好港口，积极参与“一带一路”建设。加快融深融湾，惠州交通出行条件更加完善。深莞惠三市开通跨市公交一体化线路 29 条，依托厦深高铁实现深惠汕地区捷运化运行。惠州市综合交通网络运行协调和应急调度中心（TOCC）建成投入运营，实现公交、农村客运车辆电子移动支付及“岭南通·惠州通”各县（区）覆盖。惠州成立智慧共享停车指挥中心，建成多个智慧停车场，有效缓解“停车难”问题。

（一）惠州市“十四五”交通发展目标

根据《惠州市综合交通运输“十四五”发展规划》，到 2025 年，惠州总体形成承东接西、连南带北、顺畅安全、智慧低碳的综合交通运输体系，海陆空大交通格局初步成形，“丰”字交通主框架建设成效显著，打造内联外畅，互联互通的“12345”综合交通发展格局，初步建成联通珠三角、辐射粤东北的大湾区综合交通枢纽，以及大湾区乃至全国南北出海新通道，为惠州打造珠江东岸新增长极、粤港澳大湾区高质量发展重要地区和国内一流城市提供重要支撑，为广东交通强省建设作出惠州贡献。

“12345”是指构建 1 大体系（一城一交的大交通体系），深度对接 2 大都市圈（广州、深圳两大都市圈），打造 3 大战略性枢纽（大湾区重要港口、千万级干线机场、区域重要铁路枢纽），建设 4 个高质量融合示范助力广东交通强省建设（交通轴线与产业带融合示范、综合客运枢纽站场与城市发展融合示范、都市圈毗邻地市跨界地区镇街路网融合示范、地级市公路与城市道路规划建设融合示范），形成 5 个交通时空圈（通过高快速路，惠州市市区与主要组团之间 30 分钟左右互通；通过高铁，惠州市与周边地市之间 30 分钟互通；惠州市与香港、珠三角和粤东其他地市之间 60~90 分钟互通；与粤西、粤北其他地市之间 2 小时左右互通；通过高铁和民航，惠州市与相邻省份省会城市和国内主要城市 3 小时左右互通）。展望 2035 年，惠州内畅外快、便捷开放、高效带动、智能绿色的大交通网络更加完善，全面建成一流设施、一流服务、一流管理的现代化综合交通运输体系，全面建成交通强国示范城市和大湾区东部交通门户枢纽、全国南北出海新通道，交通综合竞争力位居全国前列，有力支撑惠州建设国内一流城市。

（二）具体措施

1. 构建畅通双循环的战略性新枢纽

高标准建设地区性功能机场。按照广东省“5+4”骨干机场定位，推进惠州机场规划建设，高标准建设惠州千万级干线机场，发挥深圳第二机场功能。按照“一步规划、分步实施”分阶段推进干线机场建设，同步谋划空港经济区建设以及集疏运体系。近期按照飞行区 4E 标准，推进惠州机场飞行区扩建工程、惠州机场二期扩建工程，新建第二跑道、航站楼及相关配套设施，提升机场服务能力。加密惠州至长三角、京津冀、成渝地区双城经济圈等国家重大战略空间的航班，提高航线竞争力和服务品质。谋划开放空港口岸和开辟国际航线。

明确港口战略枢纽定位，完成《惠州港总体规划》修编，助力建设大湾区世界级港口群及世界级石化基地。沿海港口发展以石油及化工品运输为主、集装箱业务为辅、水上客运为补充，大力推进石化产业和滨海休闲旅游业发展，争取打造能源自由贸易港。

打造一流铁路枢纽站。深度融入“以人为本”“站城融合”的理念，打造多向联通、方式综合、空间统筹、换乘便捷的高铁枢纽。高标准建成赣深铁路惠州北站综合交通枢纽，打造区域门户、城市客厅，助力高铁北站新城建设。推进广汕铁路惠城南站综合交通枢纽建设，发挥站展融合项目优势，带动金山新城产业发展。扩容升级厦深铁路惠州南站，规划大亚湾开发区综合交通枢纽中心，满足轨道接入条件，提升对接深圳的前沿枢纽的服务能力。加强高铁站枢纽周边交通疏导，提高换乘效率。

全面融入“轨道上的大湾区”。高速铁路形成“三横一纵”主骨架，建成赣深铁路惠州段、广汕铁路惠州段、深汕高铁惠州段，实现惠州—广州、惠州—深圳30分钟互通。城际铁路加快连线入网，实施莞惠城际小金口至惠州北段，有序推进深惠城际坪地至沥林北段建设，配合做好深圳机场至大亚湾城际惠州段相关工作。规划深惠城际延伸至惠城南站、机场、惠东。研究深汕城际走廊。

2. 建成“丰”字交通主框架

全力推进惠州市1号公路（惠霞高速）建设，推动陆海呼应、江海联动。全面对接广深科技走廊，加快实施东西轴线（惠坪高速公路、惠州机场高速）及沿江轴线（惠州至肇庆高速公路惠城至增城段），带动沿线产业和组团片区发展，打造支撑社会经济发展的交通轴、产业带、经济廊。

进一步优化织密高速公路网，基本形成“九横八纵三加密”高速公路网布局。建成惠龙高速，实现市区与龙门县之间高速公路1小时互通。加快推进惠东环稔平半岛高速建设，开展龙门至仲恺高速前期研究，预留好规划廊道，助力全域旅游发展。实施惠河高速改扩建工程惠州段，解决长深通道拥堵问题。完成沈海高速惠州段扩建，新建深汕第二高速惠州段，实现惠州与深圳市及深汕合作区已建高速公路均达到6车道或以上。

3. 深度对接广深莞路网

完成主城区“两环十射”快速进出城道路体系建设。分批次对环线和进出城道路进行快速化提升和改造，重点实施金龙大道快速化改造、南山快速路、惠泽大道改造等项目，到“十四五”末基本实现中心区主要区域与最近高速进出口10~15分钟可达。

推进中心城区过江通道规划建设。完善跨江通道总体布局规划方案，体现“一桥一景、大气磅礴”特色。推进1号公路跨东江大桥、跨西枝江大桥、东西轴线跨西枝江大桥、中部轴线（沙澳大桥）、金鸡大桥、湖山大桥等建设，建成鹅城大桥等新过江通道，加强江河两岸交通、经济联系，缓解核心区过江交通压力。进一步织密中心区路网，拓展城市空间。①

① http：//td. gd. gov. cn/gkmlpt/content/3/3829/mpost_ 3829717. html#1479.

六 东莞市交通发展战略与规划

《东莞市综合交通运输体系发展“十四五”规划》指出，“十四五”期间，东莞以构建立体化综合交通网络体系、智能化综合交通技术体系、现代化综合交通治理体系、品质化综合交通服务体系等“四个体系”为总体目标。东莞将重点实施构建链接全球的外联工程、打造多网融合的内畅工程、建设绿色集约的品质工程、探索创新示范的智慧工程、共建以人为本的治理工程等“五大工程”，打造外联内畅、品质绿色、智慧安全的现代综合交通体系。

（一）“十四五”期间总体目标

1. 构建立体化综合交通网络体系

强化综合交通体系规划研究，以系统性思路统筹水、陆、铁、空等基础设施规划建设，进一步增强交通基建投资，分近、中、远期储备一批重大交通项目，形成项目滚动机制，构建现代综合立体交通网。

2. 构建智能化综合交通技术体系

建成综合交通运行指挥中心，充分发挥智慧交通的基础性引领作用，以创新驱动、科技驱动为东莞市交通发展提供新动能，推动交通运输行业现代化、智慧化升级。

3. 构建现代化综合交通治理体系

通过交通法治建设、需求管控体系、交通拥堵治理、安全稳定管控等一系列手段，着力推进综合交通治理体系和治理能力现代化建设。

4. 构建品质化综合交通服务体系

高品质规划建设和全周期精细化管理服务并重，扩大高品质公共交通服务供给，大力发展多式联运，提高运输服务质效，以交通品质提升为牵引推动城市品质提升。

（二）“十四五”期间主要任务

1. 构建链接全球的外联工程

在构建链接全球的外联工程方面，东莞将协调推进区域轨道交通加速成网。“十四五”期间，加快推进深茂铁路深圳至江门段、广深第二高铁（东莞段）、佛山经广州至东莞城际（广州 28 号线）、中南虎城际（南沙至塘厦）、塘厦至龙岗城际、常平至龙华城际、佛莞城际等项目建设，加快东莞与湾区核心城市、主要城市的轨道连通，争取在“十四五”末期，东莞市中心城区通过轨道可实现 1 小时内到达广、深核心城区。

促进广深惠区域一体化路网对接，形成“五纵五横五连”的高速路网格局。“十四五”期间，全面推进莞番高速、常虎高速改扩建工程、珠三角环线高速东莞至深圳段及龙林支线改扩建、常虎高速延长线、莲花山通道及东延线和狮子洋通道的建设；持续推动东莞与广州的边界路网建设，推动东江大桥、东江通道、新槎大桥、江龙大桥等项目建设；重点考虑东莞南部九镇与深圳都市圈共建共享交通基础设施的连通工作，优先支持松山湖片区与深圳光明科学城片区、滨海湾新区与深圳大空港地区的跨市对接道路建设。加快推动松山湖科学城至光明科学城通道、丹平快速二期等项目规划建设；加强滨海湾新区东湾大道、滨海湾大道与深圳填海地区路网的规划对接，锚固东莞在深圳都市圈中的重要地位。谋划国道 G107 长安与深圳衔接路段全面提质工程。

构建功能和地位分明的枢纽体系。理顺“二主六辅”八大枢纽功能定位，提升枢纽对东莞城市发展的引导作用。

打造更高效的港航水运发展模式。“十四五”期间，加快推进沙田港区西大坦作业区 1#~3#泊位工程，发挥内河集装箱运输干线港优势的东莞港内河港区石龙作业区东莞中外运石龙码头改扩建工程，以及加强粤港合作的港澳客运码头搬迁工程。

推动区域航空枢纽衔接体系发展。规划提出探索通用航空发展路径，加强通用机场整体布局规划，积极发展短途航空运输。

2. 打造多网融合的内畅工程

在打造多网融合的内畅工程方面，加快建设以“中心城区—松山湖高新区—滨海湾新区”三心直连交通走廊为骨干的多层次综合立体交通网，打通城市内循环加快高质量转型发展。

建设与城市空间契合的城市轨道。加快推动轨道骨干网络建设，以及市域轨道快线骨架建设、普线成网建设。推动城市轨道1号线一期建设。强化中心城区、滨海湾新区、松山湖以及虎门、常平等镇街的快速轨道联系，推动2号线三期和3号线一期建设。积极推动中心城区通勤轨道线路6号线、7号线、8号线与12号线的前期研究工作。

完善功能和层级明晰的路网体系。以路网体系支撑东莞市“三心”城市格局，重点推进环城南路—莞长路—连马路—沁园路段（新松山湖第二通道）、G107提质改造等道路建设。推动松山湖集聚创新发展，重点推进松山湖大道至常平环常西路联络线工程、松山湖大道同沙立交新建左转匝道工程以及G107提质改造建设，加快滨海湾新区高起点建设，推进滨海湾站枢纽建设，全力打造滨海湾站TOD。推动水乡功能区统筹发展，加快推动水乡第二通道、水乡环线南环（水乡大道—港口大道）等骨干路网建设。重点推动粤海银瓶合作创新区基础设施建设。

3. 建设绿色集约的品质工程

在建设绿色集约的品质工程方面，打造交通与城市高效协同、公交慢行优先的可持续城市交通。确立公交优先的发展理念，统筹规划建设“轨道交通+常规公交+中小运量”的多层次“大公交”网络体系。优先推动中心城区公交专用道规划建设，协同城区片区公交线网优化调整同步实施。探索研究在中心城区核心区域试行公交免费政策，缩短主要客流走廊发车间隔。

推动城市发展廊道品质提升建设。“十四五”期间，重点落实莞太路提质改造工程以及G220凤岗段、塘厦段提质改造等重要干道的品质提升工程。全面提升临深各镇与深圳对接道路的品质，重点谋划国道G107长安与深圳衔接路段提质改造工程，将G107长安段打造为临深示范道路。

促进彰显人本位的慢行系统建设。规划建设一批非机动车专用道路和慢行骨干道路。重点推动建立全市非机动车道设计规范以及东莞大道品质提升工程、中心城区慢行示范街区建设、市直管绿道连通、东莞大道—鸿福路商圈城市二层步行系统工程、鸿福路综合提升项目等工程建设。

加快轨道站点 TOD 站城一体建设。以“轨道与城市交融共生”的理念，打造高品质站城一体化开发，引领城市建设。

4. 探索创新示范的智慧工程

在探索创新示范的智慧工程方面，重点推进智慧交通小脑、综合交通运行监测与指挥调度平台等项目建设，推动建成交通领域信息数据高度覆盖、深度融合、共享共用、指挥联动、业务协同的智慧交通系统；开展面向公众的出行服务运营平台建设，为公众提供“最后一公里”和“门到门”的定制化便捷交通出行服务。协同广州、深圳等建立适应自动驾驶、自动化码头、无人配送的基础设施规范体系。

5. 共建以人为本的治理工程

在共建以人为本的治理工程方面，东莞将全面提升现代化交通综合治理能力，创新现代化、精细化城市交通治理模式。

推动可持续的交通治理体系建设。构建以交通大数据为基础支撑的拥堵治理新模式，持续推动“短平快”治堵工程，按照“一点一方案”的原则，推行“微创新”改造，推广应用可变车道、借道左转、单向交通、共乘车道、潮汐车道、“拉链式”交替通行等新型交通组织方式。围绕主干道路常发拥堵路段，动态梳理排查拥堵节点，开展交通拥堵节点专项整治工作，持续推动交通拥堵片区改善，按照“一区一对策”的原则，持续推动医院、商圈等重点片区交通改善工程。

进一步完善停车规划、建设、收费及管理闭环体系建设。优化以配建停车位为主、路外公共停车位为辅、路内停车位为补充的停车供给结构。

建立健全停车设施规划体系，持续推进路外公共停车场建设，合理挖潜利用城市边角空地、高快速路桥下、工业厂房等存量空间建设路外公共停车场，鼓励在已批建设用地上利用厂房改建、地下空间开发等方式增建停车设施，因地制宜建设立体停车设施。

重点针对停车设施缺口较大的住宅区，统筹内部公共空间挖潜停车设施。规范路内停车位设置，避免影响道路交通运行，对停车供需矛盾突出的住宅区、医院等可在周边道路合理、灵活设置时段性路内停车泊位，缓解局部停车矛盾，并逐步减少路内停车泊位数量。

引导形成小汽车“用者自付”观念，动态优化停车收费制度，通过停车收费引导小汽车合理使用。此外，东莞将进一步规范村社区围蔽停车收费管理，加强智慧停车管理体系建设。[①]

七　中山市交通发展战略与规划

在《中山市城市空间发展概念规划整合》提出的“组团式发展”“南北逢源、东联西拓”空间发展战略基础上，《中山市总体规划（2004—2020年）》（纲要）进一步提出了“单核双城多片区”的中心城区空间结构。城市交通发展战略不仅要解决城市发展产生的交通需求问题，更要引导和促进城市空间发展战略的实现。为此，在《中山市城市空间发展概念规划整合》和《中山市总体规划（2004—2020年）》（纲要）中对中山市的城市交通发展提出了以下总体目标：以多式联运和集约化运输为主体，以国家和区域交通干线为骨架，扩大和增强中山与国内外市场腹地、珠三角中心城市和周边发达地区的交通联系，以公路为主导，以铁路、水运为辅助，充分利用区域港口、机场、铁路等战略性交通资源，构筑一个功能齐全、结构合理、协调发展、“高效、安全、多元、可靠、生态、可持续发展”的区域一体化对外综合交通系统；在城市内部，建设一个内外交通衔接良好，以主城区和各组团中心为核心，支持多中心布局，城市内部各功能组团及各镇区之间交通联系方便、快捷的多模式协调发展的道路交通系统。

（一）对外交通发展策略

结合中山市空间发展战略，中山市对外交通发展战略是充分利用国家和

① http：//www. dg. gov. cn/attachment/0/100/100804/3703514. pdf.

区域性公路、铁路、城际轨道、水运等综合交通干线，加强与珠三角城市的联系，实现珠三角区域交通一体化，尤其是加强与珠江东岸以深圳、香港为中心的深港经济圈的联系，从而大力提升中山市的交通区位优势，迅速提升周边城市对中山的辐射度，加速推动中山市成为珠三角经济核心城市。

在本次总体规划中，穿越中山的高速公路有京珠高速公路、江中高速公路、太澳高速公路（广珠西线高速）、粤西沿海高速公路等 4 条高速公路，其中江珠高速公路将向东延伸，成为珠江东西两岸又一条重要联系通道，对中山市交通区位影响十分重大。

规划铁路有国家沿海高速铁路、广珠铁路鹤山—南沙铁路等线路。沿海高速铁路是国家“八纵八横”铁路规划中“东南沿海通道”的重要组成部分，也将成为国家规划建设的“四纵四横”铁路快速客运通道中的“一纵”。广珠铁路鹤山—南沙铁路线路是南沙港的一条疏港铁路。

规划城际快速轨道交通有 3 条。

轨道 A：广珠城际快速轨道。自广州新客站起，经顺德、南头、小榄、港口、南朗到珠海。规划在中山设立南头站、小榄站、东升站、石岐站、中山站、南朗站、翠亨站 7 个站点。

轨道 B：广州机场—广州—南沙—火炬—唐家—珠海—澳门线，联系区域内各城市的重要发展地区，促进区域交通设施共建共享、强化区域服务中心间的联系。设立与轨道 C 交会的三角站等站点。

轨道 C：广珠城际快速轨道江门支线，线路为江门—古镇—小榄—南头—三角—南沙线，规划在中山设立古镇站。

通过以上区域性综合交通干线，中山市大大加强了与珠三角其他城市的联系，尤其加强了与深圳的交通联系，让中山交通区位产生质的飞跃。同时，在中山市域内规划了“六纵五横”区域性干线公路，进一步加强中山市与周边广州、珠海、佛山、江门等城市的联系，再辅以各组团内部及组团间的快速干道，使市内交通与区域性交通紧密衔接，实现珠三角区域交通一体化，并实现市域内组团与组团间、组团内部的快速交通联系，形成市域交通一体化。

（二）城市道路发展策略

对应中心城区“单核双城多片区”的空间结构，中心城区的道路交通规划目标是强化中心城区的中心地位，加强中心城区与各组团的快速联系，加强城区双城之间、各功能分区之间的联系，构筑方便、快捷、安全的道路系统，形成以公共交通为主的多种交通形式协调发展的交通模式。

中心城区规划建设 10 条快速路，规划 66 条主干道，规划 97 条次干路，城市主次干道总长 477.3 公里，主次干路网密度 2.39 公里/公里^2，构成层次清晰、功能完善的道路网系统。

（三）公交交通发展策略

优先发展公交，是目前国内外城市解决城市交通矛盾的一个有效手段。我国各大城市都在提倡大力发展公共交通。优先发展公交应作为中心城区交通发展战略的重要组成部分。本次规划对优先发展公交提出了以下策略。

①政府制定公交优先发展的政策保障体系，政府应继续对城市公共交通给予政策倾斜和财政支持，力保公共交通的良性发展；②公交企业增强自身的竞争实力；③交通规划、管理部门为公交优先发展及通行创造条件。

八 江门市交通发展战略与规划

江门枢纽的发展定位是粤港澳大湾区西翼门户城市和综合交通枢纽。重点提升江门面向大西南腹地的门户功能和珠西客货运输组织功能。其综合交通发展目标是：建成体系完善、布局协调、便捷高效、绿色共享、运行有序的一体化综合交通体系，实现人享其行、货畅其流，支撑江门市实现枢纽城市、高效城市和宜居城市的发展愿景。

（一）战略一：合纵连横，塑造枢纽

1. 承接“一带一路”关键职能

借助粤港澳大湾区平台和港口资源，结合侨乡优势，加强与海上丝绸之路沿线国家的经贸交流，与东盟、南亚、欧洲以及非洲国家建立更稳定的贸易联系。

2. 建成粤港澳大湾区向西门户枢纽

江门具备构筑区域物流组织中心的区位和交通优势，既有发展空间广阔、土地储备充裕的有利条件，又有距离核心城市适宜的地理区位条件，同时还是国家高速公路、干线铁路和城际轨道网络交会点。江门应积极培育干线物流组织和区域物流转换的枢纽功能，打造面向大西南腹地的区域物流中心。

3. 打造珠江—西江经济带重要节点

借助“黄金水道”，构建珠三角与粤西和大西南地区的便捷联系，开辟大西南的新出海通道，拓展内陆腹地和市场空间。

4. 形成区域高效的运输组织中心

围绕客货综合枢纽建设，引领城市空间拓展，进一步提升中心城区面向区域的首位度和集聚力，培育运输组织功能，促进市域的要素流动，引领市域空间的整合与城镇走廊的发展。

（二）战略二：双快网络，引领空间

1. 完善快速道路体系，形成城市发展的骨架网络

有效整合各层次交通体系，建立高效畅达的道路交通网络。推进快速路网系统建设，支撑城市南北带状发展，解决城市内外交通快速衔接问题，整合高速公路与快速路体系。完善贯通性主干路网络，支撑城市组团的融合发展。

2. 谋划轨道交通网络，支撑城市空间有序拓展

中心城区大规模扩大道路供应已不现实，需要合理利用既有道路交通资

源，发展具有竞争力的公交系统。通过大中运量公交系统建设，强化中心组团线网覆盖，缓解中心组团交通压力。支撑重要战略地区和重点开发区的建设。城市空间战略调整，必须使城市功能由集中走向均衡，加快战略性地区的开发建设，提供高品质、高效率的公交系统服务。

3. 协调快速道路与轨道交通的空间布局

城市轨道交通是城市大运量客运的最主要载体，在线路敷设时，要尽量经过城市中心区，串联城市战略节点，提高轨道交通系统对于人口和岗位的覆盖率，增强站点周边的辐射力。快速路系统要考虑到轨道交通的线位和站点设置，尽量将快速路系统敷设在城市核心区的边缘，既能减少快速路系统对城市的分割，又能更好地服务城市的快速机动化出行需求。

（三）战略三：绿色交通，综合治理

1. 落实公交优先措施，建设公交都市

构建多层次公交体系，满足不同群体的公交出行需求，尽快提升公交服务水平以促进从摩托车出行向公交出行的转化。通过构建高品质的公交骨干系统，提高公交系统的吸引力和竞争力。提高公交运营水平和服务质量，积极推进公交站场等基础设施建设，加大公交优先措施的政策扶持力度。

2. 采取措施管控个体机动化发展

加强个体机动化发展管控，坚持以市场手段为主、行政手段为辅的策略。城市道路资源分配向公共交通和慢行交通倾斜，管控个体机动化的发展，探索交通需求管理措施，引导城市交通出行结构的优化。逐步限制摩托的拥有和使用，严格摩托车停放管理。根据公交发展及道路资源情况，有条件、渐进式、分片区引导摩托车使用。逐步抬升摩托车上牌门槛，提高摩托车安全和环保标准。严格执行摩托车报废年限，鼓励提前报废。

3. 改善步行和自行车交通环境，建设有品质的慢行交通体系

加强自行车系统基础设施建设，构建通达、安全、便捷的自行车和步行通道网络。建设自行车休闲廊道，鼓励短距离出行使用自行车。完善自行车系统、步行系统和公交系统的衔接。

4. 建立综合性、精细化的交通管理政策措施

加强对道路设施的完善，合理分配资源，提高道路交通管理水平。强化需求管理配套措施，确保方案可实施性。成立专门机构统筹协调，明确部门职责与分工，确保措施到位。

（四）铁路发展规划

区域高速铁路规划：为提升区域枢纽地位，江门应加快高速铁路建设，积极融入国家高速铁路网，重点打通三大通道，即京广通道、大西南通道和沿海通道。①衔接京广通道。规划新建珠江肇高铁，与广湛高铁接轨引入广州铁路枢纽，实现与京广客专的贯通运行。近期加强与京广通道的联系，通过广珠城际江门支线开行至广州南站的直通列车。预留深茂铁路与广珠城际的联络线，作为衔接京广通道的另一路径。②对接大西南通道。利用规划的珠江肇高铁，在肇庆衔接南广铁路、贵广铁路、南深高铁，连接大西南地区。珠江肇高铁引入珠三角新干线机场，提高江门至枢纽机场的可达性。珠江肇高铁还是南深高铁的一部分，使江门成为深圳至南宁通道上的重要节点。③衔接沿海通道。近期加快建设深茂铁路深圳至江门段，衔接深汕高铁，实现沿海铁路的贯通。中远期规划珠江肇高铁和深珠高铁贯通运行，形成国家沿海高铁大通道。

区域城际铁路规划：对外形成互联互通的城际铁路网络，实现与广州、深圳、珠海及珠三角其他城市之间的直接联系。规划广佛江珠城际（江门至珠海段），连接江门与广州、佛山、珠海以及金湾机场，同时建议广佛江珠城际与肇顺南城际互通，改善江门与肇庆和新干线机场的联系。落实珠斗城际规划线路，建设鹤台铁路（兼顾城际功能），预留珠斗城际西延线、江恩城际及其延伸线、银洲湖城际支线，与现有的广珠城际江门支线一起，形成完善的城际铁路网络化服务。

区域普通铁路规划：规划鹤台铁路，以货运功能为主，连接江门北站与广海湾港区。鹤台铁路兼顾城际客运功能，在鹤山客货分线后，客线接入鹤山东站。加快建设南沙疏港铁路，接入江门北站，并新增至新干线机场方向

的延伸联络线，支撑内陆无水港发展。优化广珠铁路运能，推进客运化改造。

市域铁路系统规划：①铁路网络构成。规划市域范围内形成“十”字形高（快）速铁路通道，“一横”指深茂铁路，“一纵”指珠江肇高铁。市域内的城际铁路多向连通，包括广珠城际江门支线、广佛江珠城际、珠斗城际，预留江恩城际及其延伸线（至镇海湾）、银洲湖城际支线和珠斗城际延伸线（至阳江）。普通铁路在市域内形成“人”字形布局，包括广珠铁路、鹤台铁路（兼顾城际功能）以及南沙疏港铁路及延伸线。②站点分布。客运方面形成“一主多点”格局，以江门站为区域性客运主站，以滨江站、江门东站、蓬江站、鹤山东站、台山站、开平站、恩平站为辅助站点。货运方面，江门北站为区域性货站。搬迁广珠铁路江门站货场至江门北站，实现江门站客货分离。新建广海湾货场，服务于临港工业铁路货物运输。

（五）公路发展规划

高速公路网规划：规划市域范围内建成“五横五纵两联”的高速公路网格局。“五横”，广中江高速及新干线机场高速连接线、深岑高速、中开—开春高速、斗恩高速及西延线、西部沿海高速；“五纵”，沈海高速、高恩高速—广台高速、南海至新会高速—新台高速、银洲湖高速、佛江高速—江珠高速；“两联”，江肇高速、黄茅海跨海通道。其中，黄茅海跨海通道向东对接港珠澳大桥、连通珠海港，向西辐射沿海发展带，对于加快区域一体化发展具有重要意义。

干线公路网规划：落实广东省干线公路规划，在江门市域内形成“两纵一横”国道网。“两纵”是指国道 G325 和国道 G240，“一横”是指国道 G228。规划布局 19 条省道，其中规划新增 8 条，提高市域公路覆盖率，改善重点开发区、旅游景区、主要乡镇的交通可达性。

滨海旅游公路规划：规划将滨海旅游公路江门段定位为复合型公路旅游休闲廊道，包括主线（全长 157.99 公里）和银洲湖支线、赤溪半岛支线、恩平港支线、川岛支线等 4 条支线（合计 121.1 公里），串联新会银洲湖、银湖湾、台山都斛万亩农田、广海卫城、美丽川岛、海宴东南亚风情园、汶村古村以及北陡镇浪漫琴湾等节点，打造江门休闲旅游的新名片。滨海旅游公路由车行系统、慢行系统、滨海风貌带、配套服务设施四部分组成，以国省道改扩建项目为主，通过整合利用现有道路、改建、新建等形式，兼具交通运输、生态保护、旅游休闲等复合型功能。

（六）航空发展规划

区域机场交通衔接：江门市位于广州白云机场、珠三角新干线机场、深圳宝安机场、珠海金湾机场四大枢纽机场围合区域的中心地带，规划提出构建“一小时等时圈”的发展目标，即实现江门至各个机场的全程旅行时间控制在一小时以内。积极发展空铁联运，远期随着珠江肇高铁、深茂铁路、广佛江珠城际和肇顺南城际的开通，实现江门到周边机场 45 分钟通达。

通用航空机场规划：规划台山、恩平（冯如）、广海湾地区（白宵围）3 处 A1 类通用机场，满足偏远地区的基本航空服务、作业飞行需求，并兼顾社会公共服务需求。规划赤水、宅梧、共和、古井、镇海湾地区（海宴）5 处 A2 类通用机场，承担低空旅游、农林作业、应急救援功能。结合实际需求布局多处 A3 类表面直升机场、高架直升机场和水上直升机场起降点（停机坪），满足旅游观光、应急救援和商业及个人使用的需求。①

九　肇庆市交通发展战略与规划

到 2025 年，围绕构建交通发展走在环湾前列、水陆空一体化的区域性枢纽城市，以“轨道交通+高速公路+干线网”为骨干，以珠三角枢纽（广州新）机场、肇庆东站为支点，以西江内河航运枢纽中心为依托，打造全面融入广佛、快速对接深港澳、高效辐射大西南的综合立体交通网络，以高

① http：//www. jiangmen. gov. cn/attachment/0/84/84594/1492470. pdf.

质量出行圈、高效率物流圈引领新型工业化、新型城镇化，支撑肇庆加快建设珠三角核心区西部增长极和粤港澳大湾区现代新都市。

（一）全力打造高质量综合立体交通设施网络

1. 建设多层次、优衔接的轨道交通主骨架网

加快开展“国家干线铁路、城际铁路、市域铁路与城市轨道交通”四网融合规划，积极谋划对接粤港澳大湾区三大极点广佛、深港、珠澳以及周边地市等轨道线路，全力推进“双区”和横琴、前海两个合作区建设，高水平共建“轨道上的大湾区”。

加快推进高速铁路建设，全面对接“双区”和横琴、前海两个合作区建设。加快推进珠肇高铁开工建设，实现肇庆与珠三角枢纽（广州新）机场、珠中江以及深港澳直连直通，构建大湾区 1 小时交通圈。稳步推进广湛高铁建设，进一步拉近与广佛的时空距离，有效支撑广佛肇半小时交通圈。推进深南铁路珠三角枢纽机场至省界段早日开工建设，构建肇庆至北部湾、滇中地区的高速铁路通道。

积极谋划“城际轨道+地铁”，共建“轨道上的大湾区”。开工建设肇顺南城际，推进肇庆城市南拓，增加肇庆与广佛、深港对接的通道；加大力度推进广佛肇城际轨道实现公交化运营改造，并进一步研究接入广佛地铁网，支撑广佛肇交通公交化。研究肇庆东南片区预留城市轨道规划空间，部分考虑具备观光功能。加强肇庆人口聚集能力，使肇庆在“轨道上的大湾区”中承担更加重要的角色。继续深化与广佛以及周边城市轨道交通对接方案研究和通道预留，做好轨道交通项目中长期储备。适时推动肇庆至清远至佛冈至从化城际、广佛肇城市轨道［机场至端州、三水至肇庆新区（四会、大旺）］、端州至肇庆新区城市轨道等项目开展前期研究，为进一步提升肇庆在粤港澳大湾区内综合竞争力提供重要保障。

建设货运干线铁路，提升大湾区连接大西南的枢纽门户地位。积极推进柳广铁路前期工作，争取“十四五”期间动工，构建粤港澳大湾区通往柳梧河地区及黔川渝省市的便捷货运通道，有效支撑珠江—西江经济带沿线重

要产业、工业园区发展。提前谋划桂林至贺州经肇庆至广州货运铁路（桂贺肇广货运铁路），补齐贵广货运短板，为大湾区内部产业［肇庆（怀集）绿色农副产品集散基地、广宁产业转移工业园、肇庆新港等］合理布局提供重要支撑。适时推进广茂铁路扩能升级改造，释放普速铁路货运功能，提高通行能力，助力肇庆高效承接大湾区产业转移。积极谋划肇庆港新港港区新基湾码头铁路专用线，打通港口集疏运体系“最后一公里”，实现干线铁路与肇庆港、大型企业、工业园区、物流园等的高效联通和无缝衔接，促进货运增收上量。

2. 打造互联互通的高速公路网

加快构建“六横六纵”的高速公路网，“十四五”期间争取实现肇庆市6条高速公路对接广佛，2条高速公路对接深港澳。新增出省高速通道。争取早日开工建设惠肇高速，新增与广西的出省通道，有效推进肇庆中西片区融入粤港澳大湾区核心区，支撑广佛肇一体化发展。

加密广佛肇一体化高速通道。加快推动广佛肇云高速开工建设，推进广佛肇一体化高速公路进一步加密成网，为广佛肇经济圈经济交流、物流往来，以及广州都市圈聚合发展创造优异的外部条件；加快启动G80广昆高速肇庆段扩容改造，提高国家高速通道交通通行能力和服务水平，带动沿线经济社会发展；提前谋划清远至高明高速公路、增佛高速西延线，为广佛肇日益增长的通勤需求做好项目储备。

完善与周边地市之间的联系通道。积极推进德庆至罗定高速德庆至郁南段的前期工作，提前谋划德庆至清远高速，缩短与相邻地市的时空距离，改善肇庆市的对外交通条件。

建设珠三角枢纽（广州新）机场集疏运高速通道。建成肇明高速公路（一期），加快推动肇明高速公路（二期）开工建设，支撑肇庆与珠三角枢纽（广州新）机场直连直通，与广佛肇高速、广昆高速、江肇高速构成肇庆环城高速，有效缓解市区交通压力。争取早日开工建设江肇第二高速，构建肇庆与珠三角枢纽（广州新）机场高效直连直通，与深中通道、港珠澳大桥快速对接的第二通道，进一步强化与珠中江、深港澳的联动发展，完善高速互通。加快完成二广高速龙甫互通立交建设，串联高速公路沿线乡镇，发挥高速公路对沿线经济的带动作用。

3. 构建支撑区域协调发展的干线网

建设广东省（肇庆）大型产业集聚区产城融合快速干线体系。统筹城市快速路、主干路与高速公路衔接、干线公路规划建设，打通城市道路微循环，强化城区、园区、枢纽等重要节点的交通衔接和组织能力，深入推进佛（西）肇（东）交通无缝衔接，继续深化研究“一环六射六连”快速干线网络布局，加快构建广东省（肇庆）大型产业集聚区产城融合快速干线体系。积极推动金利大道（国道 324 线）、肇庆市高要区过境公路新建工程等开工建设，激活高要沿线各镇的发展，加快高要城区扩容提质；提前谋划肇庆大道快速化改造，金利至大沙公路、肇明高速端州连接线、大湾至马安公路等新建项目，推动肇庆形成环市快速干线，促进城市形态从环湖走向跨江、从点状分散走向带状集聚，支撑打造一江两岸、交相辉映的城市格局。

大力推进肇庆新区至肇庆高新区公路（G321 改线）、端州至新机场公路等工程开工建设，提前谋划肇庆新区东站大道（东进大道至金沙大道）、马安至白土（产业大道）等项目，构建高效辐射肇庆市大型产业聚集区各组团的多射线格局，与环城快速将城区、产业园区、肇庆东站、珠三角枢纽（广州）新机场、空港物流枢纽等重要节点串珠成链，形成产城高效联动的多通道快速体系，支撑东南板块加快构建以先进制造业为主体，以大型产业聚集区为引领的产业新格局，进一步增强经济建设“主战场”辐射带动能力。

加速建成东进大道、鼎湖至三水青岐公路，提前谋划大旺至三水北江大桥、金利跨江大桥等一批与佛山衔接的快速干线工程项目，打造佛（西）肇（东）无缝衔接的快速干线体系，深入推进肇庆四会市、肇庆高新区与佛山三水区，肇庆高要区与佛山高明区等接壤片区同城化，为全面推动广佛肇同城化发展当好先行。

打造支撑“一县一园一主业”的普通国省干线网络。围绕肇庆西北板块加快构建“一县一园一主业”发展布局，加快完善路网结构等级，研究提升国道 G234、G324、G358 和省道 S383、S265 等部分低等级路段等级，加快开展国道 G324 线高明富湾至高要马安段、国道 G358 线怀集县凤岗墟至甘洒墟段等低等级公路升级改造，逐步消除干线瓶颈制约，努力实现普通国道二级及以上公路比例达 96%左右，普通省道三级及以上公路比例达 80%左右。打造覆盖更广泛、结构更优化、运行更高效、衔接更顺畅、行驶更安全、服务更优质的普通国省干线网络，推进县域经济成为全市发展的新增长点和亮点。实施城市出入口路段、穿城过境路段、拥堵瓶颈路段改造工程，加快实施国道 G321 线德庆县城一级过境公路改线工程、国道 G355 线广宁县水声岭至东乡绥江大桥段过境公路改线（扩建）工程等，保障城区内外交通高效、快速运行。

实施重要节点联通改造工程，加强对连接高铁枢纽、高速公路出入口、县城、重点旅游景区、重要产业园区等重要节点的国省干线路段进行改造，重点推进粤桂合作特别试验区（肇庆）、广佛肇（怀集）经济合作区等重大产业发展平台的连接通道建设，开展国道 G321 线封开县黄沙口至贺江二桥段改线工程（粤桂两省快速干线）、G234 怀集工业园 B 区出口至幸福街道办改扩建工程等，增强重要节点对外联系便捷性，提高区域辐射带动水平。

实施畅通区域连接项目改造工程，强化东南板块对西北板块的辐射带动作用，提升县城之间以及县城至周边城镇间省道技术等级，加快推进省道 S273 线高要区上横江至高明交界段、省道 S383 线广宁县清远交界至浸米段等项目开工建设，促进相邻县城间的经济社会往来。

构建承东联西、通江达海的西江航运大动脉。科学谋划西江的开发和利用，加快西江航道与沿线港口、码头及配套设施的综合开发建设。持续推进航道扩能升级，提前谋划西江航道扩能升级二期工程，为西江先进制造业走廊产业升级、经济发展等提供重要支撑。协助推进北江（乌石至三水河口）段航道扩能升级工程，提升粤北地区沿江出海能力。

（二）奋力构建粤港澳大湾区辐射大西南的综合交通枢纽

1. 助力建设粤港澳大湾区世界级机场群

加快构建“1+1+3”的机场总体布局。积极推动珠三角枢纽（广州新）机场规划建设，加快推动怀集支线机场研究工作，提前谋划高要、德庆、四会等 3 个通用机场布点，逐步推进肇庆形成“1+1+3”的机场总体布局，形成多层次的航空服务体系，加速共建“世界级机场群”。

打造珠三角枢纽（广州新）机场综合客运枢纽。加快构建珠肇高铁、广州至湛江高铁、深圳至南宁高铁、肇顺南城际等轨道交通，佛肇高速、肇明高速、江肇第二高速、广明高速等高速公路，机场快速路、城市干线无缝衔接的综合客运枢纽，力争与机场同期完成集疏运重点项目建设。

打造珠三角枢纽（广州新）机场空港物流枢纽。充分利用机场赋能地方发展，高起点、高标准、高质量推进空港经济区规划建设，强化产业集聚和创新能力，重点发展机场服务业、航空物流货运业、先进装备制造业等产业，推动产业与城市融合协调发展，加快建成机场货运物流基地、空港物流园区和保税物流平台，将珠三角枢纽（广州新）机场空港物流园打造成为珠江西翼空港物流枢纽。

2. 打造粤港澳大湾区西江内河航运枢纽中心

充分发挥西江黄金水道的黄金效应。紧抓大湾区产业转移和大西南地区矿建材料出运大幅增长的发展机遇，充分发挥西江“黄金水道”的优势，主动加强肇庆港与南宁港、贵港港、梧州港等沿线内河港以及广州、深圳等河口枢纽港的合作，加快形成优势互补、错位发展的格局，推动肇庆成为连接大湾区、面向大西南的内河航运枢纽中心。继续加快推进港航资源整合，集约岸线资源优势，通过兼并联合、参股合股联合经营等方式，统一以“肇庆港”品牌对外，提高港口综合服务水平和竞争力。引入大型港口水运龙头企业参与肇庆港开发建设，积极推进与大型港口、物流运输企业的深度合作，高位谋划岸线的综合开发利用、港区的建设和临港物流园等产业的发展，为本地水运企业和相关产业高质量发展注入强动能。持续优化口岸监管模式，全面推广国际贸易“单一窗口”标准版，优化口岸整体通关服务环境，同时积极推动与港口物流密切相关的中介机构进驻港口及物流园区，为物流企业提供优质服务。

推动港产城融合发展。抓好西江经济带建设，围绕“以港促产、港产融合”，做好港口转型升级、临港产业聚集和港城建设，推动港产城融合高质量发展。在港口转型升级上，加快西江航道与沿线港口、码头及配套设施的综合开发建设，提升港口规模化和专业化水平。统筹谋划肇庆新港新基湾作业区分期建设，打造以集装箱为主的江海联运枢纽，近期重点加快推进肇庆港新港港区新基湾作业区码头工程等重点项目建设，以满足腹地承接产业转移、吸引产业聚集、加快产业发展的需求；积极推进高要港区金岗作业区规模化集约化发展，为高要金利工业园承接高端制造业提供重要支撑；充分利用肇庆港封开港区可通航3000~5000吨级内河船的水运优势、港区后方大宗散货运输需求大和已具备一定规模散货泊位的优势，加快封开港区长岗作业区连片式专业化干散货泊位的建设，打造西江流域大宗散货转运枢纽；加快形成以肇庆新港港区为核心、多点支撑的港口物流新格局。在临港产业聚集上，通过打造规模化、集约化、专业化公共码头，加快完善公铁水空多式联运方式，建立立足肇庆、连接西南内陆、辐射沿海港口的完善物流体系，吸引和支撑粤港澳大湾区核心区产业转移和区域新兴产业集聚。在港城建设上凸显港城一体化，加快推动肇庆新区打造“前港、中区、后城”的港产城深度融合发展新区，实现肇庆新区与肇庆高新区相向融合对接、错位发展，建设宜居宜业的高品质现代化新城，为港口提供后勤服务和保障能力。[①]

十　香港交通发展战略与规划

香港素称东方明珠，是举世闻名的国际大都市。2005年，全港人口695万人，总面积1080平方公里，其中城市建设用地面积为243平方公里，仅

① http：//www.zhaoqing.gov.cn/zqjtj/gkmlpt/content/2/2716/post_ 2716102.html#4152.

占总用地面积的22.5%，建设用地人口密度达2.86万人/公里^2。土地利用高度集约化，同时城市运输效率非常高，这些都得益于香港以铁路为骨干的高效交通系统。

香港分3个层面来组织管理香港轨道交通：政府决策部门、政府职能部门、铁路服务经营机构（见图7-3）。环境运输及工务局代表政府行使决策权利；路政署、运输署、规划署等政府职能部门研究并制定发展计划和策略，包括制定铁路网络规划、拟定新的铁路项目、协调铁路项目的建设；铁路服务经营机构包括香港地铁公司和九广铁路公司，负责投资建设及运营管理等具体事务，包括项目的融资、详细规划、设计及建设、物业开发，以及铁路的运作、管理和维修保养。香港特区政府对两家公司拥有主要股权，其中九广铁路公司为特区政府全资拥有，而香港地铁公司在2000年成为上市公司。两家公司的经营管理有高度的自主权，完全遵循商业原则经营，除轨道交通由自己独家经营与管理外，其他事务均采用外包、合作等较灵活的方式进行经营与管理。

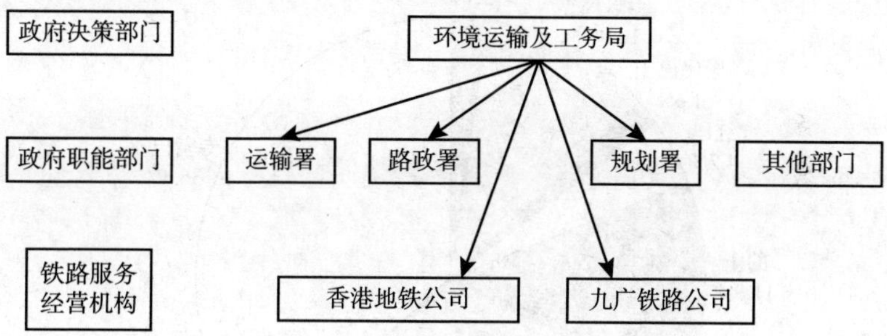

图7-3　香港铁路组织管理结构

合理科学的运输策略。香港的运输策略为轨道交通的发展提供了法律依据，为轨道交通的建设与营运提供了条件，有效解决了交通运输问题，是香港运输系统成为世界上最高效率的运输系统之一的基石。

全港运输策略明确提出交通发展的目标：①更妥善融合运输与城市规划；②更加充分运用铁路；③更完善的公共交通服务和设施；④更加广泛运

用新科技；⑤更为环保的运输措施。

关于轨道交通的发展，全港运输策略从 3 个方面明确了其具体政策：①根据自身人口多、建成区面积小、高密度集约化土地利用的特点，香港客运运输策略坚持“地铁+步行”的出行方式，优先发展铁路项目，以铁路为综合客运交通体系中的骨干。同时强调其他交通方式与铁路的配合，形成综合客运交通体系。在铁路不能直达的区域由专营巴士发挥主导作用，依靠专线小巴、的士、电车及渡轮等交通方式发挥辅助作用。专营巴士和铁路在香港客运交通中发挥着主导作用，其运输量占客运总量的比例分别为 36.4%和 31.6%（见图 7-4）。根据规划，至 2016 年，香港轨道交通在综合客运交通体系中所占比例增至 45%。②铁路公司以商业原则经营业务。③香港的运输策略中对轨道交通建设速度与建设规模问题非常严谨。香港一条轨道线路的前期研究论证一般为 3~4 年，工程建设为 3~4 年。1972~2004 年，香港建设了 165 公里长的轨道线路，平均每年建设约 5.0 公里（见图 7-5）。

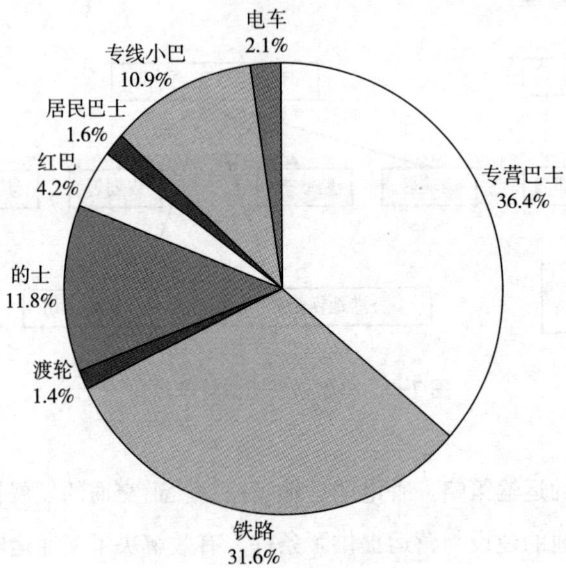

图 7-4　香港公共运输载客量分布

资料来源：《香港地铁年报》（2004）。

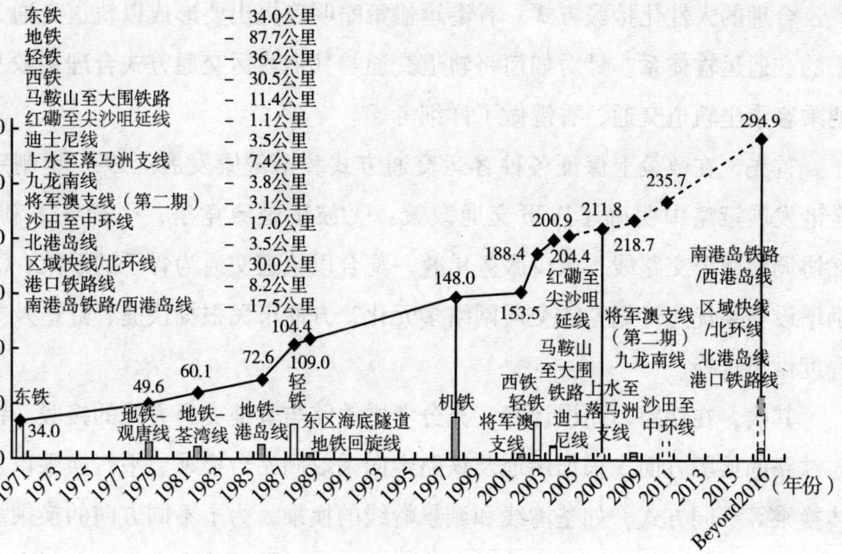

图 7-5　香港铁路线路长度变化

资料来源：《香港地铁年报》（2004）。

以轨道交通支撑的高效率土地利用模式。香港城市空间格局与轨道交通高度融合，其从 1973 年开始新市镇建设，30 年间先后兴建了容纳 300 多万人的 9 个新市镇，形成了港九母城与新区相结合的城市格局。新市镇的崛起，与香港轨道交通网络协同发展，目前 9 个新市镇都建有轨道交通线路，轨道交通把新市镇与港九母城联系在一起，每个新市镇又自成中心，在每个轨道站点步行距离内集中发展大型商业、文化娱乐配套设施和高密度居住区，完善的配套设施与交通枢纽相配合，形成新市镇的中心。再在外围确定中等密度的居住区和山体公园，在轨道站点通过便捷的公交接驳把外围居住区与站点紧密地联系起来，使得每一个新市镇都成为一个自给自足且与自然和谐共生的新社区。香港的土地利用及轨道交通建设采用互动配合的模式，在轨道交通影响范围内的地区高密度发展，不仅优化了城市的 T 形结构，而且保障了铁路的客流量，提高了土地及集体运输系统的经济效益。根据全港人口及就业分布调查，目前轨道车站步行范围内（半径 500 米左右）集聚了全港约 70%的人口和 80%的就业岗位。

合理的人性化接驳方式。香港运输策略明确提出要形成以轨道交通为骨干的交通运输体系。针对如何将轨道交通与其他客运交通方式合理接驳及方便乘客乘坐轨道交通，香港做了详细考虑。

首先，在政策上保证各种客运交通方式和谐健康发展。1996 年制定的全港发展策略中明确了以下交通政策：①鼓励健康竞争，平衡各方利益；②协调路面公交路线，减少服务重叠，配合以轨道交通为骨干的政策；③鼓励增设转乘优惠计划；④交通网络多元化，方便市民根据快捷、舒适及方便程度做出选择。

其次，在铁路车站设计时，充分考虑铁路与其他交通方式的接驳。铁路与铁路的接驳方面，根据用地及铁路走向采取同站台换乘、平行换乘以及立体换乘等不同方式，如荃湾线和调景岭线的换乘，为了不同方向的换乘需求全部采用同站台换乘，调景岭线多修了约 2 公里长，线路交叉复杂很多，工程投资增加了 10 多亿港元。铁路与其他交通方式的接驳方面，大部分铁路车站设计时，预留了巴士、的士等其他客运交通方式的停车及车站用地，做到了一体化设计，方便乘客在舒适的环境中轻松完成换乘，同时对换乘乘客实行票价优惠。

通过实施以上各种措施，以轨道交通为骨干的香港客运交通系统吸引了绝大部分客流量，在保证自身客流及增加运营收入的同时，也减少了道路上的私人小汽车数量，确保香港在道路资源非常有限的情况下，仍具有良好的交通秩序。

最安静的轨道交通系统。香港非常重视噪声控制，通过与国际轨道专家的科研合作，对轨道噪声、振动等项目进行长期研究，项目建设前，开展大量的模型仿真预测分析，综合目前轨道交通领域的前沿技术研究制定噪声控制措施并在工程中实施。香港在减噪方面的做法主要有：车辆吸音措施，包括围裙、车底采用吸音材料等；设置过道和中间声屏障，并在两侧过道和中间声屏障表面采用吸音材料，过道隔板和车辆之间保持最小距离；护墙采用吸音材料，并增高两侧声屏障，在特殊地段采用全封闭。通过上述措施，地铁的噪声大大降低，如香港西线铁路，Laeq30 控制在 55dB（A）以内，是目前世界上最安静的轨道交通系统。

成功的物业开发。由于成功的物业开发，香港地铁公司成为香港纳税大户和香港实力最雄厚的公司之一。香港目前最高的标志性建筑——88层的金融中心，香港目前最贵的公寓住宅（每平方米售价30万港元）——凯裕城，都是香港地铁公司和地产发展商合作开发的。香港地铁公司以商业原则经营业务，地铁公司在建造地铁时，与发展商共同开发车站车场上盖的空间，建设大型的住宅及商用物业、管理已建成的物业及保留部分商用物业作投资用途。

2004年，物业开发为香港地铁公司带来45.68亿港元的利润，成为建造地铁的一个重要财政来源。在兴建观塘线、荃湾线、港岛线时，地铁公司和地产发展商合作，在沿线车站上盖和毗邻18个地点的位置发展物业，共计有31366个住宅单位、25.1万平方米的办公面积和29万平方米的商用面积；地铁公司在机场铁路沿线的九龙、青衣、东涌等5个站点周边发展15项物业，合计建筑面积共352万平方米，其中包括29000个住宅单位和120万平方米的商业用地；在即将建设的将军澳线调景岭站、将军澳站、坑口站及车场上盖和附近地区，也将建成大型综合社区。

除物业发展外，地铁公司也保留商场用作投资，并负责物业的管理，成为目前香港最大的物业管理公司之一。目前，地铁公司为49283个住宅单位、4个购物商场和5座写字楼大厦提供物业管理和维护保养服务。

香港地铁公司的物业开发主要有3种模式：①车站上盖发展模式，在轨道车站上面开发物业，住宅、办公、商场、巴士换乘站、轨道车站高度融合成为一体的社区；②车站四周发展模式，在轨道车站四周开发住宅、办公、商场、巴士换乘站等用途的物业，并通过行人天桥与轨道车站联系；③车辆段发展模式，在车辆段上面开发住宅、办公、商场等用途的物业，形成大型综合社区，而将车辆段放在底层，承担车辆维修、保养、停车等功能。①

① 欧阳南江、陈中平、杨景胜：《香港轨道交通的经验及其启示》，《城市与区域规划研究》2017年第2期。

十一　澳门交通发展战略与规划

（一）《澳门特别行政区五年发展规划（2016—2020年）》

2016 年公布的《澳门特别行政区五年发展规划（2016—2020 年）》（以下简称《规划》）指出，将在交通方面重点推动轻轨、粤澳新通道、第四条跨海通道三大工程，创造更佳的出行条件、更便捷的区域交通对接。

根据《规划》，澳门将重启轻轨车厂工程，并陆续开始轻轨列车及设备的安装、调试及验收工作，力争轻轨氹仔线在 2019 年实现试运行。《规划》还指出，将加快轻轨妈阁站建设，确定澳门半岛轻轨走线并启动工程建设。

《规划》明确，连接澳门半岛与氹仔之间的第四条跨海通道将以桥梁形式兴建，已于 2011 年初完成初步设计及海洋环境评估，计划 2017 年开展基础施工，有望于 2020 年完成调试通车。

《规划》提出，粤澳新通道整个项目预计分三阶段进行，第一阶段工程已启动，预计 2017 年初竣工。第二阶段，粤澳两地将同步启动整治鸭涌河、建设通道以及出入境检验大楼的前期准备工作，并力争于 2019 年前完成大部分工作。第三阶段将建设集公共房屋、政府办公大楼、社会设施、经济型酒店于一身的综合建筑群，预计 2023 年前后完成。

粤澳新通道的建成将有利于实现广珠城际轨道与澳门轻轨的便捷对接，有效疏解澳门关闸至珠海拱北口岸通关人流压力，创新口岸通关模式。

按照相关设计，澳门未来 5 年交通建设将以陆路交通的持续优化改善为“一体”，以海上交通和空中交通的拓展与能力提升为“两翼”，打造海陆空纵横覆盖的城市现代化交通体系。

陆路交通是澳门全面改善交通环境的突破口，将从三个方面展开：一是建成或推进重大工程建设。大力推进轻轨建设，力争于 2019 年氹仔线试运行，尽快确定澳门半岛轻轨走线并启动工程；粤澳新通道预期在 2019 年完成第二阶段大部分工作；第四条跨海通道已确定采用桥梁形式兴建，并力争于 2019 年基本完成；港珠澳大桥及相关设施建设将有序推进。二是优化或改善市内交通系统，包括提升公交运力、提高“绿色”巴士比重、公交的智能型水平获得提升、大幅扩容步行网络系统等。三是将机动车辆年增长率控制在 3.8%以内；完善有关法规，通过经济、技术及法制手段，完善对私人车辆的管理工作；结合新城填海区的建设，前瞻规划新城交通。

此外，海上交通和空中交通也将与陆路交通一起从“完善建设”及“提升服务”两个方面着手改善。其中澳门客运码头重整和优化分阶段工作即将完成，氹仔客运码头年内也将投入运作，进一步满足澳门与珠三角其他城市海上客运服务的增长需求。

空中交通方面，将分阶段扩建澳门国际机场，海空联运多模式运输设施规划的研究和制定也将适时展开。

（二）《澳门陆路整体交通运输规划（2021—2030）》

5 月 24 日，澳门特区政府公布《澳门陆路整体交通运输规划（2021—2030）》（以下简称《交通运输规划》），并于该日起开展公开咨询，咨询期至 7 月 22 日。澳门特区政府表示，《交通运输规划》将贯彻“公交优先”和“控车辆”两项政策，朝着为居民提供更安全、绿色、高效、便捷和宜行的陆路交通运输系统的方向发展，实现构建可持续发展的陆路交通运输体系的目标。

为了根本性缓解地面道路交通压力，《交通运输规划》提出全面落实地面道路交通、轨道交通、步行交通三张网络，全面落实规划建设、运营管理及政策法规三个方面。合理采取“有效建设、提质增效、科学控需、智慧发展”等多种措施，全面提升交通出行条件和服务。

1. 2025年澳门轻轨横琴线接入横琴口岸

为配合合作区建设发展，《交通运输规划》多处提及澳门与横琴交通发展衔接，涉及多个重大项目规划。其中特别提出，有效建设澳门轻轨横琴线，研究水上航线连接横琴，积极配合推进由广州至珠海（澳门）高铁、南沙至珠海（中山）城际铁路等项目规划建设。

在完善口岸交通方面，规划提出 2025 年轻轨横琴线接入横琴口岸，并与珠机城轨便捷衔接。据悉，澳门轻轨横琴线主体建筑由高架桥、河底隧道及两个车站组成，走线全长约2.2公里。走线始于现时氹仔线莲花大桥站旁的“HE1站”，止于横琴口岸地库下层的“HE2站”。

澳门交通事务局预测至2030年，关闸口岸、青茂口岸日均跨境出行量约40万人次，规划研究轻轨西线在关闸、青茂口岸设站，实现客流快速集散。近期增加横琴口岸、青茂口岸巴士线路或班次，以匹配增长的跨境出行需求；远期配合轻轨线路开通，调整巴士线路。结合合作区及“澳车北上”等政策，配合各陆路口岸功能分工，促进北区跨境交通适度分流至横琴、港珠澳大桥等口岸，实现交通相对均衡、人车适度分流。

2. 研究水、陆路网融入内地交通网络

《交通运输规划》提出，现阶段有效推进澳门轻轨横琴线建设，在合作区与国家高铁网及珠海市城市轨道线网联通，融入内地轨道交通网。

澳门特区政府将研究规划通过水上航线连接横琴，提升出行方式多样性及便捷性，疏解陆路通道交通压力；积极配合推进由合作区经珠海鹤洲向北延伸至广州、向西联通粤西等高铁线路，以及南沙至珠海（中山）等城际铁路项目规划建设，借由横琴口岸交通枢纽功能提升，通过多条高速铁路、城际铁路的接入，以及澳门轻轨横琴线的引入，在横琴形成“多网”融合的门户交通枢纽，多种交通方式便捷换乘，为合作区及澳门未来发展提供更便捷的交通服务。①

十二　跨区交通发展战略与规划

（一）公路方面实现跨江通道、高速路网越织越密

2018年，港珠澳大桥的通车，使粤港澳大湾区“9+2”城市群正式实

① 粤港澳大湾区门户网，http：//www.cnbayarea.org.cn/homepage/news/content/post_976141.html。

现了交通闭环，港澳地区首次在高速公路网上连通内地。

除了南沙大桥外，在不久的将来，在珠江这条粤港澳大湾区的黄金水道上，又将有两条新的跨江通道屹立两岸：广州南沙区龙穴岛上的工厂内，一节节海底隧道沉管的钢壳正在紧张有序地生产，预计2024年建成通车的深中通道已经进入整个项目最难的“沉管隧道时光”；连接江门和珠海的黄茅海大桥，工程可行性报告顺利通过评审，2020年正式开工建设，将与港珠澳大桥、虎门大桥、黄埔大桥、南沙大桥、深中通道以及筹建的莲花山过江通道等，共同组成粤港澳大湾区重要跨江通道。

在2019年全省交通运输工作会议上，广东省交通运输厅表示，2019年广东还将继续加大基础设施“补短板”力度，稳步推进62项（段）3193公里续建高速公路建设项目，其中包括建成通车南沙大桥、河惠莞高速龙川至紫金段等10项483公里，新开工宁莞高速潮州东联络线等3项60公里。同时，抓紧开展黄茅海大桥、莲花山过江通道等32项重点项目前期工作。

广东省交通运输厅还将按要求制定关于粤港澳大湾区基础设施互联互通的专项规划和实施方案，继续打造高品质出行服务体系。加强港珠澳大桥设施“硬联通”和机制“软联通”，以科技创新为核心动力，以人工智能为抓手，切实提升大桥运维水平。积极与港澳、相关部门、珠海市等各方协同配合，确保用好管好港珠澳大桥，发挥好大桥的示范效应。优化运输结构布局，推动广州—深圳国际性综合交通枢纽建设，进一步提升运输服务一体化和智能化水平，推进建立公交化、多元化的城际客运系统和以多式联运为特色的货运物流体系，优化拓展连通港澳与珠三角主要城市的高速水上客运航线网络。

（二）铁路方面加速构建快速交通网络

2018年9月，广深港高铁全线贯通，香港与内地44个城市可高铁直达，香港自此融入全国2.9万公里的庞大高铁交通网。广州南站新闻发言人刘慧表示：“《规划纲要》提出要构筑大湾区快速交通网络，广深港高铁是其中的重要一环。我们将认真贯彻落实，做好服务，为旅客提供安全、快捷、优质的服务。”

香港和广州、深圳之间旅行时间大幅缩短，人们的心理距离更近了。飞速奔驰的列车，也成为粤港澳大湾区建设加快推进的见证。

《粤港澳大湾区发展规划纲要》（以下简称《规划纲要》）提出，要以连通内地与港澳以及珠江口东西两岸为重点，构建以高速铁路、城际铁路和高等级公路为主体的城际快速交通网络，力争实现大湾区主要城市间1小时通达。从耗时一天到“1小时生活圈”初步成形，从5小时的直达列车到47分钟的高铁，如今穗港两地往来更加便利。

目前，大湾区基础设施互联互通规划和城际（铁路）建设规划初步方案已经完成，正在审议修改过程中。据悉，整体框架是根据《规划纲要》中提出的极点带动理念，按照香港—深圳、广州—佛山、澳门—珠海三个极点内部，以及极点两两之间的轴带架构进行规划。除了粤港澳大湾区内部的铁路规划之外，还有规划湾区往外通道接入国家铁路网。

（三）航空方面实现大湾区世界级机场群建设提速

粤港澳大湾区拥有世界上最繁忙的机场群。公开资料显示，2017年，粤港澳大湾区五大机场（香港、澳门、广州、深圳、珠海）的总体旅客吞吐量超过2亿人次，货邮吞吐量近800万吨，运输规模已经超过纽约、伦敦、东京等世界级机场群，位于全球湾区机场群之首。

《规划纲要》提出，要建设世界级机场群，其中提到要提升广州机场国际枢纽竞争力。目前白云国际机场二期扩建已圆满完成，三期扩建前期工作已经启动，未来广州白云国际机场会有5条跑道、3个航站楼。粤港澳三地携手，粤港澳大湾区世界级机场群建设不断加速。香港、广州、深圳三大机场开展更多合作，将让大湾区市民有更多选择，加快协同发展的步伐。

第八章　粤港澳大湾区交通发展政策

一　交通规划政策

2020 年 6 月，交通运输部《关于推进海事服务粤港澳大湾区发展的意见》指出，到 2022 年，大湾区水上交通安全保障能力协同发展，船舶污染防治能力明显提高，大湾区水上交通安全多元共治格局基本形成，粤港澳海事管理机构合作机制有序运行，服务大湾区地方经济发展能力显著提升。到 2035 年，大湾区水上交通安全便捷，航运要素高效流动，粤港澳海事管理机构合作机制高效运行，水上交通安全监管、船舶污染防治能力达到国际一流，全面建成海事服务交通强国建设先行区、海事改革开放创新发展试验区、海事高质量发展示范区。①

2021 年 11 月，江门市人民政府印发《江门市综合交通运输体系发展“十四五”规划》，提出到“十四五”末，江门市形成内联外通、高效优质的综合立体交通网络，建成高速通达周边城市、快速联通组团和城乡、有力支撑产业平台发展的现代化综合交通运输体系，总体形成“12345”综合交通发展格局，有力支撑江门融入国内国际双循环新发展格局及构建江门市“三区并进”格局，为江门市建设珠西综合交通枢纽、粤港澳大湾区西翼枢纽门户城市、珠江西岸新增长极和沿海经济带的江海门户提供坚实保障，为广东省交通强省建设、交通强国示范省建设贡献江门力量。在具体目标上，规划对铁路、公路、港航等领域作出具体要求，特别提出在“十四五”期

---

① 交通运输部：《关于推进海事服务粤港澳大湾区发展的意见》，http：//www. cnbayarea. org. cn/policy/policy%20release/policies/content/post_ 261327. html，2020 年 6 月 12 日。

间，铁路发展要全面融入“轨道上的大湾区”、公路总里程突破 1 万公里、新增 1 条万吨级出海航道等重要目标。[①]

2019 年 2 月，中共中央、国务院印发《粤港澳大湾区发展规划纲要》，提出加强基础设施建设，畅通对外联系通道，提升内部联通水平，推动形成布局合理、功能完善、衔接顺畅、运作高效的基础设施网络，为粤港澳大湾区经济社会发展提供有力支撑。其中建设现代化的综合交通运输体系包括以下几个方面。①提升珠三角港口群国际竞争力。巩固提升香港国际航运中心地位，支持香港发展船舶管理及租赁、船舶融资、海事保险、海事法律及争议解决等高端航运服务业，并为内地和澳门企业提供服务。增强广州、深圳国际航运综合服务功能，进一步提升港口、航道等基础设施服务能力，与香港形成优势互补、互惠共赢的港口、航运、物流和配套服务体系，增强港口群整体国际竞争力。以沿海主要港口为重点，完善内河航道与疏港铁路、公路等集疏运网络。②建设世界级机场群。巩固提升香港国际航空枢纽地位，强化航空管理培训中心功能，提升广州和深圳机场国际枢纽竞争力，增强澳门、珠海等机场功能，推进大湾区机场错位发展和良性互动。支持香港机场第三跑道建设和澳门机场改扩建，实施广州、深圳等机场改扩建，开展广州新机场前期研究工作，研究建设一批支线机场和通用机场。进一步扩大大湾区的境内外航空网络，积极推动开展多式联运代码共享。依托香港金融和物流优势，发展高增值货运、飞机租赁和航空融资业务等。支持澳门机场发展区域公务机业务。加强空域协调和空管协作，优化调整空域结构，提高空域资源使用效率，提升空管保障能力。深化低空空域管理改革，加快通用航空发展，稳步发展跨境直升机服务，建设深圳、珠海通用航空产业综合示范区。推进广州、深圳临空经济区发展。③畅通对外综合运输通道。完善大湾区经粤东西北至周边省市的综合运输通道。推进赣州至深圳、广州至汕尾、深圳至茂名、岑溪至罗定等铁路项目建设，适时开展广州经茂名、湛江至海

---

① 《江门市人民政府关于印发江门市综合交通运输体系发展“十四五”规划的通知》，http://www.cnbayarea.org.cn/policy/policy%20release/policies/content/post_641710.html，2021 年 11 月 15 日。

安铁路和柳州至肇庆铁路等区域性通道项目前期工作，研究广州至清远铁路进一步延伸的可行性。有序推进沈海高速（G15）和京港澳高速（G4）等国家高速公路交通繁忙路段扩容改造。加快构建以广州、深圳为枢纽，以高速公路、高速铁路和快速铁路等广东出省通道为骨干，连接泛珠三角区域和东盟国家的陆路国际大通道。④构筑大湾区快速交通网络。以连通内地与港澳以及珠江口东西两岸为重点，构建以高速铁路、城际铁路和高等级公路为主体的城际快速交通网络，力争实现大湾区主要城市间 1 小时通达。编制粤港澳大湾区城际（铁路）建设规划，完善大湾区铁路骨干网络，加快城际铁路建设，有序规划珠三角主要城市的城市轨道交通项目。加快深中通道、虎门二桥过江通道建设。创新通关模式，更好发挥广深港高速铁路、港珠澳大桥作用。推进莲塘/香园围口岸、粤澳新通道（青茂口岸）、横琴口岸（探索澳门莲花口岸搬迁）、广深港高速铁路西九龙站等新口岸项目的规划建设。加强港澳与内地的交通联系，推进城市轨道交通等各种运输方式的有效对接，构建安全便捷换乘换装体系，提升粤港澳口岸通关能力和通关便利化水平，促进人员、物资高效便捷流动。⑤提升客货运输服务水平。按照零距离换乘、无缝化衔接目标，完善重大交通设施布局，积极推进干线铁路、城际铁路、市域（郊）铁路等引入机场，提升机场集疏运能力。加快广州—深圳国际性综合交通枢纽建设。推进大湾区城际客运公交化运营，推广“一票式”联程和“一卡通”服务。构建现代货运物流体系，加快发展铁水、公铁、空铁、江河海联运和“一单制”联运服务。加快智能交通系统建设，推进物联网、云计算、大数据等信息技术在交通运输领域的创新集成应用。[①]

2020 年 7 月，国家发改委批复了《粤港澳大湾区（城际）铁路建设规划》。其中提到，要按照科学布局、统筹衔接、创新发展、支撑引领的原则，在继续实施并优化原珠江三角洲地区城际轨道交通网规划基础上，进一

① 中共中央、国务院：《粤港澳大湾区发展规划纲要》，http：//www. cnbayarea. org. cn/news/headline/content/post_ 165662. html，2019 年 2 月 18 日。

步加大城际铁路建设力度，做好与大湾区内高铁、普速铁路、市域（郊）铁路等轨道网络的融合衔接，形成“轴带支撑、极轴放射”的多层次铁路网络，构建大湾区主要城市间1小时通达、主要城市至广东省内地级城市2小时通达、主要城市至相邻省会城市3小时通达的交通圈，打造“轨道上的大湾区”，完善现代综合交通运输体系。近期到2025年，大湾区铁路网络运营及在建里程达到4700公里，全面覆盖大湾区中心城市、节点城市和广州、深圳等重点都市圈；远期到2035年，大湾区铁路网络运营及在建里程达到5700公里，覆盖100%县级以上城市。①

2009年9月，国家发展和改革委员会批准了《珠江三角洲地区城际轨道交通网规划（2009年修订）》。预计规划期限为2009~2020年，远景展望到2030年，以广州、深圳、珠海、佛山、江门、东莞、中山、惠州、肇庆为主体，规划衔接粤东、粤西、粤北以及港澳地区，形成以广州、深圳、珠海为主要枢纽，覆盖区域内主要城镇，便捷、快速、安全、高效的城际轨道交通网络。实现以广州为中心、主要城市间1小时互通，以及珠江三角洲中部、东部和西部都市区内部1小时互通。②

2010年7月，广东省人民政府印发《珠江三角洲城乡规划一体化规划（2009—2020年）》，其中提出“以已规划确定的珠三角城际轨道网为主体，科学构筑以城际轨道、客运铁路专线为主干的珠三角区域公交走廊，依托区域公交走廊的枢纽、站点建设紧凑的聚集中心，强化中心城市的服务功能、带动城市新区和新市镇建设，优化城镇体系和推动区域空间融合，促进‘多中心、网络化’现代城镇体系的城乡区域一体化发展模式形成和完善”。③

---

① 国家发改委：《关于粤港澳大湾区城际铁路建设规划的批复》，https：//www. ndrc. gov. cn/xwdt/tzgg/202008/t20200804_ 1235524. html? code=&state=1，2020年7月30日。

② 国家发改委：《珠江三角洲地区城际轨道交通网规划（2009年修订）通过批准》，https：//www. ndrc. gov. cn/fzggw/jgsj/zcs/sjdt/201008/t20100813_ 1144998. html? code=&state=123，2009年9月。

③ 广东省人民政府：《珠江三角洲城乡规划一体化规划（2009—2020年）》，http：//www. gd. gov. cn/gkmlpt/content/0/146/post_ 146575. html#7，2010年7月30日。

2019 年 2 月，中共中央、国务院印发《粤港澳大湾区发展规划纲要》，其中提到“构建极点带动、轴带支撑网络化空间格局”的构想，大湾区城际铁路规划以广佛、深港、珠澳三大发展极为中心，以经济发展轴带为依托，综合考虑大湾区空间结构及城镇体系、产业结构、交通出行等方面布局特征，提出“三极三轴放射”的大湾区内部城际铁路网络布局形态。①

二　交通投资政策

2021 年 9 月，广东省人民政府办公厅印发《广东省综合交通运输体系“十四五”发展规划》。广东是当前国内国际运输需求最旺盛、交通运输方式最齐备、交通基础设施网络最发达、服务供给最丰富、业态模式最多样、创新动力最活跃的省份之一。“十三五”期间，广东全省交通基础设施累计完成投资 1.43 万亿元，约为“十二五”时期的 1.68 倍，综合交通网络规模和质量显著提升。值得注意的是，广东省“十四五”规划建设重大交通基础设施项目总投资约为 4.6 万亿元，其中仅用于轨道交通基础设施建设的投资就达 2.2 万亿元，占比近一半。②

三　交通税收政策

2020 年 11 月，财政部、海关总署、税务总局印发《关于在粤港澳大湾区实行有关增值税政策的通知》。通知提出，自 2020 年 10 月 1 日至 2023 年 12 月 31 日，对注册在广州市的保险企业向注册在南沙自贸片区的企业提供国际航运保险业务取得的收入，免征增值税。自 2020 年 10 月 1 日起，对符

① 中共中央、国务院：《粤港澳大湾区发展规划纲要》，http：//www.gov.cn/zhengce/2019-02/18/content_5366593.htm#allContent，2019 年 2 月 18 日。

② 广东省人民政府办公厅：《广东省综合交通运输体系“十四五”发展规划》，http：//www.gd.gov.cn/attachment/0/460/460355/3554890.pdf，2021 年 9 月 4 日。

合条件的出口企业从启运地口岸启运报关出口，由符合条件的运输企业承运，从水路转关直航，自广州南沙保税港区、深圳前海保税港区离境的集装箱货物，实行启运港退税政策。[①]

四　交通科技政策

2021 年 11 月，广东省交通运输厅印发《广东省数字交通“十四五”发展规划》。文件表明未来大湾区将继续大力发展公共交通，进一步提高公共交通出行比例。其中提出到 2023 年，初步形成数据驱动的交通治理体系，厅数字化转型升级初见成效。“1168”一体化数字平台框架基本形成，建成交通运输行业大数据应用中心，建立完备的数据汇聚、清洗、管理、应用和共享机制，释放数据价值，辅助领导决策，推动业务创新，交通运输行业数据汇聚率、共享率、治理率达 70%、60%、50%，厅内交通运输数据汇聚率、共享率、治理率达 90%、75%、60%，交通基础设施数字化覆盖率达 20%。数据驱动优化省厅各项业务流程，打通省厅各处室、直属单位、企业各项业务的关键环节，打造整合资源、优化流程、资源共享、数据可视、应用一体的数字交通运输厅，有力支撑广东省数字政府改革建设。

到 2025 年，“基础设施数字感知、运行管理智能高效、新业态新模式深入示范、标准政策支撑有力”的数字交通体系深入推进，交通行业数字化转型升级成效显著，数字交通发展水平走在全国前列。重点开展“一夯实、三提升、三推进、一保障”（即 1331）行业数字化工程，指导地市交通局、省属交通企业加快数字化转型，基本构建省—市—企协同发展格局，交通新基建取得重大进展，基础设施建管养、公铁水运输市场监督治理、安全应急、政务服务、公众出行等领域基本实现数字化转型，新能源在交通运输行

① 财政部、海关总署、税务总局：《关于在粤港澳大湾区实行有关增值税政策的通知》，http://www.cnbayarea.org.cn/policy/policy%20release/policies/content/post_302062.html，2020 年 11 月 5 日。

业深入推广、数据网络安全可信可靠可控，有力支撑全省交通运输行业高质量发展。①

五 交通人才政策

2021 年 3 月，广东省人力资源和社会保障厅印发《关于推动港澳青年创新创业基地高质量发展的意见》，提出到 2022 年，推动“1+12+N”港澳青年创新创业基地建设空间布局起势成形，港澳青年创新创业政策支持力度进一步加大、全周期服务品质进一步提升、孵化培育效能进一步彰显。粤港澳大湾区（广东）创新创业孵化基地和广州南沙、深圳前海、珠海横琴港澳青年创新创业基地在体制机制创新、构建国际一流管理服务体系方面先行先试、率先突破，加快形成对全省港澳青年创新创业基地的示范引领和辐射带动效应；珠三角 9 市围绕各地资源、行业优势打造具有地方特色的创新创业基地，把港澳青年创新创业基地打造成为港澳青年增进认同的“第一扇窗”，投身湾区的“第一座桥”，让港澳青年更加安心创业、深耕事业、安居乐业。②

2019 年 6 月，广东省财政厅、国家税务总局广东省税务局印发《关于贯彻落实粤港澳大湾区个人所得税优惠政策的通知》，通知提出，对在大湾区工作的境外高端人才和紧缺人才，其在珠三角 9 市缴纳的个人所得税已缴税额超过其按应纳税所得额的 15%计算的税额部分，由珠三角 9 市人民政府给予财政补贴，该补贴免征个人所得税。③

---

① 广东省交通运输厅：《广东省数字交通“十四五”发展规划》，http：//td. gd. gov. cn/zcwj_n/tzgg/content/post_ 3628757. html，2021 年 11 月 2 日。

② 广东省人力资源和社会保障厅：《关于推动港澳青年创新创业基地高质量发展的意见》，http：//www. cnbayarea. org. cn/policy/policy% 20release/policies/content/post _ 319721. html，2021 年 3 月 31 日。

③ 广东省财政厅、国家税务总局广东省税务局：《关于贯彻落实粤港澳大湾区个人所得税优惠政策的通知》，http：//www. cnbayarea. org. cn/policy/policy% 20release/policies/content/post _ 169829. html，2019 年 6 月 17 日。

六　交通经营政策

2020 年 12 月，国家邮政局、国家发展改革委、交通运输部、商务部、海关总署《关于促进粤港澳大湾区邮政业发展的实施意见》提出：到 2025 年，基本形成与国际一流湾区和世界级城市群框架相匹配的寄递服务体系，在粤港澳大湾区经济社会发展中的基础性战略性作用更加突出。寄递网络通达性、便捷性、稳定性、安全性明显提升，寄递生态圈构建取得重要进展。邮政业先进技术应用和自主创新能力显著增强。绿色低碳的用邮方式和企业运营模式基本确立。邮政业开放发展水平进一步提高。协调联动、运作高效的粤港澳大湾区邮政业治理机制基本形成。寄递渠道安全得到有效保障，应急管理水平大幅提升。到 2035 年，全面建成创新驱动、便捷高效、绿色共享、开放融合的粤港澳大湾区寄递服务体系，区域邮政业服务保障能力和同城化服务水平大幅提升，国际竞争力和影响力进一步增强，有效服务国际一流湾区建设，为邮政强国建设提供引领示范。①

七　TOD 开发政策

2012 年 9 月，广东省住房和城乡建设厅印发《珠三角城际轨道站场 TOD 综合开发规划编制技术指引（试行）》。该规划提出三点目标：①优化布局，保障区域的转型升级。各站场规划要切实按照珠三角区域一体化发展的要求，采用 TOD 开发模式推进土地综合开发，引导人口、产业和技术等各类要素集聚，将城际轨道交通沿线建设成为珠三角区域践行新型城市化模式、促进产业结构转型升级的主要载体，促进区域层面城镇职能分工、发展布局的合理化，为珠三角可持续发展提供优质的空间保障。②集约低碳，提

① 国家邮政局、国家发展改革委、交通运输部、商务部、海关总署：《关于促进粤港澳大湾区邮政业发展的实施意见》，http：//www. cnbayarea. org. cn/policy/policy%20release/policies/content/post_ 304999. html，2020 年 12 月 21 日。

升城市的建设品质。贯彻便捷、紧凑、人本的 TOD 开发理念，统筹轨道交通资源与城镇资源的整合利用，围绕站点规划建设一批场所感强、功能丰富、服务完善的新型社区，以扩展居民商务、购物、游憩乃至居住的空间选择范围，有效提升区域公交出行的比重，使其成为体现低碳、人本、集约等新型城市化要求的优质空间范本。③保障收益，促进轨道交通可持续发展。引导节约高效利用土地资源，充分发挥轨道交通对站场周边土地的增值效益，提高站场周边土地综合开发收益，促进珠三角城际轨道交通可持续发展。①

① 广东省住房和城乡建设厅：《珠三角城际轨道站场 TOD 综合开发规划编制技术指引（试行）》，http：//zfcxjst. gd. gov. cn/xxgk/wjtz/content/post_ 1360115. html，2012 年 9 月 9 日。

参考文献

[1]《中共中央　国务院印发〈粤港澳大湾区发展规划纲要〉》，http://www.gov.cn/gongbao/content/2019/content_ 5370836.htm，2019 年 3 月 10 日。

[2] 毕秀晶：《长三角城市群空间演化研究》，华东师范大学博士学位论文，2013。

[3] 张廉英：《粤港澳大湾区环境治理中的政府合作研究》，中共广东省委党校硕士学位论文，2018。

[4] 邓焕彬：《珠三角区域一体化下交通协调发展研究》，清华大学博士学位论文，2012。

[5] 梁维：《粤港澳大湾区港口群与区域经济增长的关系研究》，广东外语外贸大学硕士学位论文，2019。

[6] 张海琪：《粤港澳大湾区城市群资源环境承载力评阶研究》，燕山大学硕士学位论文，2021。

[7] 覃成林、柴庆元：《交通网络建设与粤港澳大湾区一体化发展》，《中国软科学》2018 年第 7 期。

[8] 陈朋亲、郑天祥：《粤港澳大湾区机场群协同发展研究——基于供给侧结构性改革分析视角》，《港澳研究》2019 年第 3 期。

[9] 邵源、黄启翔、易陈钰、罗韧：《粤港澳大湾区综合立体交通网战略构思》，《城市交通》2022 年第 2 期。

[10] 刘艳霞：《国内外湾区经济发展研究与启示》，《城市观察》2014 年第 3 期。

[11] 景国胜、黄荣新、徐士伟、叶树峰：《粤港澳大湾区轨道交通体系发

展的思考》,《城市交通》2019 年第 3 期。

[12] 魏丽华:《我国三大城市群内部经济联系对比研究》,《经济纵横》2018 年第 1 期。

[13] 陈志豪:《粤港澳地区城市综合物流网络的优化与构建》,广东工业大学硕士学位论文,2021。

[14] 陈伟、修春亮:《新时期城市群理论内涵的再认知》,《地理科学进展》2021 年第 5 期。

[15] 郑艳婷:《中国城市群的空间模式——分散性区域集聚的理论背景、形成机理及最新进展》,《地理科学进展》2020 年第 2 期。

[16] 方创琳、姚士谋、刘盛和等:《2010 中国城市群发展报告》,科学出版社,2011。

[17] 杨尧、赵耀龙、王彬:《“一联三生”体系下粤港澳大湾区智慧城市群的构建》,《地球信息科学学报》2022 年第 6 期。

[18] 李貌:《昆明市城市交通管理研究》,云南大学硕士学位论文,2013。

[19] 杨荐麟:《綦江山地城市交通系统问题分析及发展策略研究》,重庆交通大学硕士学位论文,2015。

[20] 滕宇蛟、薛广成:《基于交通区位理论的东非铁路网规划研究》,《铁道运输与经济》2019 年第 9 期。

[21] 文玉钊、陆玉麒、刘玮辰等:《江西省交通区位演变与区域发展效应》,《地理研究》2016 年第 3 期。

[22] 武秋磊:《基于可持续交通理论的城市公共交通体系研究——以合肥市为例》,合肥工业大学硕士学位论文,2016。

[23] 王真、郭怀成:《环境可持续交通管理的概念、内涵与研究方法》,《北京大学学报》(自然科学版)2011 年第 3 期。

[24] 孙根彦:《面向紧凑城市的交通规划理论与方法研究》,长安大学博士学位论文,2012。

[25] 杨东援:《通过大数据促进城市交通规划理论的变革》,《城市交通》2016 年第 3 期。

[26] 崔叙、梁朋朋、喻冰洁、陈冰郎：《TOD 规划设计理论研究》，《都市快轨交通》2021 年第 5 期。

[27] 王有为：《适于中国城市的 TOD 规划理论研究》，《城市交通》2016 年第 6 期。

[28] 刘晨、孙相军、陈璟：《大都市区交通一体化发展水平评价研究》，《公路交通科技》2020 年第 S1 期。

[29] 姜策：《国内外主要城市群交通一体化发展的比较与借鉴》，《经济研究参考》2016 年第 52 期。

[30] 荣朝和、李星潺、王学成、颜飞：《论分布式运输供给的转型趋势》，《北京交通大学学报》（社会科学版）2020 年第 3 期。

[31] 杨鹏程、高继宇、杨文淇：《粤港澳大湾区市域（郊）铁路发展的思考》，《城市轨道交通》2021 年第 2 期。

[32] 温惠英、姜莉：《基于交通可达性的粤港澳大湾区城市腹地划分研究》，《华南理工大学学报》（自然科学版）2021 年第 12 期。

[33] 潘键帆、谢炫琛、黄远航等：《粤港澳大湾区交通一体化经济发展问题与对策》，《现代商业》2021 年第 36 期。

[34] 冯心宜：《粤港澳大湾区高速公路互通立交通行能力分析》，《中外公路》2021 年第 4 期。

[35] 梁建伟：《广东水运与粤港澳大湾区建设》，《珠江水运》2019 年第 6 期。

[36] 蒋利、曾莹：《在服务粤港澳大湾区发展中当好先行——珠江航务管理局局长王建华解读〈关于珠江水运助力粤港澳大湾区建设的实施意见〉》，《珠江水运》2020 年第 14 期。

[37]《〈民航局关于支持粤港澳大湾区民航协同发展的实施意见〉印发》，《民航管理》2020 年第 7 期。

[38] 张国强：《粤港澳大湾区港口群优化协调发展研究》，《综合运输》2019 年第 1 期。

[39] 王琪、陈炜、韦春竹：《粤港澳大湾区港口群参与全球航运网络特征》，《热带地理》2022 年第 2 期。

[40] 张弛、袁菁:《浅析城市交通对城市经济发展的影响》,《城市建设理论研究》(电子版) 2013 年第 17 期。

[41] 邵源、黄启翔、易陈钰、罗韧:《粤港澳大湾区综合立体交通网战略构思》,《城市交通》2022 年第 2 期。

[42] 朱世强:《构建大湾区一体化综合交通运输体系》,《小康(中旬刊)》2020 年第 12 期。

[43] 黄西勤:《关于加快推进粤港澳大湾区多式联运高质量发展的提案》,《中国科技产业》2021 年第 3 期。

[44] 王果、武鹏、罗勇:《"轨道上的粤港澳大湾区"建设三阶段》,载《面向高质量发展的空间治理——2021 中国城市规划年会论文集》(06 城市交通规划),2021。

[45] 马小毅等:《广州市综合交通规划(一期)》,广州市交通规划研究所,2009 年 11 月。

[46] 崔昂、苏跃江:《广州"十四五"时期综合交通发展思考》,《交通与港航》2021 年第 5 期。

[47] 马小毅:《基于低碳理念的广州区域交通发展战略》,载《2010 年中国大城市交通规划研讨会——中国城市交通规划 2010 年会论文集》,2010。

[48] 中共中央、国务院:《国家综合立体交通网规划纲要》,http://www.cnbayarea.org.cn/policy/policy%20release/policies/content/post_316805.html,2021 年 2 月 25 日。

[49] 国家发展改革委:《铁路项目中央预算内投资专项管理暂行办法》,http://www.cnbayarea.org.cn/policy/policy%20release/policies/content/post_316769.html,2021 年 2 月 22 日。

[50] 财政部、海关总署、税务总局:《关于在粤港澳大湾区实行有关增值税政策的通知》,http://www.cnbayarea.org.cn/policy/policy%20release/policies/content/post_302062.html,2020 年 11 月 5 日。

[51] 交通运输部:《关于推进海事服务粤港澳大湾区发展的意见》,http://

www. cnbayarea. org. cn/policy/policy% 20release/policies/content/post _ 261327. html，2020 年 6 月 12 日。

[52] 广东省人力资源和社会保障厅：《关于推动港澳青年创新创业基地高质量发展的意见》，http：//www. cnbayarea. org. cn/policy/policy% 20release/policies/content/ post_ 319721. html，2021 年 3 月 31 日。

[53] 国家邮政局、国家发展改革委、交通运输部、商务部、海关总署：《关于促进粤港澳大湾区邮政业发展的实施意见》，http：//www. cnbayarea. org. cn/policy/policy%20release/policies/content/post_ 304999. html，2020 年 12 月 21 日。

[54] 广东省财政厅、国家税务总局广东省税务局：《关于贯彻落实粤港澳大湾区个人所得税优惠政策的通知》，http：//www. cnbayarea. org. cn/ policy/policy%20rele ase/policies/content/post_ 169829. html，2019 年 6 月 17 日。

[55]《江门市人民政府关于印发江门市综合交通运输体系发展“十四五”规划的通知》，http：//www. cnbayarea. org. cn/policy/policy% 20release/ policies/content/post_ 641710. html，2021 年 11 月 15 日。

[56] 中共中央、国务院：《粤港澳大湾区发展规划纲要》，http：//www. cnbayarea. org. cn/news/headline/content/post_ 165662. html，2019 年 2 月 18 日。

[57] 广东省住房和城乡建设厅：《珠三角城际轨道站场 TOD 综合开发规划编制技术指引（试行）》，http：//zfcxjst. gd. gov. cn/xxgk/wjtz/content/ post_ 1360115. html，2012 年 9 月 29 日。

[58] 国家发改委：《关于粤港澳大湾区城际铁路建设规划的批复》，https：//www. ndrc. gov. cn/xwdt/tzgg/202008/t20200804 _ 1235524. html? code=&state=123，2020 年 7 月 30 日。

[59] 国家发改委：《珠江三角洲地区城际轨道交通网规划（2009 年修订）通过批准》，https：//www. ndrc. gov. cn/fzg gw/jgsj/zcs/sjdt/201008/ t20100813_ 1144998. html？code=&state=123，2009 年 9 月。

[60] 广东省人民政府：《珠江三角洲城乡规划一体化规划（2009—2020年）》，http://www.gd.gov.cn/gkmlpt/content/0/146/post_146575.html#7，2010年7月30日。

[61] 广东省交通运输厅：《广东省数字交通“十四五”发展规划》，http://td.gd.gov.cn/zcwj_n/tzgg/content/post_3628757.html，2021年11月2日。

[62] 广东省人民政府办公厅：《广东省综合交通运输体系“十四五”发展规划》，http://www.gd.gov.cn/attachment/0/460/460355/3554890.pdf，2021年9月4日。

[63] 广东中创产业研究院：《世界三大湾区产业集群发展优势解析》，《中国工业和信息化》2019年第8期。

[64] 左伟伟：《基于骨干航线网络结构的京津冀世界级机场群建设研究》，中国民航大学硕士学位论文，2016。

[65] 王盟迪：《粤港澳大湾区与旧金山湾区科技创新能力国际比较研究》，兰州财经大学硕士学位论文，2019。

[66] 刘欣博：《美国旧金山湾区高新技术产业创新体系研究》，吉林大学博士学位论文，2020。

[67] 郭伟娜、田大江、张胜雷：《美国旧金山发展智能交通的经验及其对我国智慧城市建设的启示》，《智能建筑与智慧城市》2018年第1期。

[68] 夏梦妮：《粤港澳大湾区客运机场可达性研究》，武汉大学硕士学位论文，2018。

[69] 曹小曙、杨景胜、廖望：《全球机场群空间格局及其对粤港澳大湾区的启示》，《城市观察》2017年第6期。

[70] 张壮云：《东京城市公共交通优先体系的经验及借鉴》，《国际城市规划》2008年第3期。

[71] 杨佳璇：《城市轨道交通站点接驳体系时空效率研究》，天津大学硕士学位论文，2015。

图书在版编目(CIP)数据

粤港澳大湾区交通发展报告. 2023 / 李红昌编著
. --北京：社会科学文献出版社，2023. 3
ISBN 978-7-5228-1096-6

Ⅰ. ①粤… Ⅱ. ①李… Ⅲ. ①交通运输业-产业发展-研究报告-广东、香港、澳门 Ⅳ. ①F512. 765

中国版本图书馆 CIP 数据核字（2022）第 215703 号

粤港澳大湾区交通发展报告（2023）

主　　编 / 刘延平
编　　著 / 李红昌

出 版 人 / 王利民
责任编辑 / 张　媛
责任印制 / 王京美

出　　版 / 社会科学文献出版社 · 皮书出版分社（010）59367127
地址：北京市北三环中路甲 29 号院华龙大厦　邮编：100029
网址：www. ssap. com. cn
发　　行 / 社会科学文献出版社（010）59367028
印　　装 / 三河市龙林印务有限公司

规　　格 / 开　本：787mm × 1092mm　1/16
印　张：20. 5　字　数：308 千字
版　　次 / 2023 年 3 月第 1 版　2023 年 3 月第 1 次印刷
书　　号 / ISBN 978-7-5228-1096-6
定　　价 / 89. 00 元

读者服务电话：4008918866